新工科建设之路·智慧交通系列教材

交通数据分析基础

主　编　胡郁葱　刘建荣
副主编　裴明阳
参　编　巫威眺

电子工业出版社
Publishing House of Electronics Industry
北京·BEIJING

内 容 简 介

本书全面而系统地介绍了从数据收集、预处理到深入分析的全流程，结合现代技术和实用工具，特别强调了 R 语言在数据处理和分析中的应用。读者将从本书中学习到交通数据的基本概念、类型、特征，以及它与概率论的关系。同时，本书还涵盖了数据描述、抽样分布、统计推断、方差分析、线性回归与 Logit 回归等核心分析技巧，并结合实际案例，展示了如何使用 R 语言进行实践操作。无论是理论知识还是实践技能，本书都为读者提供了一套较完整的学习体系。

本书面向普通高等学校智慧交通、交通运输、交通工程、城市规划、物流工程、数据科学专业的本科生，也可供相关工程技术人员参考。

未经许可，不得以任何方式复制或抄袭本书之部分或全部内容。
版权所有，侵权必究。

图书在版编目（CIP）数据

交通数据分析基础 / 胡郁葱，刘建荣主编. -- 北京：电子工业出版社，2024. 8. -- ISBN 978-7-121-49377-5

Ⅰ．U495

中国国家版本馆 CIP 数据核字第 20241B0U51 号

责任编辑：张天运
印　　刷：北京雁林吉兆印刷有限公司
装　　订：北京雁林吉兆印刷有限公司
出版发行：电子工业出版社
　　　　　北京市海淀区万寿路 173 信箱　　邮编：100036
开　　本：787×1092　1/16　印张：12　字数：307 千字
版　　次：2024 年 8 月第 1 版
印　　次：2024 年 8 月第 1 次印刷
定　　价：49.00 元

凡所购买电子工业出版社图书有缺损问题，请向购买书店调换。若书店售缺，请与本社发行部联系，联系及邮购电话：（010）88254888，88258888。
质量投诉请发邮件至 zlts@phei.com.cn，盗版侵权举报请发邮件至 dbqq@phei.com.cn。
本书咨询联系方式：（010）88254172，zhangty@phei.com.cn。

前言

在当今数据驱动的时代，数据分析技能已成为多个领域的核心竞争力。尤其在交通领域，随着智能交通系统的快速发展，海量的交通数据为我们提供了前所未有的洞察城市交通系统运行状况的机会。然而，如何有效地收集、处理和分析这些数据，以提取有价值的信息仍然是一个挑战。

本书旨在为交通领域的本科生和其他对数据分析感兴趣的读者提供一本既实用又易懂的基础教材。

本书的主要目标是让读者掌握基本的交通数据分析原理，并能够通过 R 语言这一强大的工具来处理和分析海量的交通数据。R 语言不但在统计计算和图形绘制方面具有显著优势，其开源和免费的特性也使得它成为学术研究与实际应用的首选。更重要的是，R 语言拥有丰富的包和社区资源，几乎可以涵盖数据分析的各个方面。将传统数理统计知识和 R 语言相结合，在帮助读者学习基础理论的同时，协助其学习使用 R 语言解决交通领域的数据分析问题是本书最大的特色，也符合人工智能时代交通学科教学内容和方法改革的要求。

在本书中，编者精心设计了 8 章，从基础到进阶，逐步引导读者深入理解交通数据分析的各个环节，同时在每个环节都讲授 R 语言实现的基本技能及应用技巧。

第 1 章 "绪论" 为全书奠定了基调，概述了交通数据分析的重要性和应用领域，同时简要介绍了 R 语言在数据分析中的优势。

第 2 章 "交通数据的获取、导入及数据预处理" 带领读者踏入 R 语言的大门，通过介绍基本的 R 语言操作和描述性统计方法，为读者后续的学习打下坚实的基础。

第 3 章 "交通数据的描述" 开始深入探讨交通数据的特性，包括数据的来源、类型、结构等，以及如何有效地利用 R 语言进行数据的初步处理和描述。

第 4 章 "抽样分布" 引入了统计学中的核心概念，通过对 R 语言的实践应用，读者可以理解并掌握如何从交通数据的总体中抽样，并分析样本数据的分布情况。

第 5 章 "交通数据的统计推断"，内容进一步深入，教授读者如何根据交通领域的样本数据对总体进行推断，这是数据分析中不可或缺的一环。

第 6 章 "方差分析" 和第 7 章 "线性回归" 分别介绍了两种重要的交通数据统计分析方法。方差分析帮助读者理解不同组别间的数据差异，而线性回归则用于探究变量间的关系，并通过 R 语言实现模型的构建和分析。

第 8 章 "Logit 回归" 向读者展示了一种广泛应用于分类问题的交通数据统计模型，它在交通领域的事故风险预测、出行方式选择等方面有着广泛的应用。

本书由华南理工大学土木与交通学院的胡郁葱和刘建荣老师任主编，负责全书的整体框架设计及修改、总纂与定稿工作；裴明阳老师任副主编；巫威眺老师参编。胡郁葱老师负责第 5、6 章的编写；刘建荣老师负责第 1～6 章中 R 语言相关部分，以及第 7～9 章的编写；裴明阳老师负责第 1～4 章中非 R 语言相关部分的编写；巫威眺老师负责第 1、3 章部分内容的编写，并参与全书的校对工作。

在编写本书的过程中，我们始终秉持"夯实基础、实用至上"的原则，每章都配备了丰富的案例分析和实战练习题，旨在帮助读者通过实践来巩固理论知识，并逐步提升数据分析的实战能力。此外，我们还特别注重内容的系统性和连贯性，确保读者能够循序渐进地掌握交通数据分析的各个方面。

无论你是交通领域的本科生，还是对数据分析感兴趣的人员，我们相信本书都将成为你学习和实践过程中的得力助手。让我们共同踏上这段交通数据分析的旅程，探索交通数据的奥秘，为人工智能时代智慧交通的发展贡献自己的力量。

本书在编写过程中得到了电子工业出版社的鼎力支持，同时获得了"华南理工大学精品教材"课题立项的支持；在框架设计和全书统稿、修改、校对和定稿阶段，得到了曹江昱、张璇、林璐、刘清扬、黄子康、朱宏昱同学的大力协助，在此一并表示感谢。

由于编者水平有限，书中难免存在不尽如人意之处，敬请广大读者批评指正，以使其日臻完善。

胡郁葱　刘建荣
2024 年 9 月

目录

第 1 章　绪论 1
　1.1　交通数据的类型和特征 1
　　1.1.1　交通数据的类型 1
　　1.1.2　交通数据的特征 5
　1.2　数据分析与概率论的关系 6
　　1.2.1　什么是概率 6
　　1.2.2　数据分析的特殊性 7
　1.3　数据的有偏性 7
　　1.3.1　有偏数据 7
　　1.3.2　因果关系与相关关系 8
　　1.3.3　数据的任意解释 9
　1.4　R 语言初阶 9
　　1.4.1　R 语言和 RStudio 的
　　　　　介绍 9
　　1.4.2　R 软件和 RStudio 的
　　　　　安装 10
　　1.4.3　包的安装及使用 10
　　1.4.4　如何使用帮助功能 11
　1.5　R 语言的使用入门 12
　　1.5.1　向量 12
　　1.5.2　矩阵 15
　　1.5.3　因子 18
　　1.5.4　数据框 19
　　1.5.5　列表 20
　　1.5.6　图形初阶 21
　本章习题 24
第 2 章　交通数据的获取、导入及
　　　　数据预处理 25
　2.1　交通数据的形式和获取方式 25

　　2.1.1　抽样数据 25
　　2.1.2　大数据 26
　2.2　外部数据的导入 27
　　2.2.1　文本文件的导入 27
　　2.2.2　Excel 文件的导入 28
　　2.2.3　数据库文件的导入 28
　　2.2.4　统计软件输出文件的
　　　　　导入 29
　　2.2.5　其他数据格式的导入 29
　　2.2.6　注意事项 30
　2.3　数据预处理 30
　　2.3.1　查看数据框基本信息 31
　　2.3.2　数据转换 32
　　2.3.3　分组处理信息 40
　　2.3.4　缺失值、重复值、异常值的
　　　　　处理 42
　　2.3.5　数据框的合并 45
　本章习题 47
第 3 章　交通数据的描述 48
　3.1　数据分类 48
　　3.1.1　数值型数据 48
　　3.1.2　类别型数据 49
　　3.1.3　数值型数据与类别型数据的
　　　　　结合应用 49
　3.2　数据的统计描述 50
　　3.2.1　数值型数据的
　　　　　统计描述 50
　　3.2.2　类别型数据的
　　　　　统计描述 53
　3.3　数据的可视化描述 54

- 3.3.1 可视化的内涵 ... 54
- 3.3.2 ggplot2 包的介绍 ... 55
- 3.3.3 条形图 ... 56
- 3.3.4 直方图 ... 60
- 3.3.5 密度曲线图 ... 61
- 3.3.6 箱线图 ... 63
- 3.3.7 散点图 ... 65
- 本章习题 ... 68

第 4 章 抽样分布 ... 69
- 4.1 离散分布 ... 69
  - 4.1.1 伯努利分布 ... 69
  - 4.1.2 二项分布 ... 69
  - 4.1.3 负二项分布 ... 71
  - 4.1.4 泊松分布 ... 71
  - 4.1.5 超几何分布 ... 73
- 4.2 连续分布 ... 73
  - 4.2.1 正态分布 ... 73
  - 4.2.2 对数正态分布 ... 75
  - 4.2.3 χ^2 分布 ... 75
  - 4.2.4 t 分布 ... 76
  - 4.2.5 F 分布 ... 77
  - 4.2.6 指数分布（或负指数分布）... 78
  - 4.2.7 移位负指数分布 ... 78
  - 4.2.8 Gamma 分布 ... 78
  - 4.2.9 Beta 分布 ... 79
  - 4.2.10 韦布尔分布 ... 80
  - 4.2.11 Logistic 分布 ... 81
- 4.3 抽样分布的 R 语言实现 ... 82
- 本章习题 ... 83

第 5 章 交通数据的统计推断 ... 84
- 5.1 参数估计 ... 84
  - 5.1.1 点估计 ... 84
  - 5.1.2 区间估计 ... 90
- 5.2 假设检验 ... 97
  - 5.2.1 假设检验的基本思想和概念 ... 97
  - 5.2.2 正态总体参数的假设检验 ... 100
- 5.3 正态性检验 ... 105
  - 5.3.1 Q-Q 图 ... 106
  - 5.3.2 单样本 Kolmogorov-Smirnov 检验 ... 108
  - 5.3.3 Shapiro-Wilk 检验 ... 109
- 5.4 非参数检验 ... 110
  - 5.4.1 Wilcoxon 秩和检验 ... 110
  - 5.4.2 Friedman 检验 ... 111
  - 5.4.3 Wald-Wolfowitz 游程检验 ... 113
- 本章习题 ... 115

第 6 章 方差分析 ... 117
- 6.1 单因素方差分析 ... 117
  - 6.1.1 问题描述 ... 117
  - 6.1.2 方差分析的基本思想 ... 119
  - 6.1.3 案例 ... 120
  - 6.1.4 t 检验与方差分析的差异 ... 121
- 6.2 双因素方差分析 ... 123
  - 6.2.1 基本原理 ... 123
  - 6.2.2 案例 ... 126
- 本章习题 ... 127

第 7 章 线性回归 ... 129
- 7.1 一元线性回归 ... 129
  - 7.1.1 总体回归模型及其样本模型 ... 129
  - 7.1.2 模型假定 ... 130
  - 7.1.3 参数估计 ... 133
  - 7.1.4 参数性质 ... 135
  - 7.1.5 模型的统计检验 ... 137
  - 7.1.6 一元线性回归模型的 R 语言实现 ... 138
- 7.2 多元线性回归 ... 140
  - 7.2.1 总体回归模型 ... 140
  - 7.2.2 模型假定 ... 141
  - 7.2.3 参数估计 ... 143

	7.2.4	参数性质 143
	7.2.5	模型的统计检验 144
	7.2.6	多元线性回归模型的 R 语言实现 145
7.3	交互项 147
7.4	虚拟变量 148
7.5	异方差性 151
本章习题 152

第 8 章 Logit 回归 153

8.1	线性回归模型的问题 153
8.2	随机效用模型 154
8.3	Logit 模型 155
	8.3.1 基本假设 155
	8.3.2 公式推导 156
	8.3.3 特例——二元 Logit 模型 157
8.4	Logit 模型的性质 158
	8.4.1 边际效应 158
	8.4.2 无关备选方案的独立性 159
8.5	Logit 模型的参数估计 159
8.6	不涉及与选项相关的变量的 Logit 模型的 R 语言实现 160
	8.6.1 二元 Logit 回归 160
	8.6.2 多元 Logit 回归 163
8.7	涉及与选项相关的变量的 Logit 模型的 R 语言实现 164
	8.7.1 数据格式转换 164
	8.7.2 Logit 回归的 R 语言实现 167
本章习题 169

附录 A DW 检验临界值表 170

附录 B t 检验临界值表（双侧检验用）................. 173

附录 C F 检验临界值 173

附录 D 标准正态分布表 179

附录 E χ^2 分布表 181

第 1 章

绪论

随着大数据时代的到来和信息技术的广泛渗透,几乎任何事物都可以通过量化的数值对其特性进行研究,交通行业已然站在了一个机遇与挑战并存的历史节点上。计算机技术的发展和计算能力的快速增长为交通行业工作者提供了大量新的工具与分析方法,使得调查研究与预测决策不再局限于传统模式下的小样本和专家判断。面对日益复杂的交通网络,交通数据使得全面、动态地评价交通系统运行状况成为可能。例如,使用车载传感器和摄像头收集的数据可以实时监控交通流量与速度,预测和警告交通拥堵与延误;通过分析历史交通事故数据可以识别高危路段和时段,进而采取针对性的改善措施。然而,采集的数据往往以一个一个数据行的形式进行传输和存储,每个数据行都包含了很多字段,若不对数据进行统计分析,则很难直观地发现数据中蕴含的规律,提取出有价值的信息,挖掘出更深层的交通内涵。因此,运用数据处理和分析工具对交通数据进行处理、挖掘与应用已经成为智能网联汽车、车路协同、交通工程、城市规划、数据分析等相关领域人员的一项核心技能。对学者、研究者和实践者来说,掌握有效的数据分析方法是解决交通问题、优化交通系统和推动交通领域创新的关键。

1.1 交通数据的类型和特征

1.1.1 交通数据的类型

交通数据是极其丰富的信息宝库,记录着交通流的动态变化、交通网络的复杂结构及出行特征的多样性。它涵盖车辆的运行状态和路网的物理特征、出行者的出行特征、交通事故的发生情况,以及与交通运行息息相关的环境和社会经济因素。要对交通数据进行分析,首先应当了解不同类型的交通数据。

交通数据根据其内容、来源可划分为 5 种类型,包括车辆数据、路网数据、出行数据、事故数据及其他相关数据。每种类型的交通数据都具有相应的特点和价值,对于解答或完成特定的交通问题和任务起着至关重要的作用。

1.1.1.1 车辆数据

车辆作为交通三要素(驾驶员、车辆、道路)之一,是交通系统运行的重要一环。车辆在运行过程中会产生大量数据,这些数据不仅揭示了单一车辆的出行特征,还反映了整个交通系统的运行效率和安全状况。车辆数据主要包括以下几部分。

- 车流量数据：记录了特定路段或交叉口在一定时间内通过的车辆数量。这类数据通常可以通过线圈检测器、视频监控等设备采集获得。车流量数据能够反映特定路段或交叉口的通行状况和饱和程度，是交通规划、管理、控制的重要依据。例如，通过分析高速公路不同时段的车流量变化，可以了解车流量的时间分布规律，为交通流量预测和收费策略的制定提供支持。
- 车速数据：记录了车辆在特定路段的行驶速度。这类数据可以通过雷达测速、车载 GPS 等获得。车速数据能够反映特定路段的通行效率和拥堵情况，也是交通安全分析的重要指标。例如，通过分析城市主干道不同路段的车速数据的分布，可以发现潜在的交通瓶颈和事故高发路段，为道路改善和交通管理提供依据。
- 车辆轨迹数据：记录了车辆在路网中的运动轨迹，即车辆在不同时刻的位置信息（见图 1-1）。这类数据通常通过车载 GPS、车辆与基础设施的通信等获得。车辆轨迹数据能够反映车辆在时间、空间的移动规律，对于分析车辆的出行特征、路径选择等具有重要价值。例如，通过分析出租车的轨迹数据，可以刻画人们的出行需求和 OD 分布（起止点时空分布），为公共交通规划提供数据支撑。

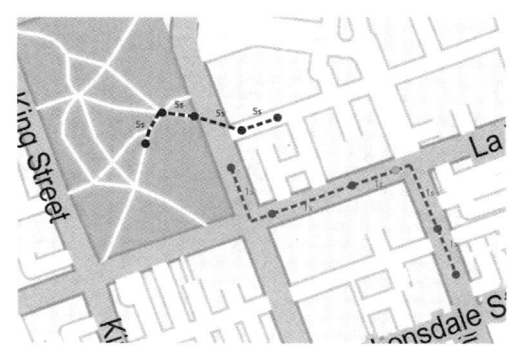

图 1-1　车辆轨迹数据示意图

1.1.1.2　路网数据

路网综合交通体系中最为重要的基础设施，是多种交通方式的运行载体。路网数据涵盖了路网的拓扑结构、各类道路的属性特征及交通设施的分布情况。

- 路网拓扑结构数据：描述了路网中各路段和交叉口的连接关系，包括路段的起点和终点、交叉口的结构及道路的连接方式等。这些数据不仅能帮助我们构建路网模型，还能用于分析交通流的分布和传播特性。例如，通过分析城市路网的拓扑结构，可以识别出关键的交通干线和潜在的拥堵点，为交通疏导和网络优化提供依据。
- 道路属性数据：提供了道路自身的物理和功能特征，包括道路的等级（如高速公路、国道、市区街道等）、长度、车道数、限速、路面条件等信息。这些数据对于评估道路的通行能力、设计交通标志和信号控制策略、进行事故分析和预防等具有重要作用。例如，通过分析不同等级道路的属性数据，可以合理规划路网布局，提高整个交通系统的运行效率和安全性。
- 交通设施数据：记录了交通控制设备和辅助设施的分布情况，如交通信号灯、交通标志、摄像头、行人过街设施等。这些数据对于指导驾驶行为、提高道路使用效率、保障行人和车辆安全等至关重要。通过对交通设施数据进行分析，可以优化信号控制方案、改善交通组织、降低事故发生率、提升道路的服务水平。

1.1.1.3 出行数据

出行数据详细反映了人们的出行特征，包括出行目的、出行方式、出行时间、出行频率及路径选择等方面的信息。这类数据对于分析城市交通需求、规划公共交通系统、优化交通管理策略等具有极其重要的价值。常见的出行数据有以下几类。

- 出行调查数据：记录了人们的出行目的、出行方式（如步行、骑自行车、驾驶私家车、乘坐公共交通工具等）、出行时间、出行频率及行程长度等信息，通常通过问卷调查（见图 1-2）、面访或电子追踪等方式收集。这类数据能够帮助我们理解人们的出行需求和偏好，为公共交通规划、交通设施布局提供依据。例如，通过分析不同地区人们的出行特征，可以揭示公共交通服务的不足和改进方向。

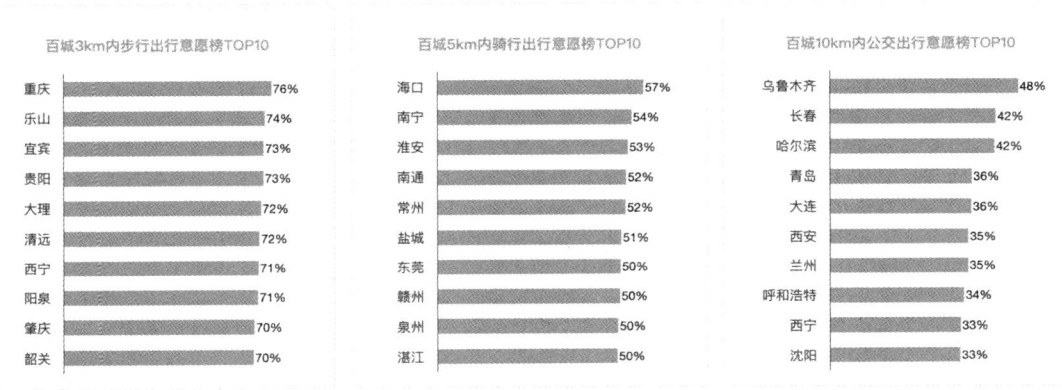

图 1-2　2023 年度"3510"出行意愿榜（来源：百度地图慧眼）

- 公交/地铁刷卡数据：记录了乘客在公共交通系统中的刷卡时间和地点，能够反映公共交通系统的使用情况和乘客的出行特征。通过分析这类数据，可以了解公交/地铁的客流分布、高峰时段、热门路线等信息，从而优化公交路线设计、调整运营计划，进而提高公共交通系统的运行效率和吸引力。
- 出租车 GPS 数据：提供了出租车行程记录数据，包括接送时间、接送地点、行程距离、分项票价、费率类型、付款类型和司机报告的乘客数量等信息。通过这类数据，可以分析出租车的运营效率、乘客的出行需求分布、城市交通的拥堵情况等，为城市交通规划和管理提供有力支持。
- 共享单车使用数据：记录了共享单车的借用和归还地点、使用时间等信息，反映了共享单车在城市交通系统中的作用和用户的出行习惯。通过分析这类数据，可以了解共享单车的流动模式、优化布局和调度策略，从而提升共享单车服务的可用性和便捷性。

1.1.1.4 事故数据

交通安全状况的改善必须建立在对过往事故数据的有效分析上。事故数据关注交通事故的发生情况，包括事故的发生时间、地点、类型、参与方、原因分析及其导致的后果等多个方面。这类数据在交通安全分析、事故预防措施的制定、交通法规的优化，以及提高公众安全意识等方面发挥着重要作用。

- 事故发生数据：详细记录了每起交通事故的基本信息，包括事故的发生时间、地点、类型、严重程度，以及涉及的行人、车辆和非机动车数量等。通过分析这类数据，可以识别事故高发区域和时段，理解事故发生的主要原因，为交通安全管理和事故预防措施的制定提供科学依据。

- 事故车辆数据：关注事故涉及车辆的详细信息，如车辆的类型、状况、速度，以及驾驶员的状态和行为等。这类数据有助于分析不同车辆类型和驾驶行为在事故中的作用，从而针对性地制定安全指导和干预措施，降低事故发生率。
- 事故环境数据：记录了事故发生时的环境因素，包括天气情况、路面状态（如干燥、湿滑）、路况（如直道、弯道）、交通状况等信息。通过对这些环境因素的分析，可以更全面地理解事故发生的背景条件，评估不同环境因素对交通安全的影响，进而在事故预防和响应策略中考虑这些因素。

交通事故数据集层次结构如图 1-3 所示。

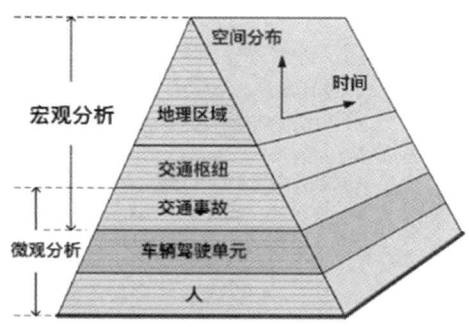

图 1-3　交通事故数据集层次结构（来源：ScienceDirect 网站）

1.1.1.5　其他相关数据

除了上述提到的数据类型，还有一系列其他相关数据，对交通分析和规划具有重要的辅助作用。这些数据虽然不直接描述交通状态，但在理解交通现象、预测交通需求、制定有效的交通策略等方面提供了宝贵的背景信息和辅助分析依据。

- 气象数据：记录了特定时间和地点的天气情况，包括温度、湿度、风速、降雨量、雾霾情况等。这类数据对交通影响显著，不仅可以影响驾驶员的行为和交通状态，还可能引起事故发生率的变化。例如，通过分析气象数据与交通流的关系，可以预测恶劣天气情况下的交通流变化，为交通管理和应急响应提供指导。
- 社会经济数据：包括 GDP、人口分布、就业情况、居民收入等宏观经济和社会指标。这类数据与交通需求紧密相关，影响着人们的出行方式和出行频率。通过分析经济增长、人口迁移等因素对交通需求的影响，可以帮助规划者预测交通趋势，为长期交通规划和基础设施建设提供依据。
- 土地利用数据：描述了不同区域土地的使用情况，如住宅区、商业区、工业区等。这类数据对分析人们的出行需求、设计交通网络、规划公共交通服务具有重要意义。例如，通过分析土地利用模式与交通流量的关系，可以优化城市布局，促进交通需求的均衡分布，减少交通拥堵。
- 兴趣点（POI）数据：记录了地图上的特定地点，如学校、医院、购物中心、公园等。这类数据帮助理解人们的出行目的和偏好，对于人们的出行需求分析、公共交通规划、城市服务设施布局等具有重要的参考价值。通过分析兴趣点数据分布与交通流量的关系，可以进一步优化交通系统设计，提升城市服务质量。

为了促进学术研究的发展，很多机构和公司陆续开源了与交通相关的数据集，为研究者提供了宝贵的数据资源，促进其开展实验分析、算法测试和模型验证等工作，并极大地推动了智能交通领域的进步。常用的开源交通数据集如表 1-1 所示。

表 1-1 常用的开源交通数据集

交通数据类型	开源交通数据集
车辆数据	车路协同路端系统的数据集（NGSIM 数据集）
	德国高速公路的大型自然车辆轨迹（HighD 数据集）
	中国交通特征轨迹数据集（Mirror-Traffic 数据集）
路网数据	加州高速路网 PeMS 交通数据
	高精地图数据集（Argoverse 数据集）
	ApolloScape 数据集
出行数据	纽约出租车数据集（NYC Taxi 数据集）
	多伦多共享单车数据
事故数据	美国交通事故数据集
其他相关数据	国家气象科学数据中心
	广东省地理信息公共服务平台

1.1.2 交通数据的特征

交通数据是智能网联汽车，以及城市交通管理、规划、建设和运营的基石，准确地理解并掌握其特征有助于精确地分析、预测交通状况，并及时洞察影响交通系统的潜在因素，做出科学的决策，实现对交通系统的实时监控和精细化管理。交通数据一般有如下 5 个特征。

（1）多源异构。

交通数据来源于多样化渠道，并在结构、格式和语义等方面呈现差异。交通数据可通过线圈检测器、GPS 设备、摄像头和调查问卷等采集，从中可获得不同角度的交通信息。例如，线圈检测器用于车流量和速度的计算，GPS 设备可以提供精确的位置信息，调查问卷能够反映出行者的出行特征。这些不同来源的数据共同刻画了交通系统的全貌，为分析与决策提供了更为全面的信息。

（2）时空特性。

交通数据在时间和空间两个维度上展现出规律与特点，对于交通系统的分析和管理具有重要意义。在时间维度上，交通数据表现出明显的周期性、波动性和趋势性。周期性体现在交通流量在日、周、月等不同时间尺度上的重复规律。例如，工作日和周末的出行特征存在显著差异，早高峰和晚高峰的交通流量也具有规律性的变化。波动性是指交通流量、速度和拥堵情况在不同时段的显著波动，节假日、特殊事件（如大型体育赛事、演唱会）及突发事件（如交通事故、恶劣天气）均会对交通状况产生明显的影响。趋势性反映了随着时间的推移，交通数据可能表现出的某种长期变化趋势。例如，随着城市化进程的加快，某些地区的交通流量可能逐年增加。在空间维度上，交通数据的分布具有显著的空间特征。不同道路、不同区域的交通流量、速度和事故发生率会有明显差异，通常城市中心区域比郊区更为拥堵。

空间相关性是交通数据的另一重要特性，相邻区域的交通状况通常存在相关性。例如，一条主干道拥堵可能会导致周边次干道和支路的交通流量增加。空间异质性表现为不同地区的交通基础设施、道路条件和交通管理措施各不相同，导致交通数据在空间上表现出异质性。例如，新建的道路可能比老旧的道路更少发生拥堵。交通数据不仅在时间和空间上各自具有特性，还在时空维度上表现出复杂的交互关系。理解时空特性对于交通管理和规划至关重要。

（3）数据量大。

交通系统是一个连续运作且涉及众多参与者的复杂系统。在城市交通网络中，成千上万的车辆、交通信号灯、摄像头、传感器等检测装置，每时每刻都在产生数据。以城市级出租车 GPS 数据为例，每天可能产生数亿条记录；各种传感器的状态数据、视频监控录像和环境监测数据涉及时间、空间、环境与社会经济等多个维度；随着城市化进程的加快和移动互联技术的普及，交通数据的产生速度持续增加，实时更新交通状态成为必要，这一需求反过来驱动了数据量的增长。交通管理需要实时或近实时的数据分析，以便快速响应交通状况的变化，这给数据存储、处理和分析带来了挑战，需要借助高效的数据存储系统、分布式计算和大数据分析工具来管理并提取其中有价值的信息。

（4）数据质量问题。

交通数据在分析过程中可能会遇到质量问题，通常表现为数据缺失、数据噪声和数据冗余。数据缺失是指数据可能因为设备故障、维护不当或信号不佳等而出现缺失。例如，当检测器故障或 GPS 信号丢失时，相应的数据行就会出现空缺。数据噪声是指数据中存在的误差或扰动，如 GPS 数据可能因为多路径效应或信号反射而出现位置漂移。数据冗余即不同数据源可能提供重复的信息，如多个 GPS 设备可能记录了同一车辆的位置，这不仅增加了数据处理的复杂性，还对存储资源提出了更高的要求。

（5）数据关联性。

交通数据的关联性即交通系统中各种数据元素在多个维度上的联系和依赖关系。例如，车流量与交通信号配时、GPS 轨迹与道路状况、公交车运行数据与天气情况之间都存在密切关联，深入挖掘这种关联性对于理解交通流动的模式和趋势、预测交通状况、设计智能交通系统，以及制定有效的交通政策具有重要意义。

1.2　数据分析与概率论的关系

1.2.1　什么是概率

概率又称或然率、机会率、机率（几率）或可能性，是概率论的基本概念。概率是对随机事件发生的可能性的度量，一般以一个 0~1 的实数表示一个事件发生的可能性，该值越接近 1，事件越可能发生；越接近 0，事件越不可能发生。人们常说某人有百分之多少的把握能通过考试，某件事发生的可能性是多少，这都是概率的实例。概率论的基本思想是已知原因，推断结果或表现。例如，已知硬币是正常的，分析其正面朝上或反面朝上的概率；已知某变量服从正态分布，分析正态分布的性质。

在研究中，人们一般只能观测到表象，却要推断表象后面的原因。

例 1-1：抛硬币，抛了 100 次，有 55 次正面朝上，你认为结果是公平的吗？或者 56 次正面朝上呢？要多少次正面朝上，你才会认为结果是不公平的？或者换一种说法，假如抛了 n 次硬币，有 m 次正面朝上，你有多大的信心说结果是公平的？这就是数据分析要解决的问题。

从本质上而言，数据分析是指应用概率的理论来研究大量随机现象的规律性，对通过科学安排的一定数量的实验所得的统计方法给出严格的理论证明，并判定各种方法应用的条件，以及方法、公式、结论的可靠程度与局限性。

1.2.2 数据分析的特殊性

数据分析在研究方法上有它的特殊性，它与其他数学学科的不同点主要如下。
- 由于随机现象的统计规律是一种集体规律，必须在大量同类随机现象中才能呈现出来，因此，观察、试验、调查就是概率统计这门学科研究方法的基石。但是，作为数学学科的一个分支，它依然具有本学科的定义、公理、定理，这些定义、公理、定理是来源于自然界的随机规律，但这些定义、公理、定理是确定的，不存在任何随机性。
- 在数据分析的研究中，使用的是"由部分推断全体"的统计推断方法。这是因为它研究的对象及随机现象的范围是很大的，在进行观察试验时，不可能也不必全部进行。但是，对于由这部分资料所得的一些结论，要在全体范围内推断其可靠性。
- 随机现象的随机性是针对试验、调查之前来说的，而在真正得出结果后，对于每次试验，它只可能得到这些不确定结果中的某种确定结果。在研究某一随机现象时，应当注意在试验前能不能针对这一随机现象找出其本身的内在规律。

1.3 数据的有偏性

对于数据，人们似乎对其有着某种天然的信任感，认为其代表着客观公正，数据不会说谎甚至成了人们的潜意识，在很多时候，数据成了人们评判事物好坏的标准。但现实的悖论在于很多人或机构却抓住人们对于数据天然的信任感，通过各种统计手段得出各种或好或坏的数据，进而影响人们的判断。数据本身不会说谎，但说谎者需要数据。

1.3.1 有偏数据

例 1-2：轰炸机加固。1940 年左右，在不列颠之战中，英国和德国都损失了不少轰炸机和飞行员。当时，英国军方研究的一大课题就是在轰炸机的哪个部位加上更厚的装甲可以提高其防御能力，减少损失。由于装甲很厚会极大地增加轰炸机的质量，不可能将轰炸机从头到尾全都用装甲包起来，因此研究人员需要做出选择，在轰炸机最易受到攻击的地方加上装甲。

当时的英国军方研究了那些参与战争的轰炸机，发现其受攻击位置主要集中在机身中央，以及两侧的机翼和尾翼部分，因此研究人员提议，在这些部分加上装甲，以提高轰炸机的防御能力。

这一提议被当时美国军方统计研究部的统计学家 Abraham Wald 否决。他连续写了 8 份研究报告，指出所研究的这些轰炸机是战争中的"幸存者"，因此机身上的弹孔对轰炸机来说不是致命的，要想挽救相应飞行员的生命，更正确的方法应该是研究那些被打中并坠毁的轰炸机。只有这样，才能有的放矢，找到轰炸机最脆弱的部分并加上装甲。该建议后来被英国军方采纳，挽救了成千上万名飞行员的生命。

1.3.2 因果关系与相关关系

例 1-3：图 1-4 所示为 2010—2020 年发生的海盗事件（黑色）和有机食品消耗（灰色）的关系图。从图 1-4 中可看出，两组数据呈现明显的相关关系，那么是否可以说明由于有机食品消耗的增加导致海盗事件的减少呢？

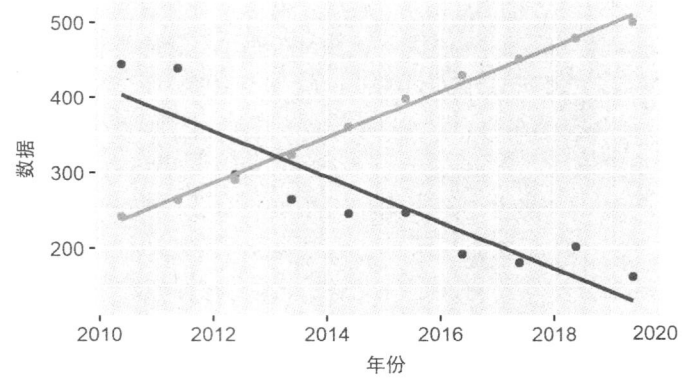

图 1-4　2010—2020 年发生的海盗事件和有机食品消耗的关系图

显然，这是不可以的，虽然两组数据存在强烈的相关关系。

这就涉及两个问题：什么是相关关系？什么是因果关系？有相关关系，不代表两者之间一定就是因果关系。混淆相关关系和因果关系是在统计中经常犯的错误。它会造成诸如"冰激凌销售量增加导致溺水人数增加""有机食品消耗增加导致海盗事件减少"等令人啼笑皆非的结论。

在图 1-5 中，你觉得两个变量的相关系数是多少呢？事实上，这两个变量的相关系数几乎为 0。因此相关系数考查的只是数据之间的线性关系，不相关只表示数据之间没有线性关系，但有其他关系。

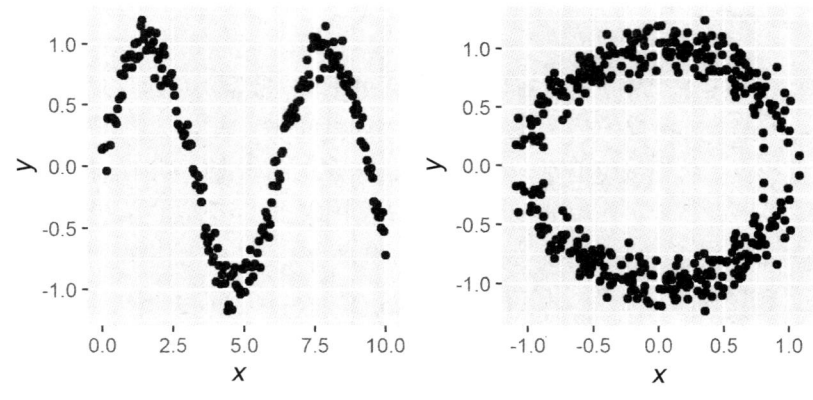

图 1-5　变量 x 与变量 y 的关系

1.3.3 数据的任意解释

例 1-4：纵坐标对图形理解的影响。图 1-6 中的两个图其实来源于同一组数据，两者只是在纵坐标的区间上有区别。图 1-6（a）的纵坐标的变化范围为 0～30，图 1-6（b）的纵坐标的变化范围为 25～29。观察图 1-6（a），数据虽然随着年份而逐渐增长，但变化并不大；乍一看图 1-6（b），数据随着年份有巨大的增长幅度，但其实这只是对图进行了修饰而已。

因此，即使是同一组数据，不同的人也能做出不同的解释。对数据进行任意解释是我们在进行数据分析时要避免的。

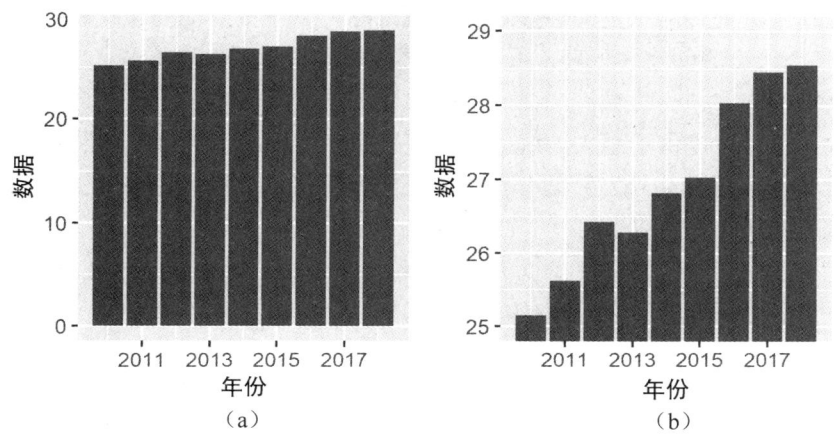

图 1-6　数据示例图

1.4　R 语言初阶

本书后续除了会对交通数据分析的基本原理进行讲解，还会讲解如何使用 R 语言对数据进行分析。

1.4.1　R 语言和 RStudio 的介绍

R 语言是一种广泛应用于统计分析和数据科学的编程语言，它以其强大的统计计算功能和灵活的数据处理机制而著称。它起源于 S 语言，并在其基础上进行了优化和扩展，使得数据分析更加高效和便捷。

R 语言的核心优势在于其强大的统计计算功能。它提供了丰富的统计方法和模型，包括但不限于回归分析、方差分析、时间序列分析、机器学习等，使得用户可以轻松应对各种复杂的统计问题。此外，R 语言还支持自定义函数和包（Packages），用户可以根据自己的需求编写特定的统计方法或算法，进一步扩展 R 语言的应用范围。

R 语言的绘图功能也是其一大亮点。它支持多种图形类型的绘制，包括散点图、柱状图、箱线图、热力图等，用户可以根据需要选择合适的图形来展示数据。R 语言的绘图语法直观易懂，用户可以轻松地调整图形的各种参数，制作出美观且富有信息量的图形。

此外，R 语言还有一个庞大的社区支持。这个社区中有大量的数据科学家、统计学家和开发者，他们分享自己的经验、代码和包，使得 R 语言的应用更加广泛和深入。

RStudio 是一个功能强大的集成开发环境（IDE），专为 R 语言设计。它提供了一个高级的代码编辑器，具有语法高亮、自动完成和自动缩进等功能，使得编写 R 代码更加轻松和直观。另外，RStudio 还拥有一个工作区，用于集中管理数据、图形和包等资源，用户可以在其中查看和操作当前的变量、数据帧、图形，以及安装、加载、卸载包。此外，RStudio 的控制台允许用户与 R 解释器进行交互，直接输入和执行 R 代码，并查看代码的输出结果。

RStudio 还具有集成的调试器，用于帮助用户识别和修复代码中的错误。用户可以设置断点、逐步执行代码，并查看变量的值和进行堆栈跟踪，以便更好地理解代码的执行过程。同时，RStudio 支持项目的创建和管理，用户可以轻松地创建、删除和重命名文件，以及组织和导航项目文件结构。

总的来说，R 语言提供了强大的统计分析和绘图功能，而 RStudio 则为 R 语言提供了一个易用的开发环境，两者共同为数据分析师和研究者提供了高效、便捷的工具，帮助他们更好地理解和处理数据。

1.4.2　R 软件和 RStudio 的安装

要使用 R 语言，首先应下载 R 软件，下载完成后默认安装即可。

其次应下载专门用于 R 软件的 IDE——RStudio，下载完成后默认安装即可。安装完成后，双击 RStudio 安装目录的 bin 文件夹中的 rstudio.exe，即可打开 R 软件。

注意：在 R 软件和 RStudio 的安装过程中，请不要选择中文路径。

打开 RStudio 后，为了后续更快地安装 R 语言的包，需要对 RStudio 进行简单设置：依次从目录中选择以下路径：Tools→Global options→Packages，并选择"Primary CRAN repository"→"China(Beijing 1)[https]- TUNA Team,Tsinghua University"选项。

1.4.3　包的安装及使用

利用 R 语言进行数据分析、编程也没必要所有代码都自己编写，可以通过下载包，调用已有的包进行工作。R 语言有大量的包，比较常用的包括 ggplot2、dplyr 等。

1.4.3.1　包的用处

在 R 语言中使用包有诸多重要的原因，这些原因涵盖了从功能扩展、效率提升到代码复用等多个方面。

- 功能扩展：R 语言的核心功能虽然强大，但其仍有局限性。通过安装和使用包，用户可以获得额外的函数、方法和数据集，从而扩展 R 语言的功能。这些包可能涵盖了从统计分析到机器学习、从数据可视化到生物信息学的各个领域，使得 R 语言能够完成各种复杂的数据分析任务。
- 效率提升：很多 R 语言的包都是由专家团队开发并经过优化的，它们提供了高效、可靠的算法和函数，可以帮助用户更快地处理数据和分析问题。通过使用这些包，用户

- 社区支持：R 语言拥有庞大的社区，这意味着有大量的资源和帮助可供用户使用。很多 R 语言的包都附带有详细的文档和示例，可以帮助用户快速上手。此外，社区论坛、邮件列表和在线教程等也是用户获取帮助与解决问题的宝贵资源。
- 代码复用：通过使用包，用户可以轻松地复用其他开发者的代码和算法，从而加快开发速度并减少错误。这些包通常都经过严格的测试和验证，确保了其稳定性和可靠性。
- 行业认可：很多行业和领域都广泛采用 R 语言及其包来进行数据分析、机器学习与可视化等工作。通过使用这些包，用户可以确保自己的工作符合行业标准和最佳实践，从而提高其专业水平和竞争力。

1.4.3.2 包的安装

R 语言的包通常有两种主要来源：CRAN（Comprehensive R Archive Network）和 Bioconductor。CRAN 是 R 语言的包的官方仓库，而 Bioconductor 则专门提供生物信息学相关的 R 语言的包。

安装来自 CRAN 的包：使用 install.packages()函数进行安装。例如，要安装 ggplot2 包，可以在 RStudio 控制台中输入 install.packages("ggplot2")。在安装前，可能需要配置 RStudio 的镜像源，选择一个离自己地理位置较近或网络速度较快的站点，以加快下载速度。

安装来自 Bioconductor 的包：首先，需要安装 BiocManager 包（如果尚未安装），使用 install.packages("BiocManager")进行安装；然后，使用 BiocManager::install()函数安装所需的包。例如，执行 BiocManager::install("DESeq2")语句会安装 DESeq2 包。

1.4.3.3 包的使用

在使用 R 语言的包之前，需要先加载它。使用 library()函数来加载包。例如，执行 library(ggplot2)语句会加载 ggplot2 包。

一旦包被加载，就可以使用其中的函数和数据集了，可以通过查阅包的文档来了解其提供的函数和数据集的具体用法。

1.4.4 如何使用帮助功能

在 R 语言中使用帮助功能非常简单且直观，它为用户提供了快速了解函数、包和其他 R 语言对象的有效方式。以下是几种在 R 语言中使用帮助功能的主要方法。

（1）使用 help()函数：要获取关于特定函数或对象的帮助，可以使用 help()函数。例如，要了解 mean()函数的使用方法，可以输入：

```
help(mean)
```

此时，将会显示 mean()函数的详细说明、参数、返回值及示例。

（2）使用 "?" 操作符："?" 操作符是 help()函数的快捷方式，两者功能完全相同。因此，上述查询也可以使用以下方式：

```
?mean
```

此时，同样会打开 mean()函数的帮助页面。

（3）查看包中的帮助：如果安装了一个特定的 R 语言的包并希望了解它的内容，则可以使用 help.search() 函数来搜索其中的函数和对象。例如，安装了 ggplot2 包，想查找关于它的信息，可以输入：

```
help.search("ggplot2")
```

此外，还可以使用"??"操作符进行模糊搜索：

```
??ggplot2
```

此时，将列出与 ggplot2 包相关的所有帮助页面。

（4）查看包的文档：对于已安装的包，可以使用 vignette() 函数来查看其中的文档（如果包提供了 vignette 文档）。例如：

```
vignette("ggplot2")
```

此时，将打开 ggplot2 包的 vignette 文档。

（5）在线帮助资源：除了 R 语言内置的帮助系统，还可以访问 R 语言的官方文档网站（如 CRAN），以及很多在线教程和社区论坛，以获取更广泛的帮助和解答。

（6）使用帮助菜单：如果用户使用的是 RStudio 这样的集成开发环境，那么还可以通过单击界面上的"Help"菜单来访问帮助文档和其他资源。

1.5 R 语言的使用入门

本节介绍 R 语言常用的数据结构，包括向量、矩阵、因子、数据框、列表等。以下灰色部分显示的是代码，##后面跟随的是结果。

1.5.1 向量

向量是 R 语言中最基础的数据结构之一，用于存储同一类型的元素序列。向量中的元素可以是数值、字符或逻辑值等。向量一般由 c() 函数生成，也可由其他函数生成。

1.5.1.1 向量的创建

例 1-5：以下是一些向量创建的示例。

```
# 创建数值向量
num_vec <- c(1, 2, 3, 4, 5)
print(num_vec)
## [1] 1 2 3 4 5
# 创建字符向量
char_vec <- c("apple", "banana", "cherry")
print(char_vec)
## [1] "apple"  "banana" "cherry"
# 创建逻辑值向量
logical_vec <- c(TRUE, FALSE, TRUE, FALSE, TRUE)
print(logical_vec)
## [1] TRUE FALSE TRUE FALSE TRUE
# 创建长度为 6、元素全部为 0 的向量
v <- numeric(length=6)
print(v)
## [1] 0 0 0 0 0 0
# 创建从 1 到 10、步长为 2 的序列向量
```

```
seq_example <- seq(from=1, to=10, by=2)
print(seq_example)
## [1] 1 3 5 7 9
# 创建从 1 到 10、长度为 7 的等差序列向量
seq_example <- seq(from=1, to=10, length.out=7)
print(seq_example)
## [1]  1.0  2.5  4.0  5.5  7.0  8.5 10.0
# 创建与 x 长度相同的序列向量
x <- c("a", "b", "c", "d")
seq_example <- seq(along.with=x)
print(seq_example)
## [1] 1 2 3 4
# 创建从 1 开始、长度为 6 的序列向量
seq_example <- seq_len(length.out=6)
print(seq_example)
## [1] 1 2 3 4 5 6
# 使用 rep()函数按元素复制向量 3 次
vec <- c(1, 2, 3)
repeated_vec <- rep(vec, times=3)
print(repeated_vec)
## [1] 1 2 3 1 2 3 1 2 3
# 使用 rep()函数按每个元素复制指定的次数
vec <- c(1, 2, 3)
repeated_vec <- rep(vec, each=2)
print(repeated_vec)
## [1] 1 1 2 2 3 3
# 复制字符"hello"，共 3 次
repeated_char <- rep("hello", times=3)
print(repeated_char)
## [1] "hello" "hello" "hello"
```

1.5.1.2 向量元素的访问

在 R 语言中，可以通过索引访问向量元素。向量的索引是从 1 开始的连续整数，表示每个元素在向量中的位置，可以使用方括号和相应的索引来访问向量中的特定元素。

例 1-6：以下示例展示了如何在 R 语言中访问向量元素。

```
# 访问向量的第 1 个元素（索引为 1）
my_vector <- c(10, 20, 30, 40, 50)
print(my_vector[1])
## [1] 10
# 访问向量的前 2 个元素（索引为 1 和 2）
my_vector <- c(10, 20, 30, 40, 50)
print(my_vector[1:2])
## [1] 10 20
# 访问向量的第 1、3 个元素
my_vector <- c(10, 20, 30, 40, 50)
print(my_vector[c(1,3)])
## [1] 10 30
# 删除向量的第 1 个元素，注意使用的是-1
my_vector <- c(10, 20, 30, 40, 50)
print(my_vector[-1])
## [1] 20 30 40 50
```

```r
# 删除向量的第1、3个元素,注意使用的是-1和-3
my_vector <- c(10, 20, 30, 40, 50)
print(my_vector[c(-1,-3)])
## [1] 20 40 50
# 访问条件为真的元素,注意只有为TRUE的元素才会被访问
my_vector <- c(10, 20, 30, 40, 50)
condition <- c(TRUE, FALSE, TRUE, FALSE, FALSE)
print(my_vector[condition])
## [1] 10 30
```

1.5.1.3 向量的运算

例1-7：创建两个向量vec1和vec2，并对它们执行基本的数学运算：加法、减法、乘法和除法。每种运算都是元素级别的，即vec1中的第1个元素与vec2中的第1个元素相加（或相减、相乘、相除），依次类推。

解：

```r
vec1 <- c(1, 2, 3, 4)
vec2 <- c(5, 6, 7, 8)
print(vec1 + vec2)  # 加法运算
## [1]  6  8 10 12
print(vec1 - vec2)  # 减法运算
## [1] -4 -4 -4 -4
print(vec1 * vec2)  # 乘法运算
## [1]  5 12 21 32
print(vec1 / vec2)  # 除法运算
## [1] 0.2000 0.3333 0.4286 0.5000
```

例1-8：创建两个逻辑向量，并对它们执行逻辑与（&）、逻辑或（|）和逻辑非（!）运算。逻辑运算也是元素级别的，即一个逻辑向量中的元素与另一个逻辑向量中的对应元素进行运算。

解：

```r
logical_vec1 <- c(TRUE, FALSE, TRUE, FALSE)
logical_vec2 <- c(FALSE, TRUE, FALSE, TRUE)
print(logical_vec1 & logical_vec2)     # 逻辑与运算
## [1] FALSE FALSE FALSE FALSE
print(logical_vec1 | logical_vec2)     # 逻辑或运算
## [1] TRUE TRUE TRUE TRUE
print(!logical_vec1)                    # 逻辑非运算
## [1] FALSE TRUE FALSE TRUE
```

例1-9：向量的逻辑运算经常与向量元素的访问结合在一起使用。

解：

```r
# 选取向量中小于3或大于6的元素
vec <- c(1, 3, 5, 7, 9)
logic_vec <- vec < 3 | vec > 6 # 逻辑运算
print(vec[logic_vec])
## [1] 1 7 9
# 选取向量中小于或等于6且大于或等于3的元素
vec <- c(1, 3, 5, 7, 9)
logic_vec <- vec >= 3 & vec <= 6 # 逻辑与运算
print(vec[logic_vec])
## [1] 3 5
```

两个向量的长度不一样也可以相加。在下述程序代码中，b的长度为2，a的长度为4，

两者相加时，b 会先进行广播（Broadcast），变为 c(2,3,2,3)，再与 a 相加。

```
a <- c(1,2,3,4)
b <- c(2,3)
print(a + b)
## [1] 3 5 5 7
```

例 1-10：对一个数值向量执行统计运算，包括计算平均值、总和、长度、最小值和最大值。这些函数都对整个向量进行运算，而不是元素级别的运算。

解：

```
num_vec <- c(10, 20, 30, 40, 50)
print(mean(num_vec))     # 计算向量的平均值
## [1] 30
print(sum(num_vec))      # 计算向量的总和
## [1] 150
print(length(num_vec) )  # 计算向量的长度
## [1] 5
print(min(num_vec))      # 计算向量的最小值
## [1] 10
print(max(num_vec) )     # 计算向量的最大值
## [1] 50
```

1.5.1.4 向量的其他常用操作

例 1-11：使用 c()函数合并两个或多个向量。

解：

```
vec1 <- c(1,3,5)
vec2 <- c(2,6,8)
combined_vec <- c(vec1, vec2)
print(combined_vec)
## [1] 1 3 5 2 6 8
```

使用 unique()函数获取向量中的唯一值。

```
vec <- c(1,1,2,2,2,3,4,4,5,5,6,6,6)
unique_chars <- unique(vec)
print(unique_chars)
## [1] 1 2 3 4 5 6
```

使用 sort()函数对向量进行排序。

```
# 升序
a <- c(7,2,10,4,1)
sort(a, decreasing=FALSE) # decreasing=FALSE 表示按升序排列
## [1]  1  2  4  7 10
# 降序
a <- c(7,2,10,4,1)
sort(a, decreasing=TRUE)  # decreasing=TRUE 表示按降序排列
## [1] 10  7  4  2  1
```

1.5.2 矩阵

在 R 语言中，矩阵是一个二维数组，可以存储数值、字符或逻辑值。矩阵操作在数据分析和统计计算中非常常见。R 语言中矩阵的常用操作包括矩阵的创建、矩阵元素的访问、矩阵的算术运算、矩阵的转置、矩阵的合并和矩阵的切片等。

1.5.2.1 矩阵的创建

例 1-12：矩阵的创建。

解：

```r
# 创建一个 3 行 2 列的数值矩阵，注意 byrow 参数的设置
matrix1 <- matrix(c(1, 2, 3, 4, 5, 6), nrow=3, ncol=2, byrow=TRUE)
print(matrix1)
##      [,1] [,2]
## [1,]    1    2
## [2,]    3    4
## [3,]    5    6
# 创建一个 3 行 2 列的数值矩阵，注意 byrow 参数的设置
matrix2 <- matrix(c(1, 2, 3, 4, 5, 6), nrow=3, ncol=2, byrow=FALSE)
print(matrix1)
##      [,1] [,2]
## [1,]    1    4
## [2,]    2    5
## [3,]    3    6
# 创建一个 3 行 2 列的字符矩阵
matrix3 <- matrix(c("a", "b", "c", "d", "e", "f"), nrow=3, byrow=TRUE)
print(matrix3)
##      [,1] [,2]
## [1,] "a"  "b"
## [2,] "c"  "d"
## [3,] "e"  "f"
# 通过向量行合并创建矩阵
row1 <- c(1,2,3,4)
row2 <- c(6,7,8,9)
matrix4 <- rbind(row1, row2)
print(matrix4)
##      [,1] [,2] [,3] [,4]
## row1    1    2    3    4
## row2    6    7    8    9
# 通过向量列合并创建矩阵
col1 <- c(1,2,3,4)
col2 <- c(6,7,8,9)
matrix5 <- cbind(col1, col2)
print(matrix5)
##      col1 col2
## [1,]    1    6
## [2,]    2    7
## [3,]    3    8
## [4,]    4    9
# 创建对角矩阵
matrix6 <- diag(c(3,4,6))
print(matrix6)
##      [,1] [,2] [,3]
## [1,]    3    0    0
## [2,]    0    4    0
## [3,]    0    0    6
# 创建 3×3 的单位矩阵
matrix7 <- diag(3)
```

```
print(matrix7)
##      [,1] [,2] [,3]
## [1,]    1    0    0
## [2,]    0    1    0
## [3,]    0    0    1
```

1.5.2.2 矩阵元素的访问

例 1-13：矩阵元素的访问。

解：

```
# 访问矩阵第 1 行第 2 列的元素
matrix1 <- matrix(c(1, 2, 3, 4, 5, 6), nrow=3, ncol=2, byrow=TRUE)
element <- matrix1[1, 2]
print(element)
## [1] 2
# 访问矩阵的第 2 列
column <- matrix1[, 2]
print(column)
## [1] 2 4 6
# 访问矩阵的第 1 行
row <- matrix1[1, ]
print(row)
## [1] 1 2
# 访问矩阵的第 1、2 行
row12 <- matrix1[c(1,2), ]
print(row12)
##      [,1] [,2]
## [1,]    1    2
## [2,]    3    4
```

1.5.2.3 矩阵的运算

例 1-14：矩阵的运算。

解：

```
# 矩阵加法
matrix1 <- matrix(c(1, 2, 3, 4, 5, 6), nrow=3, ncol=2, byrow=TRUE)
sum_matrix <- matrix1 + matrix1
print(sum_matrix)
##      [,1] [,2]
## [1,]    2    4
## [2,]    6    8
## [3,]   10   12
# 矩阵按元素相乘
matrix1 <- matrix(c(1, 2, 3, 4, 5, 6), nrow=3, ncol=2, byrow=TRUE)
prod_matrix <- matrix1 * matrix1
print(prod_matrix)
##      [,1] [,2]
## [1,]    1    4
## [2,]    9   16
## [3,]   25   36
# 矩阵乘法（注意：这是矩阵乘法，不是元素级别的乘法）
matrix1 <- matrix(c(1, 2, 3, 4, 5, 6), nrow=3, ncol=2, byrow=TRUE)
matrix2 <- matrix(c(1, 0, 0, 1), nrow=2, byrow=TRUE)
```

```
prod_matrix <- matrix1 %*% matrix2
print(prod_matrix)
##      [,1] [,2]
## [1,]    1    2
## [2,]    3    4
## [3,]    5    6
# 矩阵的转置
matrix1 <- matrix(c(1, 2, 3, 4, 5, 6), nrow=3, ncol=2, byrow=TRUE)
transpose_matrix <- t(matrix1)
print(transpose_matrix)
##      [,1] [,2] [,3]
## [1,]    1    3    5
## [2,]    2    4    6
# 方阵的求逆
A <- matrix(c(2, 4, 1, 5), nrow=2, byrow=T)
inverse_A <- solve(A)
print(A %*% inverse_A)
##      [,1] [,2]
## [1,]    1    0
## [2,]    0    1
```

1.5.3 因子

在 R 语言中，因子是一种用于处理分类变量的重要工具，其作用在于将离散型变量转换为有序的水平集合，从而便于进行统计分析和模型构建。因子不仅减少了内存占用，还提高了数据处理和分析的效率。另外，因子还能通过提供水平的标签和顺序来增强数据的可读性与可解释性。根据数据的特性，因子可分为名义型变量和有序型变量。名义型变量仅用于区分不同类别，如性别；而有序型变量则具有明确的顺序关系，如评级等级。

在 R 语言中，无序因子是最常见的因子类型，用于表示分类变量，其中各个水平之间没有明确的顺序关系。创建无序因子的基本方法是使用 factor()函数，并且不需要指定任何额外的参数。

例 1-15：创建无序因子。

解：

```
fruit_vector <- c("apple", "banana", "orange", "apple", "grape")

# 将向量转换为无序因子
fruit_factor <- factor(fruit_vector)

# 显示无序因子
print(fruit_factor)
## [1] apple  banana orange apple  grape
## Levels: apple banana grape orange
# 查看无序因子的水平
print(levels(fruit_factor))
## [1] "apple"  "banana" "grape"  "orange"
```

注意：factor()函数会自动按照数据集中的类别值在数据中出现的顺序来确定因子的水平。如果希望水平以不同的顺序出现，则可以通过向 factor()函数提供一个显式的水平向量来实现。

```
# 创建一个显式定义水平的无序因子
fruit_factor_ordered <- factor(fruit_vector, levels=c("apple", "banana", "grape", "orange"))
```

```
# 显示无序因子
print(fruit_factor_ordered)
## [1] apple  banana orange apple  grape
## Levels: apple banana grape orange
# 查看无序因子的水平
print(levels(fruit_factor_ordered))
## [1] "apple"  "banana" "grape"  "orange"
```

在 R 语言中,有序因子用于表示具有明确顺序关系的分类变量。与无序因子不同,有序因子的水平具有固定的顺序,这在进行统计分析时非常重要,尤其在水平之间的顺序关系对结果有影响时。

要创建一个有序因子,需要在调用 factor() 函数时设置 ordered=TRUE,并且通常还需要提供一个水平的顺序向量。

例 1-16:创建有序因子。

解:

```
# 创建一个向量,包含有序的分类数据
rating_vector <- c("Low", "Medium", "High", "Low", "High")

# 将向量转换为有序因子,并指定水平的顺序
rating_factor <- factor(rating_vector, levels=c("Low", "Medium", "High"), ordered=TRUE)

# 显示有序因子
print(rating_factor)
## [1] Low    Medium High   Low    High
## Levels: Low < Medium < High
# 查看有序因子的水平及其有序性
print(levels(rating_factor))
## [1] "Low"    "Medium" "High"
print(is.ordered(rating_factor))
## [1] TRUE
```

在这个例子中,首先创建了一个包含评级名称的字符向量 rating_vector;然后使用 factor() 函数将这个向量转换为一个有序因子 rating_factor,并指定了水平的顺序为 Low<Medium<High;最后打印出这个有序因子及其水平,并验证它确实是一个有序因子。

请注意,有序因子的创建对于后续的数据分析至关重要,尤其在需要利用水平之间的顺序关系时。如果错误地将一个有序分类变量当作无序分类变量来处理,则可能导致结果的偏差或误解。

1.5.4 数据框

在 R 语言中,数据框是一种用于存储表格形式数据的核心数据结构。它类似于一个表格或电子表格,其中每列可以包含不同的数据类型(数值、字符、因子等),并且每行代表一个观测值或记录。

例 1-17:操作数据框。

解:

```
# 使用 data.frame() 函数创建数据框
id <- 1:5
status <- c("poor", "improved", "excellent", "poor", 'improved')
gender <- c('female', 'male', 'female', 'male', 'male')
```

```r
df <- data.frame(id, status, gender)
print(df)
##   id  status    gender
## 1 1   poor      female
## 2 2   improved  male
## 3 3   excellent female
## 4 4   poor      male
## 5 5   improved  male
# 查看数据框的结构
str(df)
## 'data.frame':   5 obs. of 3 variables:
## $ id    : int 1 2 3 4 5
## $ status: chr "poor" "improved" "excellent" "poor" ...
## $ gender: chr "female" "male" "female" "male" ...
# 选取数据框的某列
print(df$id)
## [1] 1 2 3 4 5
# 对数据框进行初步统计分析
summary(df)
##        id        status             gender
##  Min.   :1   Length:5           Length:5
##  1st Qu.:2   Class :character   Class :character
##  Median :3   Mode  :character   Mode  :character
##  Mean   :3
##  3rd Qu.:4
##  Max.   :5
# 为数据框 df 增加一列
a <- c(3,4,1,2,3)
df$b <- a
df$c <- a > 3
head(df, n=3) # 查看数据框的前 3 列,若不指定 n,则默认为前 6 列
##   id  status    gender  b  c
## 1 1   poor      female  3  FALSE
## 2 2   improved  male    4  TRUE
## 3 3   excellent female  1  FALSE
# 选择数据框的一个子集
subset(df, c==T)
##   id  status    gender  b  c
## 2 2   improved  male    4  TRUE
# 删除列
df$c <- NULL
print(df)
##   id  status    gender  b
## 1 1   poor      female  3
## 2 2   improved  male    4
## 3 3   excellent female  1
## 4 4   poor      male    2
## 5 5   improved  male    3
```

1.5.5 列表

列表是一些对象的有序集合。列表允许整合若干(可能无关的)对象到单个对象名下。

例 1-18：某列表中可能是若干向量、矩阵、数据框，甚至其他列表的组合；可以使用 list() 函数创建列表。

解：

```
a <- "abcdefsds"
b <- 1:10
c <- matrix(1:20, nrow=2)
a_list <- list(a_string=a, a_vector=b, a_matrix=c)
a_list
## $a_string
## [1] "abcdefsds"
##
## $a_vector
##  [1]  1  2  3  4  5  6  7  8  9 10
##
## $a_matrix
##      [,1] [,2] [,3] [,4] [,5] [,6] [,7] [,8] [,9] [,10]
## [1,]    1    3    5    7    9   11   13   15   17    19
## [2,]    2    4    6    8   10   12   14   16   18    20
str(a_list)
## List of 3
##  $ a_string: chr "abcdefsds"
##  $ a_vector: int [1:10] 1 2 3 4 5 6 7 8 9 10
##  $ a_matrix: int [1:2, 1:10] 1 2 3 4 5 6 7 8 9 10 ...
a_list$c
## NULL
```

1.5.6 图形初阶

R 语言是一个惊艳的图形构建平台。在通常的交互式会话中，可以通过逐条输入语句来构建图形，逐渐完善图形特征，直至得到想要的效果。

plot()函数是最基本的绘图命令。plot()函数常用的参数如下。

- x：x 轴的数据。
- y：y 轴的数据。
- type：类型，"p"为点，"l"为线，"b"为点和线的组合。
- pch：用于指定点的类型［见图 1-7（a）］。
- lty：用于指定线条的类型［见图 1-7（b）］。

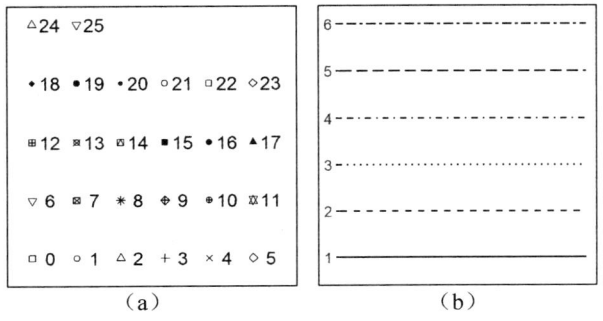

图 1-7　点和线条的类型

例 1-19：使用 R 语言的 plot() 函数绘制散点图与折线图（见图 1-8～图 1-12）。
解：

```
par(mar=c(4, 4, .1, .1), las=1, mfrow=C(1,3))  # par 命令在后面进行讲解
a <- c(21, 32, 39, 48, 56)
b <- c(16, 18, 29, 43, 70)
plot(a, b, type="p", pch=16)
plot(a, b, type="l", lty=6)
plot(a, b, type="b", pch=16, lty=6)
```

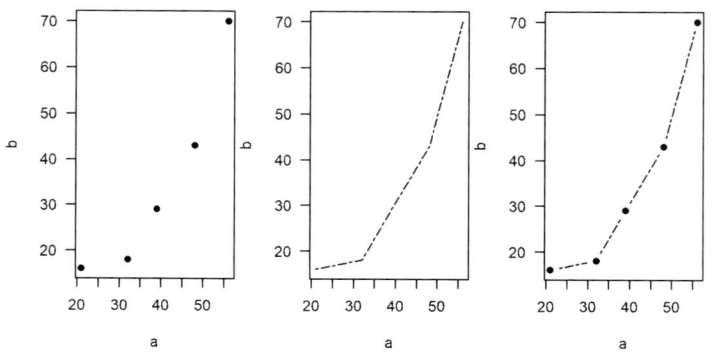

图 1-8　用 plot() 函数绘制的散点图与折线图

```
# 设置图形标题、x 轴标题、y 轴标题
par(mar=c(4, 4, 2, .1), las=1, mfrow=c(1,1))
a <- c(21, 32, 39, 48, 56)
b <- c(16, 18, 29, 43, 70)
plot(a, b, type="p", pch=16, main="point", xlab="x-axis", ylab="y-axis")
```

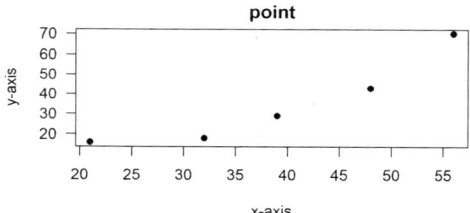

图 1-9　用 plot() 函数绘制的带标题的散点图

```
# 添加水平、垂直参考线
par(mar=c(4, 4, 2, .1), las=1)
a <- c(21, 32, 39, 48, 56)
b <- c(16, 18, 29, 43, 70)
plot(a, b, type="b", pch=16, lty=6, main="both")
abline(h=c(30,40), lty=4)  #水平参考线
abline(v=c(30,40), lty=4)  #垂直参考线
```

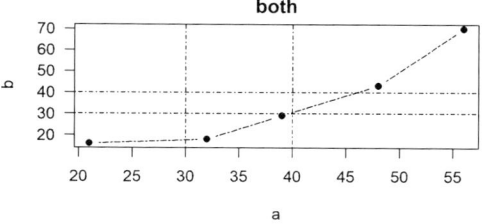

图 1-10　用 plot() 函数绘制的带参考线的折线图

```
# 添加图例
par(mar=c(4, 4, .1, .1), las=1)
a <- c(21, 32, 39, 48, 56)
b <- c(16, 18, 29, 43, 70)
c <- c(19, 21, 32, 40, 50)
plot(a, b, type="b", pch=16, lty=6)
lines(a, c, type="b", pch=8, lty=1)   # lines()函数可在原图的基础上叠加线段
legend("topleft",                      # 图例位置
       inset=0.05,                     # 偏移，尝试修改数值，看看图例位置的变化
       title="class",                  # 图例标题
       legend=c('B','C'),              # 图例的值
       lty=c(6,1),                     # 图例中线条的类型
       pch=c(16,8))                    # 图例中点的类型
```

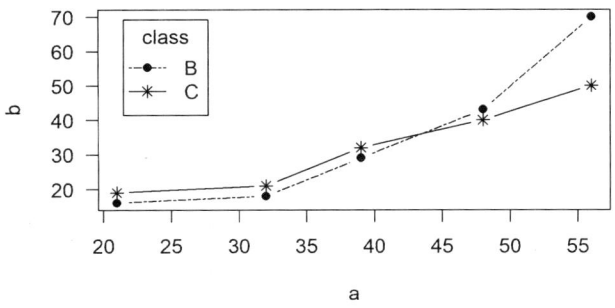

图 1-11　用 plot()函数绘制的带图例的折线图

```
# 在par()函数中，mfrow用于指示图形按照 2 行 2 列的形式排列
par(mar=c(4, 4, .1, .1), las=1, mfrow=c(2, 2), mfrow=c(2, 2))
plot(mtcars$wt, mtcars$mpg, type="point", pch=20)
plot(mtcars$wt, mtcars$disp, type="point", pch=20)
hist(mtcars$wt, main="")
boxplot(mtcars$wt)
```

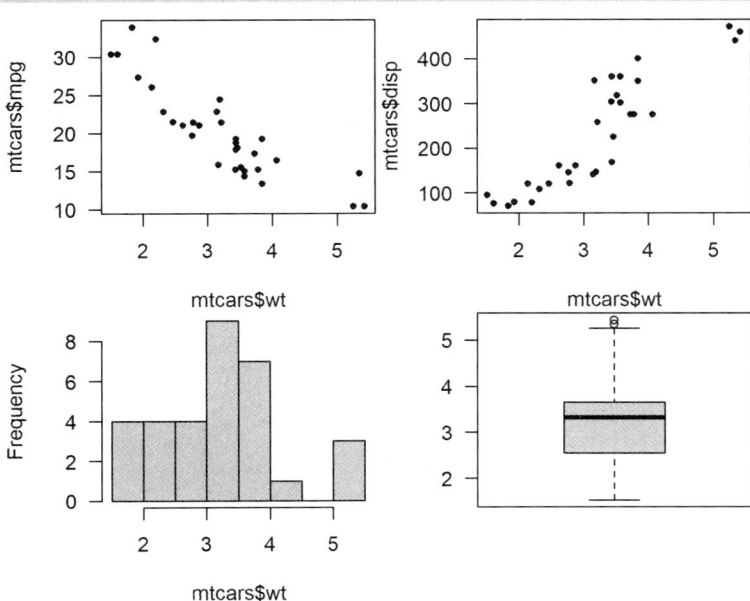

图 1-12　用 plot()函数绘制的图形按 2 行 2 列形式排列

本章习题

1. 请解释大数据时代给交通行业带来的机遇。
2. 为什么说对交通数据进行统计分析对于揭示数据规律至关重要？
3. 车辆轨迹数据分析能为城市公共交通规划提供哪些支持？
4. 路网拓扑结构数据在交通网络模型构建中的意义是什么？
5. 分析历史交通事故数据能够带来哪些好处？
6. 根据例 1-2 和例 1-3 分析一下例 1-4 中存在的问题。
7. 现有如表 1-2 所示的数据集，请将其导入 R 语言。

表 1-2 数据集

patientID	age	diabetes	status
1	25	Type1	Poor
2	34	Type2	Improved
3	28	Type1	Excellent
4	52	Type1	Poor

8. 先将表 1-2 中的数据输入 Excel，再从 Excel 中导入 R 语言。
9. 将特征 status 转换为有序因子，等级依次为 Poor、Improved、Excellent。
10. 创建一个名为 fruits 的字符向量，包含以下水果名称："apple"、"banana"、"cherry"、"date"、"elderberry"。将"fig"添加到这个向量的末尾。
11. 创建一个名为 matrixA 的 3×3 矩阵，将其中所有元素均初始化为 0，并将第 1 行第 2 列的元素设置为 5。
12. 创建一个名为 students 的数据框，包含 3 列，分别为 Name（字符型）、Age（整数型）、Score（数值型）；并添加 3 行数据，分别为("Alice",20,85)、("Bob",22,90)、("Charlie",19,88)。
13. 使用 students 数据框（习题 12 中创建的），筛选出年龄大于 20 岁且分数高于 87 分的学生。
14. 使用 plot()函数绘制 students 数据框（习题 12 中创建的）中 Age 和 Score 的散点图，并给该散点图添加标题和坐标轴标题。

第 2 章

交通数据的获取、导入及数据预处理

2.1 交通数据的形式和获取方式

在交通领域，数据是进行科学研究和工程实践的基础。从交通数据的获取方式的角度来划分，交通数据主要分为两类：抽样数据和大数据。本节对这两类数据的特点、收集方法进行详细阐述。

2.1.1 抽样数据

抽样调查是指以概率抽样的方法，从总体中选取有代表性的个体作为样本，通过对样本的观测推断总体的数量特征。在交通规划、交通工程等领域，抽样调查是获取交通数据的重要方式。由抽样调查这种方式获得的数据是抽样数据。

抽样调查通过科学的抽样方法，以最小的成本获得总体的基本信息，为交通需求预测、评价分析等提供基础数据支撑。根据调查方式的不同，抽样调查可分为问卷调查、访问调查、观测调查等。问卷调查是使用固定格式的调查表搜集信息的方法，可通过邮寄、留置、网络等途径发放和回收问卷；访问调查是由专业的调查员以面访形式搜集信息的方法，可获得更加翔实可靠的数据；观测调查是在现场直接观察记录交通现象的方法，如对交叉口的车流量、行人流量等进行调查。

开展抽样调查需要把握以下环节。

（1）确定总体分布。根据调查目的界定目标人群，如常住人口、就业人口等，并选用适当的抽样框以确保抽样样本能够代表总体。

（2）制定抽样方案。采用随机、分层、系统等抽样方法，合理确定样本容量，控制抽样误差。

（3）设计调查工具。根据调查内容设计调查表或调查器具，对指标进行操作化定义，规范填答说明。

（4）组织调查实施。选聘和培训调查员，合理安排调查时间和地点，并做好调查过程管理。

（5）审核数据质量。剔除不合逻辑的样本，并对数据进行扩样和加权，提高数据的代表性。

抽样数据虽然样本容量相对较小，但代表性强，可以反映不同类别的特征。为了保证抽样数据的质量，需要遵循科学性、针对性、可操作性等原则，合理确定总体分布、抽样方案、样本容量、调查方案等。调查过程中还应注意提高人们的参与度，控制无应答率，并对数据进行审核验证。高质量的抽样数据是开展交通规律研究的重要基础。

2.1.2 大数据

近年来，随着信息技术的迅猛发展，交通领域获取和积累了海量数据，形成了交通大数据。与抽样数据不同，交通大数据一般是指在交通系统中产生的、数量巨大的、类型多样的数据集合，如车辆轨迹数据、公交 IC 卡刷卡数据、浮动车数据、高速公路收费数据等。这些数据通常由政府部门、互联网企业等机构掌握，具有数据量大、多源异构、时效性强、应用价值高等特点。

交通大数据的获取是开展数据分析的基础，也是目前交通领域面临的一大挑战。由于交通大数据来源广泛、格式多样，因此其获取过程涉及技术、管理、法律等多方面因素。具体而言，交通大数据的获取途径主要包括以下几种。

（1）政府主导采集：由交通运输、公安等政府主管部门建设和运维的各类数据采集设施是获取交通大数据的重要途径。例如，公安部门通过卡口相机获取车辆通行数据，交通运输部门通过高速公路 ETC 门架获取车流量数据，地铁、公交部门通过闸机、车载设备获取乘客和车辆运行数据等。这类数据规模大、覆盖全、权威性强，是开展交通规划、管理的基础数据源。但获取此类数据需要与政府主管部门深度合作，涉及数据共享机制、安全审查等因素。

（2）互联网企业爬取：互联网地图、出行服务等企业在用户授权的基础上，通过用户终端 SDK、浏览器插件等被动采集用户轨迹、使用日志等数据。例如，高德地图、百度地图利用海量用户的位置数据，可生成实时路况、路网通行速度等数据产品；网约车平台通过司乘 App 获取订单数据，可分析不同时段、不同区域的出租车供需关系；外卖、电商等平台通过骑手、快递员的轨迹数据，可刻画配送网络的时空分布规律。这类数据采集成本低、时效性强，但对个人隐私保护要求高，也存在数据偏差等局限性。

（3）物联网感知采集：随着 RFID、NB-IoT、5G 等物联网技术的发展，交通基础设施、车辆本身都成了移动的数据采集节点。例如，车载传感器可采集车辆的速度、加速度、方向等数据，用于分析驾驶行为；道路探测器可实时采集车流量、排队长度等路段交通参数，用于评估路网运行状态；车联网（V2X）平台汇聚车车、车路协同数据，可提升交通系统的感知、决策、控制能力。这类数据粒度细、覆盖广、实时性强，是自动驾驶、智慧交通管理的重要数据基础。但物联网感知采集受设备能力、传输带宽等条件的限制，数据质量有待提高。

交通大数据为深入研究交通系统的结构和演化规律、优化交通管理和控制策略、创新交通服务模式提供了前所未有的机遇。利用大数据分析方法，可以从宏观、中观、微观等不同层面对交通现象进行建模分析，并应用于交通状态预测、交通需求管理、交通诱导等领域。

（1）宏观层面的分析：主要从区域或城市的整体视角刻画交通系统的总体特征和演化规律。例如，可利用出租车 GPS 数据分析城市路网的拥堵水平、识别交通瓶颈，利用车辆检测器数据刻画城市交通需求的时变性、方向性，利用公交刷卡数据评估公交网络的运行效率、服务水平等。宏观层面的分析可用于指导交通基础设施布局、交通需求管理等。

（2）中观层面的分析：主要对局部地区或交通走廊进行聚焦分析，评估设施改善、交通组织的效果。例如，利用视频数据分析特定区域的车流、人流强度，评价开放街区、步行化改造的实施成效；利用浮动车数据和信号配时数据评估干线、快速路的信号协调控制水平；

利用车道监测数据评价潮汐车道、可变导向车道的使用绩效等。中观层面的分析可用于优化交通工程设计、交通诱导策略等。

（3）微观层面的分析：主要聚焦于车辆、个体出行者，挖掘其交通行为的内在特征和影响机理。例如，利用浮动车数据分析驾驶员的跟驰、变道等驾驶行为，为自适应巡航、主动安全等智能驾驶功能提供参数；利用 App 数据分析个体出行链、出行方式选择特征，为个性化出行服务提供决策支持；利用好停车数据分析驾驶员的泊位选择行为，优化停车诱导、库容配置等。微观层面的分析有助于从需求侧引导交通行为、提升交通服务水平。

大数据分析的优势在于可以打通时间和空间维度，比传统的抽样调查、局部检测更全面、更动态地反映交通系统的状态与变化；在方法层面，也从早期的统计分析、数据挖掘发展到机器学习、深度学习等智能化分析范式，不断提升对海量异构数据的计算效率和建模精度。

然而，交通大数据的获取和使用也面临一些挑战：一方面，大数据往往分散在不同的政府主管部门和企业，数据的开放共享有待进一步推进；另一方面，大数据具有一定的偏差性和不确定性，需要研究数据的特性并开发适用的处理方法。未来，随着新型传感器、物联网、车联网等技术的应用，交通大数据的规模和质量将不断提升，为交通行业的数字化转型奠定重要基础。交通大数据必将与云计算、5G、区块链等新技术深度融合，形成多源异构的综合数据体系，给交通发展带来新的动力。但也应重视数据管理制度、隐私保护、数据安全等问题，促进大数据的规范、有序应用。

2.2 外部数据的导入

在数据分析和统计建模的过程中，外部数据的导入是至关重要的一步。R 语言作为统计计算和图形绘制的强大工具，提供了多种方法来实现外部数据的导入。本节详细介绍 R 语言导入外部数据的常用方法，并探讨其在实际应用中的优势和注意事项。

2.2.1 文本文件的导入

文本文件是数据分析中最常见的数据文件格式之一，包括 CSV、TXT、TSV 等文件格式。这些文件通常包含结构化数据，可以用 R 语言中的 read.table()、read.csv() 和 readLines() 等函数进行导入。

1. CSV 文件的导入

CSV（Comma-Separated Values）文件是以逗号分隔的文本文件，非常适用于存储表格数据。在 R 语言中，可以使用 read.csv() 函数来导入 CSV 文件。例如：

```
# 读取 CSV 文件
data <- read.csv("path/to/your/file.csv", header=TRUE, sep=",")
```

在上述代码中，read.csv() 函数读取了指定路径下的 CSV 文件，并将数据存储在名为 data 的数据框中。header=TRUE 表示文件的第 1 行包含列名，sep="," 指定数据字段之间的分隔符为逗号。

2. TXT 文件的导入

TXT 文件是纯文本文件，其格式可能因来源不同而有所差异。对于简单的 TXT 文件，可以使用 readLines()函数逐行读取文件内容；对于结构化的 TXT 文件，可以使用 read.table()函数进行导入。例如：

```
# 读取 TXT 文件，假设数据以制表符分隔
data <- read.table("path/to/your/file.txt", header=TRUE, sep="\t")
```

在这里，sep="\t"指定数据以制表符分隔。TXT 文件的格式可能较为复杂，因此可能需要对 read.table()函数的参数进行更多调整，如指定行名、跳过某些行等。

2.2.2 Excel 文件的导入

Excel 文件是商业和学术领域广泛使用的数据文件格式。在 R 语言中，可以使用 readxl 包中的 read_excel()函数来导入 Excel 文件。例如：

```
# 加载 readxl 包
library(readxl)

# 读取 Excel 文件
data <- read_excel("path/to/your/file.xlsx", sheet=1)
```

在这个例子中，read_excel()函数读取了指定路径下的 Excel 文件，并将数据存储在名为 data 的数据框中；sheet=1 指定要读取的工作表索引（默认为第 1 个工作表）。如果需要读取多个工作表，则可以循环调用 read_excel()函数或使用 excel_sheets()函数获取工作表名称列表。

2.2.3 数据库文件的导入

当数据存储在数据库中时，可以使用 R 语言的数据库接口导入数据。R 语言提供了多种数据库接口包，如 RMySQL、RPostgreSQL、DBI 等，用于连接不同的数据库系统。

下面以 RMySQL 包为例，建立数据库连接并查询数据：

```
# 加载 RMySQL 包
library(RMySQL)

# 建立数据库连接
con <- dbConnect(MySQL(), user='your_username', password='your_password', dbname='your_database', host='your_host')

# 执行 SQL 查询语句
result <- dbGetQuery(con, "SELECT * FROM your_table")

# 断开数据库连接
dbDisconnect(con)
```

在上述代码中，dbConnect()函数建立了与 MySQL 数据库的连接，dbGetQuery()函数执行了 SQL 查询语句并将结果存储在 result 中，dbDisconnect()函数断开了数据库连接。对于其他数据库系统，可以使用相应的包和函数进行连接与查询。

2.2.4 统计软件输出文件的导入

对于来自统计软件（如 SPSS、SAS、Stata 等）的输出文件，通常需要借助专门的 R 语言包进行导入。以下分别介绍这些统计软件的输出文件如何在 R 语言中导入。

1. SPSS 的 SAV 文件的导入

SPSS 的 SAV 文件是 SPSS 的专有文件格式。在 R 语言中，可以使用 haven 包来读取 SAV 文件。

```r
# 加载 haven 包
library(haven)

# 读取 SPSS 的 SAV 文件
data <- read_sav("path/to/your/file.sav")
```

2. SAS 的 XPT 文件的导入

SAS 的 XPT 文件（也称 SAS 传输格式文件）是 SAS 常用的数据文件格式。在 R 语言中，可以使用 haven 包或 foreign 包来读取 XPT 文件。

```r
# 加载 haven 包
library(haven)

# 读取 SAS 的 XPT 文件
data <- read_xpt("path/to/your/file.xpt")
# 加载 foreign 包
library(foreign)

# 读取 SAS 的 XPT 文件
data <- read.xport("path/to/your/file.xpt")
```

3. Stata 的 DTA 文件的导入

Stata 的 DTA 文件是 Stata 的专用文件格式。在 R 语言中，可以使用 foreign 包或 haven 包来读取 DTA 文件。

```r
# 使用 foreign 包读取 DTA 文件
data <- read.dta("path/to/your/file.dta")

# 或者使用 haven 包
data <- read_dta("path/to/your/file.dta")
```

2.2.5 其他数据格式的导入

除了上述常见的数据格式，R 语言还支持很多其他数据格式的导入，如 JSON、XML、YAML 等。这些数据格式通常用于网络数据交换或配置文件。

1. JSON 文件的导入

JSON 是一种轻量级的数据交换格式。在 R 语言中，可以使用 jsonlite 包来读取 JSON 文件。

```r
# 加载 jsonlite 包
library(jsonlite)
```

```
# 读取 JSON 文件
data <- fromJSON(file="path/to/your/file.json")
```

2. XML 文件的导入

XML 是一种标记语言，常用于数据的存储和传输。在 R 语言中，可以使用 XML 包来读取 XML 文件。

```
# 加载 XML 包
library(XML)

# 读取 XML 文件
xml_data <- xmlParse("path/to/your/file.xml")

# 提取数据（具体方法取决于 XML 的结构）
# 例如，提取根节点下的所有子节点
nodes <- xmlRoot(xml_data)
child_nodes <- xmlChildren(nodes)
```

2.2.6 注意事项

在导入数据时，需要注意以下几点。

（1）文件路径：确保提供的文件路径是正确的，并且 R 语言有足够的权限访问该文件。

（2）文件编码：有时，文本文件可能使用不同的字符编码（如 UTF-8、Latin1 等），如果导入时出现乱码，则检查文件的编码并相应地设置 R 的读取参数。

（3）数据的格式和结构：在导入数据前，了解数据的格式和结构非常重要。这有助于正确选择导入函数和参数，并避免在后续的数据处理中出现问题。

（4）大文件处理：对于非常大的数据文件，可能需要使用专门的数据处理工具或方法来导入和处理，以避免出现内存不足或其他性能问题。

（5）包依赖：某些数据格式的导入可能需要特定的 R 语言包。确保在导入前已经安装了所需的包，并加载到 R 语言的会话中。

综上所述，R 语言提供了丰富的函数和包来支持各种数据格式文件的导入。通过选择正确的函数和参数，可以轻松地将数据导入 R 语言，为后续的数据分析和建模工作奠定基础。

2.3 数据预处理

在开始进行数据分析之前，确保数据的质量和一致性是至关重要的。数据预处理作为数据分析的前置步骤，可以帮助我们处理和纠正数据中的各种问题，从而提高分析结果的准确性和可靠性。本节从案例出发，介绍如何有效地处理数据中的常见问题，以确保数据的可靠性和适用性。

2.3.1 查看数据框基本信息

2.3.1.1 查看数据的整体结构和摘要信息

str()函数是 R 语言的基础函数之一，用于紧凑地显示 R 语言对象的内部结构。当对一个数据框、列表或其他复杂 R 语言对象使用 str()函数时，它会展示对象的结构，包括各组成部分的类型、长度及部分数据的示例。

例如，现在有一个数据框 df，使用 str(df)函数会显示数据框中每列的类型（如数值型、因子型等）、长度及每列的前几个值。

例 2-1：利用 str()函数查看数据框 mtcars。

解：

```
str(mtcars)
## 'data.frame':	32 obs. of  11 variables:
##  $ mpg : num  21 21 22.8 21.4 18.7 18.1 14.3 24.4 22.8 19.2 ...
##  $ cyl : num  6 6 4 6 8 6 8 4 4 6 ...
##  $ disp: num  160 160 108 258 360 ...
##  $ hp  : num  110 110 93 110 175 105 245 62 95 123 ...
##  $ drat: num  3.9 3.9 3.85 3.08 3.15 2.76 3.21 3.69 3.92 3.92 ...
##  $ wt  : num  2.62 2.88 2.32 3.21 3.44 ...
##  $ qsec: num  16.5 17 18.6 19.4 17 ...
##  $ vs  : num  0 0 1 1 0 1 0 1 1 1 ...
##  $ am  : num  1 1 1 0 0 0 0 0 0 0 ...
##  $ gear: num  4 4 4 3 3 3 3 4 4 4 ...
##  $ carb: num  4 4 1 1 2 1 4 2 2 4 ...
```

glimpse()函数来自 dplyr 包，它是 tidyverse 系列包的一部分。glimpse()函数提供了与 str()函数类似的功能，但其输出格式更加整洁和对用户友好。它旨在以一种更易于阅读的方式展示数据框的结构，尤其对大型数据框来说，其输出更为简洁。

使用 glimpse()函数会显示数据框的列名、每列的类型及每列中非 NA 值的数量。

例 2-2：利用 glimpse()函数查看数据框 mtcars。

解：

```
library(dplyr)
glimpse(mtcars)
## Rows: 32
## Columns: 11
## $ mpg  <dbl> 21.0, 21.0, 22.8, 21.4, 18.7, 18.1, 14.3, 24.4, 22.8, 19.2, 17.8,…
## $ cyl  <dbl> 6, 6, 4, 6, 8, 6, 8, 4, 4, 6, 6, 8, 8, 8, 8, 8, 8, 4, 4, 4, 4, 8,…
## $ disp <dbl> 160.0, 160.0, 108.0, 258.0, 360.0, 225.0, 360.0, 146.7, 140.8, 16…
## $ hp   <dbl> 110, 110, 93, 110, 175, 105, 245, 62, 95, 123, 123, 180, 180, 180…
## $ drat <dbl> 3.90, 3.90, 3.85, 3.08, 3.15, 2.76, 3.21, 3.69, 3.92, 3.92, 3.92,…
## $ wt   <dbl> 2.620, 2.875, 2.320, 3.215, 3.440, 3.460, 3.570, 3.190, 3.150, 3.…
## $ qsec <dbl> 16.46, 17.02, 18.61, 19.44, 17.02, 20.22, 15.84, 20.00, 22.90, 18…
## $ vs   <dbl> 0, 0, 1, 1, 0, 1, 0, 1, 1, 1, 1, 0, 0, 0, 0, 0, 0, 1, 1, 1, 1, 0,…
## $ am   <dbl> 1, 1, 1, 0, 0, 0, 0, 0, 0, 0, 0, 0, 0, 0, 0, 0, 0, 1, 1, 1, 0, 0,…
## $ gear <dbl> 4, 4, 4, 3, 3, 3, 3, 4, 4, 4, 4, 3, 3, 3, 3, 3, 3, 4, 4, 4, 3, 3,…
## $ carb <dbl> 4, 4, 1, 1, 2, 1, 4, 2, 2, 4, 4, 3, 3, 3, 4, 4, 4, 1, 2, 1, 1, 2,…
```

2.3.1.2　查看数据的维度

dim()函数返回数据框的维度，即行数和列数；nrow()和ncol()函数分别返回数据框的行数与列数。

例 2-3：查看数据框 mtcars 的维度。

解：

```
dim(mtcars)
## [1] 32 11
```

即数据框有 32 行、11 列。

2.3.1.3　查看数据的头部和尾部

head()和 tail()函数分别用于查看数据框的前几行与后几行。在默认情况下，它们显示数据框的前 6 行或后 6 行，但可以通过传递一个数字参数来指定显示的行数。

例 2-4：查看数据框 mtcars 的前 6 行。

解：

```
head(mtcars)
##                    mpg  cyl disp  hp  drat  wt    qsec  vs am gear carb
## Mazda RX4          21.0  6   160  110 3.90  2.620 16.46 0  1  4    4
## Mazda RX4 Wag      21.0  6   160  110 3.90  2.875 17.02 0  1  4    4
## Datsun 710         22.8  4   108  93  3.85  2.320 18.61 1  1  4    1
## Hornet 4 Drive     21.4  6   258  110 3.08  3.215 19.44 1  0  3    1
## Hornet Sportabout  18.7  8   360  175 3.15  3.440 17.02 0  0  3    2
## Valiant            18.1  6   225  105 2.76  3.460 20.22 1  0  3    1
```

2.3.2　数据转换

2.3.2.1　数据框的重命名

names()函数在 R 语言中非常有用，它可以用于获取或设置对象的名称。当用于数据框时，names()函数通常用于获取或设置列名。

例 2-5：将数据框 mtcars 的列名全部变成大写字母形式。

解：

```
names(mtcars) # 查看 mtcars 的列名
## [1]  "mpg"  "cyl"  "disp" "hp"   "drat" "wt"   "qsec" "vs"   "am"   "gear"
## [11] "carb"
names(mtcars) <- toupper(names(mtcars)) # 将列名全部替换为大写字母形式
names(mtcars) # 查看 mtcars 的列名
## [1]  "MPG"  "CYL"  "DISP" "HP"   "DRAT" "WT"   "QSEC" "VS"   "AM"   "GEAR"
## [11] "CARB"
names(mtcars) <- tolower(names(mtcars)) # 将列名全部恢复为小写字母形式
```

当利用 names()函数设置数据框的列名时，必须确保新列名的数量与数据框中的列数完全一致。这种要求在处理大量列或仅需修改部分列名时显得尤为烦琐，因此，在某些情况下，使用 names()函数修改列名可能会带来麻烦。

rename()函数是 dplyr 包的一个函数，它允许用户以更简洁和直观的方式重命名数据框的列。rename()函数的基本用法如下：

```
library(dplyr)
```

```
# 假设 df 是一个数据框，想要重命名其中的列
df <- df %>% rename(NewCol1 = OldCol1, NewCol2 = OldCol2)
```

在上面的例子中，OldCol1 被重命名为 NewCol1，OldCol2 被重命名为 NewCol2。

例 2-6：将数据框 mtcars 的 mpg 列和 carb 列的名称变为大写字母形式。

解：

```
mtcars_n <- mtcars %>% rename(MPG=mpg, CARB=carb)
names(mtcars_n)
##  [1] "MPG"  "cyl"  "disp" "hp"   "drat" "wt"   "qsec" "vs"   "am"   "gear"
## [11] "CARB"
```

2.3.2.2 获取数据框的子集

在 R 语言中，subset() 函数是一个非常有用的工具，用于从数据框中提取子集。这个函数允许用户根据一定的条件选择行和列，从而轻松地筛选出感兴趣的数据。

subset() 函数的基本语法如下：

```
subset(x, subset, select, drop = FALSE, )
```

- x：一个数据框。
- subset：一个逻辑表达式，用于指定哪些行应该被包含在子集中。这个参数是可选的。
- select：一个表达式，用于指定哪些列应该被包含在子集中。这个参数也是可选的。
- drop：一个逻辑值，指示当结果只有一列时是否应该将其简化为向量，默认为 FALSE。

例 2-7：在数据框 mtcars 中，筛选出 mpg 小于 15 的所有样本。

解：

```
subset_mtcars <- subset(mtcars, mpg<15)
subset_mtcars
##                     mpg  cyl disp  hp  drat wt    qsec  vs am gear carb
## Duster 360          14.3 8   360  245  3.21 3.570 15.84 0  0  3    4
## Cadillac Fleetwood  10.4 8   472  205  2.93 5.250 17.98 0  0  3    4
## Lincoln Continental 10.4 8   460  215  3.00 5.424 17.82 0  0  3    4
## Chrysler Imperial   14.7 8   440  230  3.23 5.345 17.42 0  0  3    4
## Camaro Z28          13.3 8   350  245  3.73 3.840 15.41 0  0  3    4
```

例 2-8：在数据框 mtcars 中，筛选出 mpg 小于 15 的所有样本，并且只查看 mpg、cyl 和 hp 三列。

解：

```
subset_mtcars <- subset(mtcars, mpg<15, select=c(mpg, cyl, hp))
subset_mtcars
##                     mpg  cyl hp
## Duster 360          14.3 8   245
## Cadillac Fleetwood  10.4 8   205
## Lincoln Continental 10.4 8   215
## Chrysler Imperial   14.7 8   230
## Camaro Z28          13.3 8   245
```

dplyr 包中的 filter() 函数是 R 语言中用于数据筛选的强大工具，主要用于按照特定的条件筛选数据框中的行。通过 filter() 函数，可以轻松地根据一个或多个条件来过滤数据，只保留满足条件的数据。

filter() 函数的基本语法如下：

```
filter(data, condition)
```

- data：要筛选的数据框或数据集。

- condition：筛选条件，可以是一个或多个逻辑表达式。

例 2-9：在数据框 mtcars 中，筛选出 mpg 大于或等于 15 且小于或等于 17 的所有样本。

解：

```
subset_mtcars <- filter(mtcars, mpg>=15 & mpg<=17)
subset_mtcars
##                    mpg  cyl disp  hp  drat  wt    qsec  vs am gear carb
## Merc 450SE         16.4 8   275.8 180 3.07  4.070 17.40 0  0  3    3
## Merc 450SLC        15.2 8   275.8 180 3.07  3.780 18.00 0  0  3    3
## Dodge Challenger   15.5 8   318.0 150 2.76  3.520 16.87 0  0  3    2
## AMC Javelin        15.2 8   304.0 150 3.15  3.435 17.30 0  0  3    2
## Ford Pantera L     15.8 8   351.0 264 4.22  3.170 14.50 0  1  5    4
## Maserati Bora      15.0 8   301.0 335 3.54  3.570 14.60 0  1  5    8
```

例 2-10：在数据框 mtcars 中，筛选出 mpg 小于或等于 12，或者 mpg 大于或等于 30 的样本。

解：

```
library(dplyr)
subset_mtcars <- filter(mtcars, mpg<=12 | mpg>=30)
subset_mtcars
##                    mpg  cyl disp  hp  drat  wt    qsec  vs am gear carb
## Cadillac Fleetwood 10.4 8   472.0 205 2.93  5.250 17.98 0  0  3    4
## Lincoln Continental 10.4 8  460.0 215 3.00  5.424 17.82 0  0  3    4
## Fiat 128           32.4 4   78.7  66  4.08  2.200 19.47 1  1  4    1
## Honda Civic        30.4 4   75.7  52  4.93  1.615 18.52 1  1  4    2
## Toyota Corolla     33.9 4   71.1  65  4.22  1.835 19.90 1  1  4    1
## Lotus Europa       30.4 4   95.1  113 3.77  1.513 16.90 1  1  5    2
```

2.3.2.3 对数据框进行排序

dplyr 包中的 arrange() 函数是用于对数据框进行排序的重要工具。arrange() 函数用于根据指定的变量对数据框进行排序。用户可以指定一个或多个变量作为排序的依据，并可以选择升序或降序排列。

arrange() 函数的基本语法如下：

```
arrange(data, ..., .by_group = FALSE)
```

- data：要排序的数据框。
- ...：用于排序的变量名，可以指定一个或多个。如果要按降序排列，则可以使用 desc() 函数包裹变量名。
- .by_group：一个逻辑值，指示是否在分组后排序，默认为 FALSE，表示在全局范围内排序；如果为 TRUE，则会在每个分组内部排序（通常与 group_by() 函数结合使用）。

例 2-11：在数据框 mtcars 中，根据 mpg 升序的顺序对所有行进行排序。

解：

```
library(dplyr)
mtcars_n <- arrange(mtcars, mpg)
head(mtcars_n)
##                    mpg  cyl disp hp  drat  wt    qsec  vs am gear carb
## Cadillac Fleetwood 10.4 8   472  205 2.93  5.250 17.98 0  0  3    4
## Lincoln Continental 10.4 8  460  215 3.00  5.424 17.82 0  0  3    4
## Camaro Z28         13.3 8   350  245 3.73  3.840 15.41 0  0  3    4
## Duster 360         14.3 8   360  245 3.21  3.570 15.84 0  0  3    4
```

```
## Chrysler Imperial      14.7  8  440  230  3.23  5.345  17.42  0  0  3  4
## Maserati Bora          15.0  8  301  335  3.54  3.570  14.60  0  1  5  8
```

例 2-12：在数据框 mtcars 中，根据 mpg 降序的顺序对所有行进行排序。

解：
```
library(dplyr)
mtcars_n <- arrange(mtcars, desc(mpg))
head(mtcars_n)
##                    mpg  cyl disp  hp   drat  wt     qsec   vs  am  gear carb
## Toyota Corolla    33.9  4   71.1  65   4.22  1.835  19.90  1   1   4    1
## Fiat 128          32.4  4   78.7  66   4.08  2.200  19.47  1   1   4    1
## Honda Civic       30.4  4   75.7  52   4.93  1.615  18.52  1   1   4    2
## Lotus Europa      30.4  4   95.1  113  3.77  1.513  16.90  1   1   5    2
## Fiat X1-9         27.3  4   79.0  66   4.08  1.935  18.90  1   1   4    1
## Porsche 914-2     26.0  4   120.3 91   4.43  2.140  16.70  0   1   5    2
```

例 2-13：在数据框 mtcars 中，先根据 cyl 升序排序，在 cyl 变量相同的情况下，再按照 mpg 升序排序。

解：
```
library(dplyr)
mtcars_n <- arrange(mtcars, cyl, mpg)
head(mtcars_n)
##                    mpg  cyl disp  hp   drat  wt     qsec   vs  am  gear carb
## Volvo 142E        21.4  4   121.0 109  4.11  2.780  18.60  1   1   4    2
## Toyota Corona     21.5  4   120.1 97   3.70  2.465  20.01  1   0   3    1
## Datsun 710        22.8  4   108.0 93   3.85  2.320  18.61  1   1   4    1
## Merc 230          22.8  4   140.8 95   3.92  3.150  22.90  1   0   4    2
## Merc 240D         24.4  4   146.7 62   3.69  3.190  20.00  1   0   4    2
## Porsche 914-2     26.0  4   120.3 91   4.43  2.140  16.70  0   1   5    2
```

2.3.2.4 选择数据框特定的列

dplyr 包中的 select() 函数是一个用于选择数据框或 tibble 中特定列的强大工具。select() 函数允许用户根据列名或条件从数据框中选择特定的列。这一功能在处理大型数据集时尤为有用，可以帮助用户快速提取所需信息，提高数据处理效率。

select 函数的基本语法如下：
```
select(.data, ...)
```
其中，.data 代表要选择列的数据框；...代表要选择的列，可以是列名或条件表达式。

以下是对 select() 函数的详细介绍。

- 直接选择列：用户可以通过直接列出列名的方式来选择数据框中的列。例如，select(.data, col1, col2, col3) 会选择数据框中的 col1、col2 和 col3 三列。
- 选择特定范围的列：select() 函数提供了一系列函数来帮助用户选择符合特定条件的列。例如，- starts_with(prefix) 会选择以指定前缀开头的列，- ends_with(suffix) 会选择以指定后缀结尾的列，- contains(string) 会选择包含指定字符的列，- matches(pattern) 会选择与指定正则表达式匹配的列。这些函数为用户提供了更灵活的选择方式，便于根据列名的特点快速筛选所需列。

例 2-14：在数据框 mtcars 中，选择 mpg、cyl、disp、hp 四列。

解：
```
library(dplyr)
```

```
mtcars_n <- select(mtcars, mpg, cyl, disp, hp)
head(mtcars_n)
##                     mpg     cyl    disp    hp
## Mazda RX4           21.0    6      160     110
## Mazda RX4 Wag       21.0    6      160     110
## Datsun 710          22.8    4      108     93
## Hornet 4 Drive      21.4    6      258     110
## Hornet Sportabout   18.7    8      360     175
## Valiant             18.1    6      225     105
```

例 2-15：在数据框 mtcars 中，选择从 mpg 列到 drat 列之间所有的列。

解：

```
library(dplyr)
mtcars_n <- select(mtcars, mpg:drat)
head(mtcars_n)
##                     mpg     cyl    disp    hp     drat
## Mazda RX4           21.0    6      160     110    3.90
## Mazda RX4 Wag       21.0    6      160     110    3.90
## Datsun 710          22.8    4      108     93     3.85
## Hornet 4 Drive      21.4    6      258     110    3.08
## Hornet Sportabout   18.7    8      360     175    3.15
## Valiant             18.1    6      225     105    2.76
```

例 2-16：在数据框 mtcars 中，删除从 mpg 列到 drat 列之间所有的列。

解：

```
library(dplyr)
mtcars_n <- select(mtcars, -(mpg:drat))
head(mtcars_n)
##                     wt       qsec    vs   am   gear   carb
## Mazda RX4           2.620    16.46   0    1    4      4
## Mazda RX4 Wag       2.875    17.02   0    1    4      4
## Datsun 710          2.320    18.61   1    1    4      1
## Hornet 4 Drive      3.215    19.44   1    0    3      1
## Hornet Sportabout   3.440    17.02   0    0    3      2
## Valiant             3.460    20.22   1    0    3      1
```

例 2-17：在数据框 mtcars 中，选择名称以"c"开头的列。

解：

```
library(dplyr)
mtcars_n <- select(mtcars, starts_with("c"))
head(mtcars_n)
##                     cyl    carb
## Mazda RX4           6      4
## Mazda RX4 Wag       6      4
## Datsun 710          4      1
## Hornet 4 Drive      6      1
## Hornet Sportabout   8      2
## Valiant             6      1
```

everything()函数是 dplyr 包中的一个选择帮助函数，用于在选择列时表示选择所有其他列。当将其与 select()函数结合使用时，everything()函数可以帮助用户在进行列的选择操作时保留所有其他未明确指定的列。

例 2-18：在数据框 mtcars 中，将 vs 列和 gear 列放在开头，其他列的顺序不变。

解：
```
library(dplyr)
mtcars_n <- select(mtcars, vs, gear, everything())
head(mtcars_n)
##                   vs gear mpg  cyl disp  hp  drat wt    qsec  am carb
## Mazda RX4          0  4   21.0  6  160  110  3.90 2.620 16.46 1  4
## Mazda RX4 Wag      0  4   21.0  6  160  110  3.90 2.875 17.02 1  4
## Datsun 710         1  4   22.8  4  108   93  3.85 2.320 18.61 1  1
## Hornet 4 Drive     1  3   21.4  6  258  110  3.08 3.215 19.44 0  1
## Hornet Sportabout  0  3   18.7  8  360  175  3.15 3.440 17.02 0  2
## Valiant            1  3   18.1  6  225  105  2.76 3.460 20.22 0  1
```

2.3.2.5 创建新的列

mutate()函数是 dplyr 包中的一个核心函数，用于在数据框中添加新列或修改现有列。它接收一个数据框作为输入，并返回一个新的包含所需变换的数据框。mutate()函数可以方便地进行基于现有变量的计算和转换操作，无须创建额外的中间变量。它提供了一种简洁的语法来执行复杂的变量转换和计算任务。

假设有一个数据框 df，包含列 column1 和 column2 两列，想要创建一个新列 average，表示这两列的平均值，可以使用如下方法：

```
df <- df %>% mutate(average = (column1 + column2) / 2)
```

注意：mutate()函数不会修改原始数据框，而是返回一个新的数据框。

2.3.2.6 宽数据格式和长数据格式的相互转换

宽数据格式和长数据格式是数据处理与分析中常见的两种数据结构。

宽数据格式的特点如下。

- 结构紧凑：数据以列为单位组织，每个变量占一列，观察单位（如个体、时间点等）占一行。
- 易于阅读：对于少量变量，宽数据格式的数据易于阅读和理解。
- 存储效率：当变量数量不多时，宽数据格式的数据在存储上可能更加高效。

长数据格式的数据特点如下。

- 灵活性：长数据格式允许每个观察单位有多个记录，每个记录代表一个变量的测量值。
- 可扩展性：当需要添加新的变量的测量值时，只需添加新的行而不是新的列。
- 适合时间序列和重复测量：对于随时间变化的多次测量，长数据格式的数据更加直观。
- 便于分析：很多统计和图形方法在处理长数据格式的数据时更加直接与方便。

不同的数据分析方法可能需要不同的数据结构。例如，某些统计模型可能更适合宽数据格式，而其他模型（如时间序列分析）则可能更适合长数据格式，因此需要对二者进行相互转换。

pivot_longer()和 pivot_wider()是 tidyr 包中的两个函数，用于在宽数据格式和长数据格式之间进行转换。这两个函数提供了一种灵活且强大的方式来重塑数据，使其更适于特定的分析或可视化需求。

pivot_longer()函数用于将宽数据格式转换为长数据格式。在宽数据格式中，多个变量可能分别占据不同的列；而在长数据格式中，这些变量值被堆叠成一列，同时增加一个新列来标识原始列名。这个函数的基本语法如下：

```
pivot_longer(data, cols, names_to = "name", values_to = "value", ...)
```
- data：要转换的数据框。
- cols：要转换的列名或列名的选择器，可以使用列名的向量、数字索引、逻辑向量或选择助手函数（如 starts_with()、ends_with()、contains()等）。
- names_to：新生成的列名，用于存储原始列名，默认为"name"。
- values_to：新生成的列名，用于存储原始列的值，默认为"value"。

pivot_wider()函数用于将长数据格式转换为宽数据格式。这个函数的基本语法如下：
```
pivot_wider(data, names_from = name, values_from = value, ...)
```
- data：要转换的数据框。
- names_from：用于生成新列名的列。这通常是 pivot_longer()函数中 names_to 参数指定的列。
- values_from：包含要展开到不同列中的值的列。这通常是 pivot_longer()中 values_to 参数指定的列。

例 2-19：假设有以下宽数据格式的数据框，将其转换为长数据格式。
```
wide_data <- data.frame(
  ID = c(1, 2),
  Time1 = c(10, 20),
  Time2 = c(30, 40),
  Time3 = c(50, 60)
)
wide_data
##   ID Time1 Time2 Time3
## 1  1    10    30    50
## 2  2    20    40    60
```
解：

使用 tidyr 包中的 pivot_longer()函数可以将宽数据格式转换为长数据格式。
```
library(tidyr)
long <- pivot_longer(wide_data, cols = -ID, names_to = "Time", values_to = "Value")
long
## # A tibble: 6 × 3
##      ID Time  Value
##   <dbl> <chr> <dbl>
## 1     1 Time1    10
## 2     1 Time2    30
## 3     1 Time3    50
## 4     2 Time1    20
## 5     2 Time2    40
## 6     2 Time3    60
```
例 2-20：将例 2-19 中获得的长数据格式转换为宽数据格式。

解：
```
wide <- pivot_wider(long, names_from = Time, values_from = Value)
wide
## # A tibble: 2 × 4
##      ID Time1 Time2 Time3
##   <dbl> <dbl> <dbl> <dbl>
## 1     1    10    30    50
## 2     2    20    40    60
```

在数据分析与挖掘的过程中,数据预处理是一个至关重要的步骤。数据预处理通常包括数据清洗、数据格式转换、数据标准化等多个环节。其中,数据格式转换和数据标准化是确保数据质量与提高分析准确性的关键步骤。下面详细讨论 R 语言中数据格式转换和数据标准化的方法,并给出相应的代码示例。

2.3.2.7 数据格式转换

在 R 语言中,数据通常以数据框或向量的形式存在。然而,在实际应用中,可能需要将数据从一种格式转换为另一种格式,以满足特定分析或模型的要求。以下是一些常见的数据格式转换方法。

1. 数据框与矩阵之间的转换

数据框是 R 语言中用于存储表格型数据的主要数据结构,而矩阵则是一种二维数组。在某些情况下,可能需要将数据框转换为矩阵,以便进行矩阵运算;反之,有时也需要将矩阵转换为数据框,以便利用数据框的灵活性和便利性。

例 2-21:先将数据框 df 转换为矩阵,再转换为数据框。

```
df <- data.frame(A=c(1, 2, 3), B=c(4, 5, 6))
```

解:

```
# 将数据框转换为矩阵
mat <- as.matrix(df)
# 将矩阵转换为数据框
df_from_mat <- as.data.frame(mat)
```

2. 因子与字符型向量之间的转换

在 R 语言中,因子是一种用于存储分类变量的数据结构。然而,在某些情况下,可能需要将因子转换为字符型向量,以便进行文本处理或可视化;反之,有时也需要将字符型向量转换为因子,以便进行统计分析。

例 2-22:先将字符型向量 char_vec 转换为因子,再转换为字符型向量。

```
char_vec <- c("apple", "banana", "cherry")
```

解:

```
# 将字符型向量转换为因子
factor_vec <- as.factor(char_vec)
# 将因子转换为字符型向量
char_vec_from_factor <- as.character(factor_vec)
```

3. 日期型向量与字符型向量之间的转换

在处理时间序列数据时,经常需要将日期型向量转换为字符型向量,以便进行文本处理或格式化输出。同样,有时也需要将字符型向量转换为日期型向量,以便利用 R 语言的日期和时间函数。

例 2-23:创建一个日期型向量,先将日期型向量转换为字符型向量,再转换为日期型向量。

解:

```
# 创建一个日期型向量
date_vec <- as.Date("2023-01-01") + 0:2
# 将日期型向量转换为字符型向量
```

```
char_date_vec <- as.character(date_vec)
# 将字符型向量转换为日期型向量
date_vec_from_char <- as.Date(char_date_vec, format="%Y-%m-%d")
```

2.3.2.8　数据标准化

数据标准化是一种常用的数据预处理技术，旨在消除不同特征之间的量纲差异，使数据具有更好的可比性。在 R 语言中，可以使用 scale()函数或手动计算均值（平均值）和标准差来进行数据标准化。scale()函数是 R 语言中用于数据标准化的内置函数。它默认使用 Z-score 标准化方法，即对每个特征进行均值中心化和标准差缩放。

例 2-24：对向量 num_vec 进行标准化。

```
num_vec <- c(1, 2, 3, 4, 5)
```

解：

```
# 使用scale()函数进行标准化
standardized_vec <- scale(num_vec)
```

除可以使用 scale()函数外，还可以手动计算每个特征的均值和标准差，对每个特征进行均值中心化和标准差缩放。这种方法可以更灵活地控制标准化的过程。

```
# 计算均值和标准差
mean_val <- mean(num_vec)
sd_val <- sd(num_vec)
# 手动进行标准化
manual_standardized_vec <- (num_vec - mean_val) / sd_val
```

2.3.2.9　数据类型转换

当需要将数据框中的某列数据从一种数据类型转换为另一种数据类型时，可以使用 R 语言的强制类型转换函数。例如，将字符型向量转换为数值型向量可以使用 as.numeric()函数。

例 2-25：将字符型向量 char_vector 转换为数值型向量。

```
char_vector <- c("1", "2", "3")
```

解：

```
# 将字符型向量转换为数值型向量
num_vector <- as.numeric(char_vector)
```

2.3.3　分组处理信息

2.3.3.1　分组统计信息

在 R 语言中，group_by()函数是 dplyr 包中的一个重要函数，它允许用户根据一个或多个变量将数据分组。分组后的数据可以与其他 dplyr 包中的函数（如 summarise()、mutate()等）结合使用，以执行基于组的操作。通过其他函数，可以方便地对分组后的数据进行各种汇总统计，如求和、求均值、计数等。

group_by()函数的基本语法如下：

```
group_by(data, ..., add = FALSE)
```

- data：要分组的数据框。
- ...：用于分组的变量名，可以传入一个或多个变量名来定义分组依据。
- add：逻辑值，指示是否将新的分组添加到现有的分组上，默认为 FALSE，意味着新的分组会替换任意一个现有的分组。

例 2-26：在数据框 mtcars 中，根据 gear 列对数据进行分组，得出各小组的样本数量、mpg 列的均值和 cyl 列的样本标准差。

解：

```
library(dplyr)
by_mtcars <- group_by(mtcars, gear)
summarise(by_mtcars,
  count = n(),
  mpg_mean = mean(mpg, na.rm = TRUE),
  cyl_sd = sd(cyl, na.rm = TRUE)
)
## # A tibble: 3 × 4
##    gear count mpg_mean cyl_sd
##   <dbl> <int>    <dbl>  <dbl>
## 1     3    15     16.1  1.19
## 2     4    12     24.5  0.985
## 3     5     5     21.4  2
```

2.3.3.2　分组提取特定列

dplyr 包中的 slice_*() 系列函数提供了一种简洁的方式来选择数据框中的特定行。这些函数允许用户基于不同的条件切片数据，即选择数据框的一个子集。以下是 slice_head()、slice_tail()、slice_min()、slice_max() 和 slice_sample() 函数的详细介绍。

slice_head() 函数用于选择每个分组的前 n 行，其基本语法如下：

```
slice_head(data, n, ..., prop = FALSE)
```

- data：要操作的数据框。
- n：要选择的行数。
- …：其他传递给方法的参数（通常用于分组）。
- prop：逻辑值，如果为 TRUE，则 n 将被解释为比例而不是绝对行数。

例 2-27：ggplot2 包中有数据集 diamonds，其中有分类特征 color，现在要求根据 color 对数据进行分组，并列出每个分组的第 1 行。

解：

```
library(dplyr)
library(ggplot2)
by_diamonds <- group_by(diamonds, color)
slice_head(by_diamonds, n=1)
## # A tibble: 7 × 10
## # Groups:   color [7]
##   carat cut       color clarity depth table price     x     y     z
##   <dbl> <ord>     <ord> <ord>   <dbl> <dbl> <int> <dbl> <dbl> <dbl>
## 1  0.23 Very Good D     VS2      60.5    61   357  3.96  3.97  2.4
## 2  0.23 Ideal     E     SI2      61.5    55   326  3.95  3.98  2.43
## 3  0.22 Premium   F     SI1      60.4    61   342  3.88  3.84  2.33
## 4  0.23 Very Good G     VVS2     60.4    58   354  3.97  4.01  2.41
## 5  0.26 Very Good H     SI1      61.9    55   337  4.07  4.11  2.53
## 6  0.29 Premium   I     VS2      62.4    58   334  4.2   4.23  2.63
## 7  0.31 Good      J     SI2      63.3    58   335  4.34  4.35  2.75
```

slice_tail() 函数用于选择每个分组的后 n 行，slice_min() 函数用于选择每个分组中某个变

量值最小的 n 行，slice_max() 函数用于选择每个分组中某个变量值最大的 n 行，slice_sample() 函数用于从每个分组中随机选择 n 行。这几个函数的用法与 slice_head() 函数的用法一样。

2.3.4 缺失值、重复值、异常值的处理

2.3.4.1 缺失值的处理

在 R 语言中，NA 是一个特殊的值，表示不可用（Not Available）或缺失值（Missing Value）。在处理实际数据时，缺失值是常见的问题，它可能是由于数据收集时的错误、设备故障、被调查者拒绝回答某些问题等原因造成的。R 语言允许用户在进行数据分析时标记和处理这些缺失值。了解并正确处理这些缺失值对于数据分析的准确性至关重要。

在 R 语言中，常用的处理缺失值的函数如下。

- is.na()：用于检测数据中的缺失值，返回一个逻辑向量，指示每个元素是否为缺失值。如果是，则返回 TRUE；否则，返回 FALSE。
- na.omit()：删除包含缺失值的样本，返回一个新的数据对象，其中不包含任何缺失值。对于数据框，它会删除包含缺失值的行。
- na.exclude()：在进行统计计算时排除缺失值（与 na.rm=TRUE 类似），返回一个排除了缺失值的数据对象。
- na.fill()：替换数据集中的缺失值（来自 zoo 包），返回一个新的数据对象，其中缺失值已被指定的值替换。
- complete.cases()：检查数据是否完整，如果一行/元素中没有缺失值，则返回 TRUE；否则，返回 FALSE。

例 2-28：有如下包含 NA 的数据框，统计每行和每列包含 NA 的数量。

```
# 创建一个数据框, 其中包含一些 NA
df <- data.frame(
  Name = c("Alice", "Bob", "Charlie", "David", "Eve"),
  Age = c(25, NA, 30, 35, 40),
  Salary = c(50000, 60000, NA, 80000, 90000),
  stringsAsFactors = FALSE
)

df
##     Name    Age   Salary
## 1   Alice   25    50000
## 2   Bob     NA    60000
## 3   Charlie 30    NA
## 4   David   35    80000
## 5   Eve     40    90000
```

解：使用 is.na() 函数来检查数据框中哪些元素是 NA。

```
is_na_df <- is.na(df)
is_na_df
##       Name    Age     Salary
## [1,]  FALSE   FALSE   FALSE
## [2,]  FALSE   TRUE    FALSE
## [3,]  FALSE   FALSE   TRUE
## [4,]  FALSE   FALSE   FALSE
```

```
## [5,]   FALSE   FALSE   FALSE
```

使用 colSums()函数，结合 is.na()函数来统计每列中 NA 的数量。

```
na_counts_col <- colSums(is.na(df))
na_counts_col
##   Name   Age  Salary
##      0     1       1
```

使用 rowSums()函数，结合 is.na()函数来统计每行中 NA 的数量。

```
na_counts_rcw <- rowSums(is.na(df))
na_counts_rcw
## [1] 0 1 1 0 0
```

例 2-29：对于例 2-28 中的数据框，删除包含 NA 的行。

解：使用函数 na.omit()删除包含 NA 的行。

```
df_no_na <- na.omit(df)
df_no_na
##      Name    Age   Salary
## 1    Alice   25    50000
## 4    David   35    80000
## 5    Eve     40    90000
```

也可使用 complete.cases()函数查看哪些行不包含 NA。

```
complete.cases(df)
## [1] TRUE FALSE FALSE TRUE TRUE
```

在此基础上，删除包含 NA 的行。

```
df_no_na <- df[complete.cases(df),]
df_no_na
##      Name    Age   Salary
## 1    Alice   25    50000
## 4    David   35    80000
## 5    Eve     40    90000
```

例 2-30：对于例 2-28 中的数据框，将 NA 分别填充为各列的均值。

解：

```
library(zoo)
df_filled <- df
df_filled$Age <- na.fill(df$Age, mean(df$Age, na.rm=T))
df_filled$Salary <- na.fill(df$Salary, mean(df$Salary, na.rm=T))
df_filled
##      Name     Age    Salary
## 1    Alice    25.0   50000
## 2    Bob      32.5   60000
## 3    Charlie  30.0   70000
## 4    David    35.0   80000
## 5    Eve      40.0   90000
```

2.3.4.2 重复值处理

如果想要对某一特征的重复值进行操作，则需要首先识别这些重复值，然后决定如何处理它们。常见的操作包括删除重复值、替换重复值，或者根据重复值对数据进行分组并进行某种汇总。

例 2-31：现有数据框 df，要求根据特征 ID 删除重复的行。

```r
df <- data.frame(
  ID=c(1, 2, 3, 4, 5, 2, 3, 6),
  Value=c(10, 20, 30, 40, 50, 25, 35, 60)
)
```

解：删除 ID 的重复值，保留第一次出现的行。

```r
df_unique <- df[!duplicated(df$ID), ]

print(df_unique)
##   ID Value
## 1  1    10
## 2  2    20
## 3  3    30
## 4  4    40
## 5  5    50
## 8  6    60
```

例 2-32：对于例 2-31 中的数据框 df，要求将 ID 重复的值替换为 NA。

解：

```r
df$Value[duplicated(df$ID)] <- NA

print(df)
##   ID Value
## 1  1    10
## 2  2    20
## 3  3    30
## 4  4    40
## 5  5    50
## 6  2    NA
## 7  3    NA
## 8  6    60
```

例 2-33：对于例 2-31 中的数据框 df，要求根据 ID 分组，计算每个 ID 对应的 Value 的均值。

解：

```r
df_summary <- aggregate(Value ~ ID, data=df, FUN=mean)

print(df_summary)
##   ID Value
## 1  1  10.0
## 2  2  22.5
## 3  3  32.5
## 4  4  40.0
## 5  5  50.0
## 6  6  60.0
```

2.3.4.3 异常值处理

异常值是指那些显著偏离其他数据点的值，它们可能是由于数据录入错误、测量误差或其他未知因素导致的。当数据点超出上、下四分位数的 1.5 倍四分位距（IQR），或者数据点的 Z-score 大于 3 或小于 -3 时，数据点通常被视为异常点。

例 2-34：使用 1.5 倍 IQR，将例 2-31 中的数据框 df 的特征 Value 的异常值设置为 NA。

解：
```
# 识别并处理异常值（假设认为箱线图 1.5 倍 IQR 之外是异常值）
IQR <- IQR(df$Value, na.rm=TRUE)
lower_bound <- quantile(df$Value, 0.25) - 1.5 * IQR
upper_bound <- quantile(df$Value, 0.75) + 1.5 * IQR
# 将异常值设置为 NA
df$Value[df$Value < lower_bound | df$Value > upper_bound] <- NA
# 删除包含 NA 的行
df <- df[!is.na(df$x),]
```

例 2-35：使用 Z-score 将例 2-31 中的数据框 df 的特征 Value 的异常值设置为 NA。

解：
```
# 计算 Z-score
z_scores <- scale(df$Value)

# 设定阈值，识别异常值
threshold <- 3
outliers <- abs(z_scores) > threshold

# 将异常值替换或删除
df$Value[outliers] <- NA  # 或者使用其他策略处理异常值
```

2.3.5 数据框的合并

数据框的合并是根据一定的规则将两个或多个数据框中的数据整合在一起的过程。合并的规则通常基于共同列（合并键）的值。根据合并键的处理方式不同，数据框的合并可以分为内连接、左连接、右连接和全连接等类型。

例 2-36：对数据框 df1 和 df2 进行连接。
```
df1 <- data.frame(ID=c(1, 2, 3), Name=c("Alice", "Bob", "Charlie"))
df2 <- data.frame(ID=c(2, 3, 4), Age=c(25, 30, 35))
```

解：R 语言提供了 merge() 函数用于合并数据框。merge() 函数可以根据指定的合并键将两个数据框合并起来。
```
# 使用 merge() 函数进行内连接
merged_inner <- merge(df1, df2, by="ID")

# 查看合并后的数据框
print(merged_inner)
##   ID   Name    Age
## 1  2    Bob    25
## 2  3    Charlie 30
# 使用 merge() 函数进行全连接，并设置 all 参数为 TRUE
merged_full <- merge(df1, df2, by="ID", all=TRUE)

# 查看合并后的数据框
print(merged_full)
    ##  ID   Name     Age
##  1   1   Alice    NA
##  2   2   Bob      25
##  3   3   Charlie  30
```

```
##   4    4    <NA>    35
```

dplyr 包提供了更灵活和易于使用的数据操作函数,包括 left_join()、right_join()、inner_join()和 full_join()等,用于执行不同类型的数据框的合并。

```r
# 加载 dplyr 包
library(dplyr)

# 使用 left_join()函数进行左连接
merged_left <- left_join(df1, df2, by="ID")

# 查看合并后的数据框
print(merged_left)
##    ID    Name    Age
## 1  1     Alice   NA
## 2  2     Bob     25
## 3  3     Charlie 30
```

此处的输出结果与内连接的输出结果相同,因为 df1 中的 ID1 在 df2 中没有匹配项,所以结果中对应的 Age 为 NA。

data.table 包提供了高效的数据操作功能,包括数据框的合并。使用 data.table 包的语法通常更简洁,且性能更好。

```r
# 加载 data.table 包
library(data.table)
    ##
## 载入程辑包:'data.table'
    ## The following objects are masked from 'package:lubridate':
##
##     hour, isoweek, mday, minute, month, quarter, second, wday, week,
##     yday, year
    ## The following objects are masked from 'package:dplyr':
##
##     between, first, last
    ## The following object is masked from 'package:purrr':
##
##     transpose
# 将数据框转换为 data.table 对象
dt1 <- as.data.table(df1)
dt2 <- as.data.table(df2)

# 使用 data.table 的语法进行合并,设置 key 为 ID 列
setkey(dt1, ID)
setkey(dt2, ID)
merged_dt <- dt1[dt2]   # 默认为内连接

# 查看合并后的 data.table 对象
print(merged_dt)
##    ID    Name    Age
## 1:  2    Bob     25
## 2:  3    Charlie 30
## 3:  4    <NA>    35
```

此处的输出结果与之前的全连接的输出结果相同。

本章习题

1. 将数据框 ggplot2::diamonds 中的特征 color 转换为字符型特征。
2. 对数据框 ggplot2::diamonds 中的所有数值型特征进行标准化。
3. 筛选出数据框 ggplot2::diamonds 中 x 大于 4，并且特征 cut 为"Fair"的样本。
4. 为数据框 ggplot2::diamonds 增加一个日期型的列 date_vec，其中，第 1 行的日期为 "2023-01-01"，第 2 行的日期在第 1 行的基础上加 1 天，依次类推。
5. 查看数据框 ggplot2::diamonds 的基本信息。
6. 将数据框 ggplot2::diamonds 的特征 cut、color、clarity 的名称改为大写形式。
7. 对于数据框 ggplot2::diamonds，根据特征 cut 对数据集进行划分，并分组统计各组信息。
8. 根据特征 price 和 carat 对数据框 ggplot2::diamonds 进行排序。

第 3 章

交通数据的描述

3.1 数据分类

数值型数据、类别型数据是交通领域常用的两种数据类型。

3.1.1 数值型数据

数值型数据是交通领域最为常见和重要的数据类型之一。它通常以具体的数字形式呈现，能够精确地描述交通现象的各个方面，为交通规划、管理和决策提供有力支持。

3.1.1.1 数值型数据的特点

数值型数据在交通领域的特点主要体现在以下几方面。
- 精确性：数值型数据以数字形式表示，具有高度的精确性，能够准确地反映交通流量、速度、密度等关键指标的变化情况。
- 可量化性：数值型数据易于进行量化分析，可以通过各种数学方法和统计模型进行深入研究，揭示交通现象的内在规律和趋势。
- 可运算性：数值型数据可以进行加、减、乘、除，求均值、标准差等数学运算，便于对交通数据进行处理和分析，提取有价值的信息。

3.1.1.2 数值型数据在交通领域的应用案例

- 交通流量分析：通过收集道路上的车辆数、行人数等数值型数据，可以分析交通流量的时空分布特征，为交通规划和管理提供依据。例如，在城市中心区域的高峰时段，通过实时监测道路交通流量数据，可以及时发现拥堵点并采取相应的疏导措施。
- 车速监测：利用车载传感器或道路基础设施收集的车速数据，可以评估道路通行能力、车辆行驶状态及交通安全状况。这些数据对于制定交通管理措施、优化道路设计和提高交通安全水平具有重要意义。
- 交通事故分析：通过收集交通事故发生的时间、地点等数值型数据，可以对交通事故进行深入分析和研究。这有助于发现事故发生的规律和特点，为预防交通事故提供科学依据。例如，通过分析交通事故与道路条件、车辆类型、驾驶员行为等因素之间的关系，可以提出针对性的改进措施。

3.1.2 类别型数据

类别型数据在交通领域同样具有广泛的应用价值。它以文字或符号的形式表示，能够描述交通现象的类别属性，为交通管理和决策提供重要信息。

3.1.2.1 类别型数据的特点

类别型数据在交通领域的特点主要体现在以下几方面。
- 描述性：类别型数据（如车辆类型、道路类型、交通事件类型等）能够直观地反映交通现象的多样性和差异性。
- 离散性：类别型数据的取值通常是离散的，即其取值范围是有限的，并且每个取值之间没有明显的连续性。这种离散性使得类别型数据在分类和归纳方面具有独特的优势。
- 易于理解：由于类别型数据是以文字或符号的形式表示的，因此其具有较高的可读性和可解释性。这使得交通管理者和决策者能够更直观地了解交通现象的类别分布与特征。

3.1.2.2 类别型数据在交通领域的应用案例

- 车辆类型分类：根据车辆类型（如私家车、公交车、货车等），可以对交通流量进行细致的分类和分析。这有助于了解不同类型车辆的出行需求和行驶特点，为优化交通组织和提高道路使用效率提供依据。例如，在交通拥堵区域，可以通过限制货车通行时间或设置专用车道来减少交通冲突和提高通行效率。
- 道路类型划分：根据道路的功能和等级，可以对道路进行类型划分。这有助于了解不同类型道路的交通特性和通行能力，为制定合理的交通管理措施提供依据。例如，在城市中心区域，可以通过优化路网布局和设置交通标志标线来提高道路通行能力和交通安全水平。
- 交通事件识别：利用视频监控、传感器等技术手段收集的交通事件（如交通事故、拥堵、道路施工等）数据，可以对交通事件进行实时识别和分类。这有助于及时发现和处理交通事件，减少其对交通流的影响。例如，在发生交通事故时，交通管理系统可以自动检测并报告事故信息，同时启动应急预案以减少交通拥堵和保障道路安全。

3.1.3 数值型数据与类别型数据的结合应用

在交通领域，数值型数据和类别型数据往往不是孤立存在的，而是相互关联、相互补充的。通过结合这两种数据类型进行分析，可以更加全面地了解交通现象的复杂性和多样性。

例如，在交通流量分析中，可以同时收集道路上的车辆数（数值型数据）和车辆类型（类别型数据）。通过分析不同类型车辆在不同时段的流量分布特征，可以更准确地把握交通流量的变化规律，为交通管理和决策提供更有针对性的建议。

此外，在交通事故分析中，还需要结合数值型数据和类别型数据进行深入研究。通过分析事故发生的时间、地点（数值型数据），以及事故类型、原因（类别型数据），可以更全面地了解事故发生的背景和影响因素，为预防交通事故采取更有效的措施。

3.2 数据的统计描述

3.2.1 数值型数据的统计描述

3.2.1.1 集中趋势描述

数值型数据的集中趋势分析常使用算术平均数、中位数、众数、几何平均数、调和平均数来描述。

（1）算术平均数，即均值：$\text{Mean} = \dfrac{\sum_{i=1}^{n} xi}{n}$，所有数值加起来后除以数据量，容易受到极端值的影响。

（2）中位数：将一组数据从小到大排列后，位于中间位置的数。如果数据量是奇数，则中位数就是中间那个数；如果数据量是偶数，则中位数是中间两个数的均值。中位数不易受到极端值的影响，因此常用于描述偏斜分布的数据。

（3）众数：一组数据中出现次数最多的数。一个数据集可能有零个、一个或多个众数。

（4）几何平均数：$\text{GM} = \left(\prod_{i=1}^{n} x_i \right)^{\frac{1}{n}}$。几何平均数是一种特殊的平均数，主要用于计算几个数的连乘积的 n 次方根。几何平均数考虑了数据之间的比例关系，常用于计算比率或比例数据的均值。在一些情况下，几何平均数比均值更能反映数据的特征。

（5）调和平均数：$\text{HM} = \dfrac{n}{\sum_{i}^{n} \dfrac{1}{x_i}}$，数值倒数的均值的倒数，常用于计算平均速度、平均成本等。当数值差异较大时，调和平均数往往小于均值。

例 3-1：有如下数据，分别计算上述参数。

```
# 示例数据
data <- c(1, 2, 2, 3, 3, 4, 4, 5, 5, 6, 7, 7, 7, 7, 9, 10)
```

解：

$$\text{Mean} = \frac{1+2+2+3+3+4+4+5+5+6+7+7+7+7+9+10}{16} = 5.125 = \mu$$

$$\text{中位数} = (5+5)/2 = 5$$

$$\text{众数} = 7$$

$$\text{GM} = \sqrt[16]{1 \times 2 \times 2 \times 3 \times 3 \times 4 \times 4 \times 5 \times 5 \times 6 \times 7 \times 7 \times 7 \times 7 \times 9 \times 10} \approx 4.385$$

$$\text{HM} = 16 / \sum_{i=1}^{16} \frac{1}{x_i} \approx 3.543$$

使用 R 语言计算上述参数的过程如下：

```
# 计算均值
mean_value <- mean(data)

# 打印结果
print(paste("均值 (Mean):", mean_value))
## [1] "均值 (Mean): 5.125"
```

```
# 计算中位数
median_value <- median(data)

# 打印结果
print(paste("中位数 (Median):", median_value))
## [1] "中位数 (Median): 5"
# 计算众数
mode_value <- names(which.max(table(data)))

# 打印结果
print(paste("众数 (Mode):", as.numeric(mode_value)))
## [1] "众数 (Mode): 7"
# 计算几何平均数
n <- length(data)
gm <- (prod(data))^(1 / n)

# 打印结果
cat("几何平均数 (GM):", gm, "\n")
## 几何平均数 (GM): 4.385
# 计算调和平均数
hm <- length(data) / sum(1 / data)

# 打印结果
cat("调和平均数 (HM):", hm, "\n")
## 调和平均数 (HM): 3.543
```

3.2.1.2 离散趋势描述

数值型数据的离散趋势分析常使用样本方差、样本标准差、变异系数、四分位距来描述。

（1）样本方差：$\text{Variance} = \dfrac{\sum_{i=1}^{n}(x_i - \mu)^2}{n-1}$，其中 μ 代表均值。

（2）样本标准差：样本方差的平方根 σ 或 Sd。

（3）变异系数：$\text{CV} = \dfrac{\sigma}{\mu}$，用于衡量数据离散程度的相对指标。它定义为样本标准差与样本均值的比值。变异系数是一个无量纲的量，因此可以用于比较具有不同单位或量纲的数据集的离散程度。

（4）四分位距：第三四分位数（Q_3）与第一四分位数（Q_1）之差。

例 3-2：对例 3-1 中的数据，计算其样本方差、样本标准差、变异系数和四分位距。

解：

$$\text{Variance} = \dfrac{\sum_{i=1}^{16}(x_i - \mu)^2}{16-1} \approx 6.783$$

$$\text{Sd} = \sigma = \sqrt{\text{Variance}} \approx 2.604$$

$$\text{CV} = \dfrac{2.604}{5.125} \approx 0.5081$$

$$\text{IQR} = Q_3 - Q_1 = 7 - 3 = 4$$

使用 R 语言计算上述参数的过程如下：

```
# 样本方差
variance_value <- var(data)

# 打印结果
print(paste("方差 (Variance):", variance_value))
## [1] "方差 (Variance): 6.78333333333333"
# 计算均值
mean_value <- mean(data)

# 计算标准差
sd_value <- sd(data)

# 打印结果
print(paste("标准差 (Sd):", sd_value))

## [1] "标准差 (Sd): 2.604483"

# 计算变异系数
cv_value <- sd_value / mean_value

# 打印变异系数的具体数值
cat("变异系数 (Coefficient of Variation):", cv_value)
## 变异系数 (Coefficient of Variation): 0.5081
# 计算四分位数
quartiles <- quantile(data, probs = c(0.25, 0.5, 0.75))

# 提取 Q1 和 Q3 计算 IQR
iqr_value <- quartiles[3] - quartiles[1]

# 打印结果
print(paste("第一四分位数 (Q1):", quartiles[1]))
## [1] "第一四分位数 (Q1): 3"
print(paste("第三四分位数 (Q3):", quartiles[3]))
## [1] "第三四分位数 (Q3): 7"
print(paste("四分位距 (IQR):", iqr_value))
## [1] "四分位距 (IQR): 4"
```

3.2.1.3 偏态与峰态描述

在偏态与峰态分析中，主要使用偏度、峰度两个指标。

（1）偏度：$\text{Skewness} = \dfrac{\dfrac{1}{n}\sum_{i=1}^{n}(x_i-\mu)^3}{\left[\dfrac{1}{n}\sum_{i=1}^{n}(x_i-\mu)^2\right]^{1.5}}$，通常用于描述数据分布的不对称性。

（2）峰度：$\text{Kurtosis} = \dfrac{\dfrac{1}{n}\sum_{i=1}^{n}(x_i-\mu)^4}{\left[\dfrac{1}{n}\sum_{i=1}^{n}(x_i-\mu)^2\right]^{2}}$，用于描述数据分布的尖锐程度。当数据分布的峰值比正态分布的峰值更大、尾部更厚时，其峰度大于3（正态分布的峰度为3），这意味着数据更集中分布在均值附近，并且有较多的极端值；当数据分布的峰值比正态分布的峰值更小、尾部更薄时，其峰度小于 3，这意味着数据相对分散，并且极端值较少。

例 3-3：对例 3.1 中的数据计算偏度、峰度。

解：

$$\text{Skewness} = \frac{\frac{1}{16}\sum_{i=1}^{16}(x_i - \mu)^3}{\left[\frac{1}{16}\sum_{i=1}^{16}(x_i - \mu)^2\right]^{1.5}} \approx 0.1863$$

$$\text{Kurtosis} = \frac{\frac{1}{16}\sum_{i=1}^{16}(x_i - \mu)^4}{\left[\frac{1}{16}\sum_{i=1}^{16}(x_i - \mu)^2\right]^2} \approx 2.109$$

使用 R 语言计算上述参数的过程如下：

```
# 加载 moments 包
library(moments)

# 计算偏度
skewness_value <- skewness(data)

# 打印结果
cat("偏度 (Skewness):", skewness_value, "\n")
## 偏度 (Skewness): 0.1863

# 计算峰度
kurtosis_value <- kurtosis(data)

# 打印结果
cat("峰度 (Kurtosis):", kurtosis_value, "\n")
## 峰度 (Kurtosis): 2.109
```

3.2.2 类别型数据的统计描述

类别型数据是指具有离散的、有限数量取值的数据，通常表示为标签或类别。描述性统计方法可以帮助理解和总结这些数据的特征。

例 3-4：假定有如下数据，利用 R 语言查看分类的频数和相对频数。

```
data <- c("A", "B", "A", "C", "A", "B", "B", "C", "A", "B")
```

解：

```
# 计算频数
frequency_table <- table(data)
print(frequency_table)
## data
## A B C
## 4 4 2
# 计算相对频数
relative_frequency <- prop.table(frequency_table)
print(relative_frequency)
## data
##   A B C
```

```
## 0.4 0.4 0.2
```

3.3 数据的可视化描述

3.3.1 可视化的内涵

可视化作为一种将复杂数据转化为直观图形或图像的技术，旨在通过视觉元素展现数据的内在规律和趋势。它不仅仅是一种数据呈现方式，更是一种强大的数据分析方式，有助于人们深入洞察数据，挖掘数据隐藏的价值。可视化利用计算机图形学和图像处理技术将数据转换为图形或图像，在屏幕上显示并进行交互处理。这使得人们能够更快速地获取和理解信息，从而做出更为准确和高效的决策。可视化的意义在于它打破了数据的复杂性，将大量数据转化为直观易懂的图形，大大简化了数据分析过程。同时，它还有助于发现数据中的规律和趋势，为人们提供更深入的洞察。在大数据时代，可视化的作用越来越重要，它已经成为人们理解和分析数据的关键工具。

例 3-5：仔细查看以下数据，你能很清楚观察出其中的规律吗？

```
##       x        y1      y2       y3
## 1   10.052   11.77   13.847   2.465
## 2   24.073   24.53   60.189   3.200
## 3   13.451   12.19   14.851   2.500
## 4   26.724   26.04   67.796   3.260
## 5   28.333   27.89   77.771   3.328
## 6   3.276    4.50    2.025    1.504
## 7   16.787   17.15   29.401   2.842
## 8   26.988   27.39   75.013   3.310
## 9   17.440   17.55   30.803   2.865
## 10  14.785   14.23   20.248   2.655
```

解：将上面的数据用图形表示，如图 3-1 所示，能很清楚地看出其中的规律。

```
ggplot(df, aes(x, y, shape=class, linetype=class)) +
  geom_point(size = 3, fill = "white") +
  geom_smooth(se=F) +
  scale_color_grey()
```

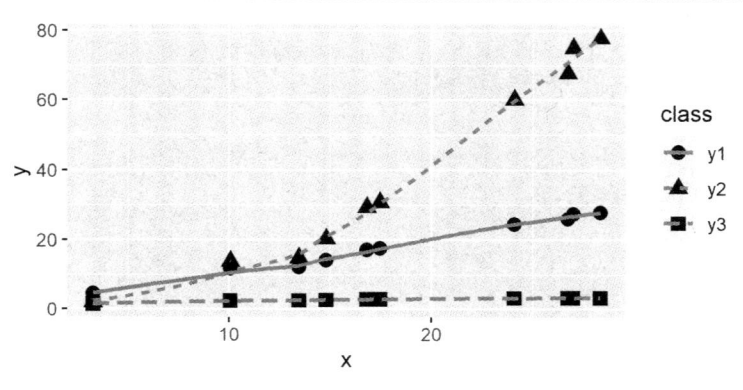

图 3-1 数据可视化示例

3.3.2 ggplot2 包的介绍

ggplot2 包是 R 语言中非常流行且功能强大的数据可视化工具，其作者为 Hadley Wickham，他在 R 语言社区享有盛誉，也是很多其他知名 R 语言包的作者，如 plyr、reshape2、dplyr、tidyr 等。

ggplot2 包的优点主要体现在以下几方面。

- 灵活性和自由度：ggplot2 包提供了基于图层的可视化语法，使得用户能够根据需求叠加和定制不同的图形元素。这种设计使得绘图过程更加灵活，用户可以根据需求轻松绘制高质量的图形。
- 强大的图层系统：ggplot2 包的图层系统使得用户可以轻松地将不同的图形元素（如点、线、面等）叠加在一起，从而创建出复杂且富有层次感的图表。
- 丰富的可视化类型：ggplot2 包支持多种类型的图表，包括散点图、折线图、柱状图、箱线图等，用户可以根据自己的需求选择最合适的图形类型。
- 美观和易读：ggplot2 包的默认主题和配色方案都是经过精心设计的，使得绘制出来的图形既美观又易于理解。此外，ggplot2 包还支持添加标签、注释、标题等元素，这进一步增强了图形的可读性和信息传递效果。

在使用范围上，ggplot2 包广泛应用于各个领域的数据可视化任务。无论是学术研究、商业分析还是数据科学项目，ggplot2 包都能帮助用户更好地理解和解释数据。通过 ggplot2 包，用户可以轻松地将复杂的数据转化为直观、易于理解的图形，从而发现数据中的规律和趋势，为决策提供有力支持。基于以上背景，本书的数据可视化描述主要基于 ggplot2 包。

ggplot2 包的语法结构主要基于一种图层式的绘图理念，允许用户通过叠加不同的图层来创建复杂的图形，其基本的语法结构概括如下。

- 数据（data）：绘图的基础，ggplot2 包接收的数据集必须为数据框格式。数据框中的每列可以对应图形的一个属性，如 x 轴、y 轴的值，或者颜色、大小等。
- 映射（mapping）：使用 aes() 函数来设定数据到图形属性的映射。例如，aes(x=column1, y=column2) 表示将数据框中的 column1 列映射到 x 轴，column2 列映射到 y 轴。
- 几何对象（geom）：选择用于绘制图形的几何对象，如点、线、面等。这部分通常由 geom_ 开头的函数实现，如 geom_point() 用于绘制散点图、geom_line() 用于绘制折线图等。
- 统计变换（stat）：在某些情况下，可能需要先对数据进行一些统计变换，再绘图，如计算数据的均值、中位数等。这部分可以通过 stat_ 开头的函数或 geom_ 开头的函数中的 stat 参数来实现。
- 坐标系（coord）：选择或设置图形的坐标系类型，如笛卡儿坐标系、极坐标系等。这部分可以通过 coord_ 开头的函数来实现。
- 分面（facet）：如果需要根据某个或多个变量的值将图形分成多个子图，那么可以使用分面系统。这部分可以通过 facet_grid() 或 facet_wrap() 函数来实现。
- 标度（scale）：用于调整图形的标度，如颜色、形状、大小等。这部分可以通过 scale_color_xxx()、scale_shape_xxx() 等函数来实现。

在构建 ggplot2 包图形时，这些组件通常通过"+"操作符来连接，形成一种图层式的结构。首先，使用 ggplot() 函数创建一个绘图空间并指定数据集；然后，通过 aes() 函数设定数据到图形属性的映射；接着，添加几何对象图层来定义图形的类型；最后，根据需要添加其他图层，如统计变换、坐标系、分面、标度等，以此来进一步定制图形。这种图层式的语法结构使得 ggplot2 包非常灵活和强大，用户可以通过添加或删除图层来轻松地修改和扩展图形，以满足不同的分析需求。

ggplot2 包的基本绘图模板如下：

```
ggplot(data = <DATA>, aes(<MAPPINGS>)) + <GEOM_FUNCTION>()
```

- data：要绘图的数据框。
- aes：aesthetic mappings 的缩写，用于定义数据中的变量如何映射到图形的视觉属性上，如 x 轴、y 轴、颜色等。
- <GEOM_FUNCTION>：几何对象的函数，如 geom_point()用于绘制散点图、geom_line()用于绘制折线图等。

3.3.3 条形图

条形图是一种常用的数据可视化工具，用于展示不同类别数据的数量或比例关系。它使用条形的高度或长度来表示数据的大小，每个条形通常对应一个类别，不同类别数据的条形之间通过间隔进行区分。条形图可以水平或垂直放置，具体取决于数据的展示需求和用户的阅读习惯。

例 3-6：gcookbook 包中的数据集 pg_mean 如下，利用条形图比较 weight 的大小。

```
gcookbook::pg_mean
##   group weight
## 1  ctrl  5.032
## 2  trt1  4.661
## 3  trt2  5.526
```

解：

```
library(ggplot2)
ggplot(data=gcookbook::pg_mean, mapping=aes(x = group, y = weight)) +
geom_col()
```

运行结果如图 3-2 所示。

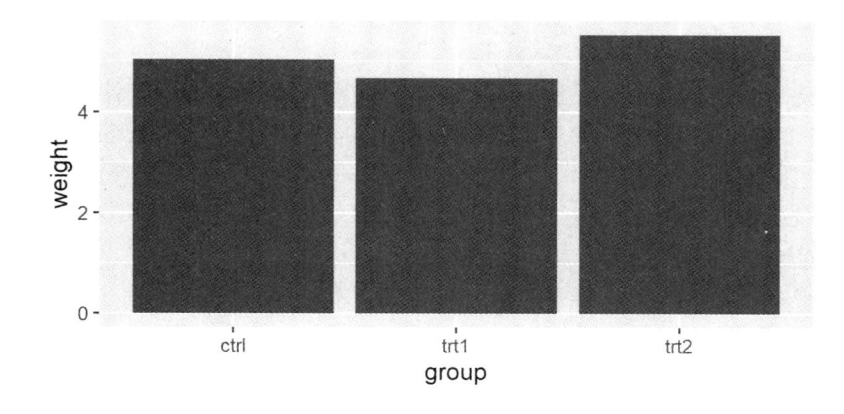

图 3-2　ggplot2 包绘制条形图示例

例 3-7：mpg 数据集的前 10 行如下。

```
library(ggplot2) # mpg 位于 ggplot2 包内，使用 mpg 前需要加载 ggplot2 包
```

```
head(mpg, n=10)
## # A tibble: 10 × 11
##    manufacturer model      displ  year   cyl trans  drv     cty   hwy fl    class
##    <chr>        <chr>      <dbl> <int> <int> <chr>  <chr> <int> <int> <chr> <chr>
##  1 audi         a4           1.8  1999     4 auto…  f        18    29 p     comp…
##  2 audi         a4           1.8  1999     4 manu…  f        21    29 p     comp…
##  3 audi         a4           2    2008     4 manu…  f        20    31 p     comp…
##  4 audi         a4           2    2008     4 auto…  f        21    30 p     comp…
##  5 audi         a4           2.8  1999     6 auto…  f        16    26 p     comp…
##  6 audi         a4           2.8  1999     6 manu…  f        18    26 p     comp…
##  7 audi         a4           3.1  2008     6 auto…  f        18    27 p     comp…
##  8 audi         a4 quattro   1.8  1999     4 manu…  4        18    26 p     comp…
##  9 audi         a4 quattro   1.8  1999     4 auto…  4        16    25 p     comp…
## 10 audi         a4 quattro   2    2008     4 manu…  4        20    28 p     comp…
```

该数据集中的特征 fl 为分类变量，fl 中每一类别的数量如下：

```
table(mpg$manufacturer)
##
##       audi  chevrolet      dodge       ford      honda    hyundai       jeep
##         18         19         37         25          9         14          8
## land rover    lincoln    mercury     nissan    pontiac     subaru     toyota
##          4          3          4         13          5         14         34
## volkswagen
##         27
```

现在想利用条形图查看 manufacturer 中每一类别的数量，请给出代码及运行结果。

解：

```
ggplot(mpg, aes(x=manufacturer)) +
  geom_bar()
```

运行结果如图 3-3 所示，可以看出，横坐标中的文字重叠在一起，不美观。

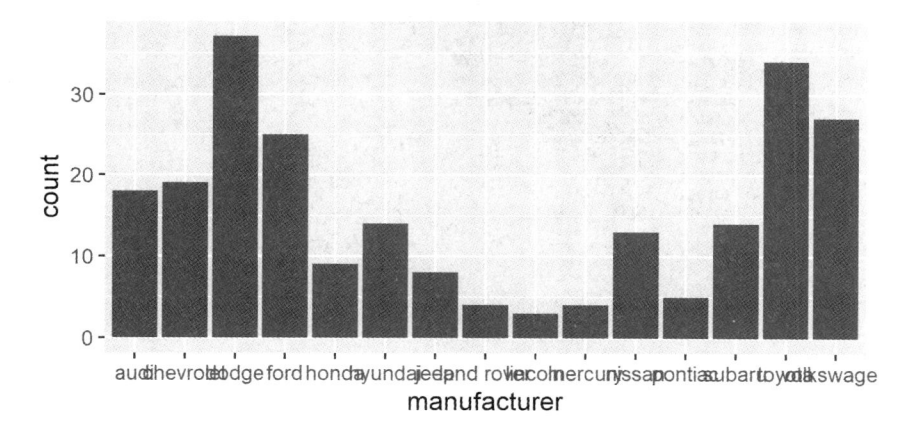

图 3-3　mpg 数据集每一类别数量条形图

此时，可以通过增加一行命令 "coord_flip()"，将横、纵坐标互换。

```
ggplot(mpg, aes(x=manufacturer)) +
  geom_bar() +
  coord_flip()
```

运行结果如图 3-4 所示。

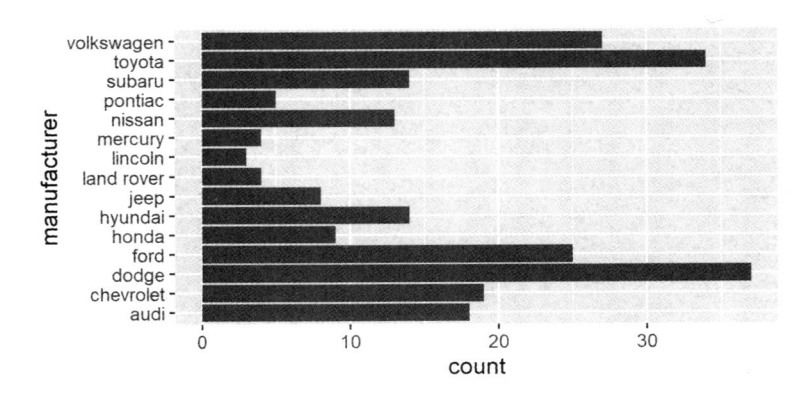

图 3-4　横、纵坐标互换后的条形图

例 3-8：例 3-7 中的图形由于没有基于 manufacturer 的类别数量对条形进行排序，因此显得特别凌乱。请根据类别数量对图 3-4 进行排序。

解：

```
df_temp <- data.frame(table(mpg$manufacturer))
order <- sort(df_temp$Freq, index.return=T, decreasing=F)
mpg$manufacturer <- factor(mpg$manufacturer, levels=df_temp$Var1[order$ix])

ggplot(mpg, aes(manufacturer)) +
  geom_bar() +
  coord_flip()
```

运行结果如图 3-5 所示。

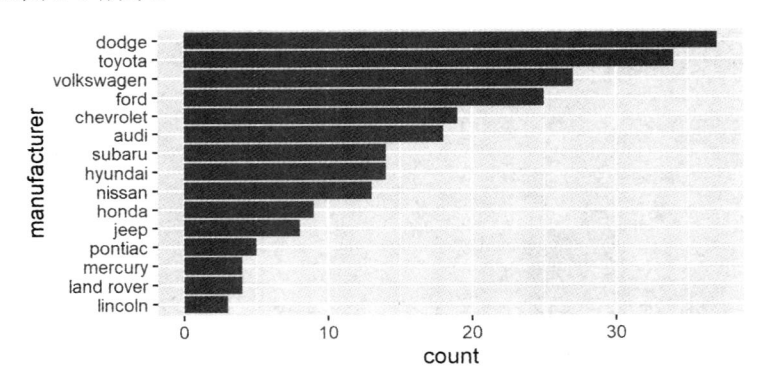

图 3-5　根据类别数量大小排序的条形图

排序涉及的代码较多，建议读者分别执行每条代码，并查看代码的运行结果。

根据类别数量对条形图进行排序虽然有助于人们理解视图，但是如果类别是有序的，则不能随意对类别进行再排序。

例 3-9：ggplot2 包中的 diamonds 数据集的特征如下，现在需要根据特征 clarity 进行类别划分，并比较每一类别的特征 color 的数量大小。

```
str(diamonds)
## tibble [53,940 × 10] (S3: tbl_df/tbl/data.frame)
## $ carat   : num [1:53940] 0.23 0.21 0.23 0.29 0.31 0.24 0.24 0.26 0.22 0.23 ...
## $ cut     : Ord.factor w/ 5 levels "Fair"<"Good"<..: 5 4 2 4 2 3 3 3 1 3 ...
## $ color   : Ord.factor w/ 7 levels "D"<"E"<"F"<"G"<..: 2 2 2 6 7 7 6 5 2 5 ...
```

```
##  $ clarity: Ord.factor w/ 8 levels "I1"<"SI2"<"SI1"<..: 2 3 5 4 2 6 7 3 4 5 ...
##  $ depth  : num [1:53940] 61.5 59.8 56.9 62.4 63.3 62.8 62.3 61.9 65.1 59.4 ...
##  $ table  : num [1:53940] 55 61 65 58 58 57 57 55 61 61 ...
##  $ price  : int [1:53940] 326 326 327 334 335 336 336 337 337 338 ...
##  $ x      : num [1:53940] 3.95 3.89 4.05 4.2 4.34 3.94 3.95 4.07 3.87 4 ...
##  $ y      : num [1:53940] 3.98 3.84 4.07 4.23 4.35 3.96 3.98 4.11 3.78 4.05 ...
##  $ z      : num [1:53940] 2.43 2.31 2.31 2.63 2.75 2.48 2.47 2.53 2.49 2.39 ...
```

解：根据特征 clarity 进行类别划分，不同的 clarity 填充不同的颜色。在下面的代码中，scale_fill_grey()函数用于将图像转化为灰色图像，可以删除这条命令并查看运行结果。

```
ggplot(diamonds, aes(color, fill=clarity)) +
  geom_bar() +
  scale_fill_grey()
```

运行结果如图 3-6 所示。

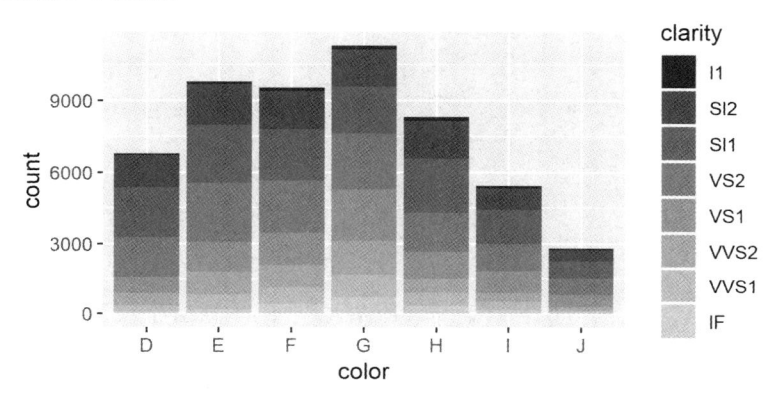

图 3-6　类别划分示例条形图

在图 3-6 中，不同的类别堆叠在一起，不利于比较，此时可以将类别并排摆放。

```
ggplot(diamonds, aes(color, fill=clarity)) +
  geom_bar(position = "dodge") +
  scale_fill_grey()
```

运行结果如图 3-7 所示。

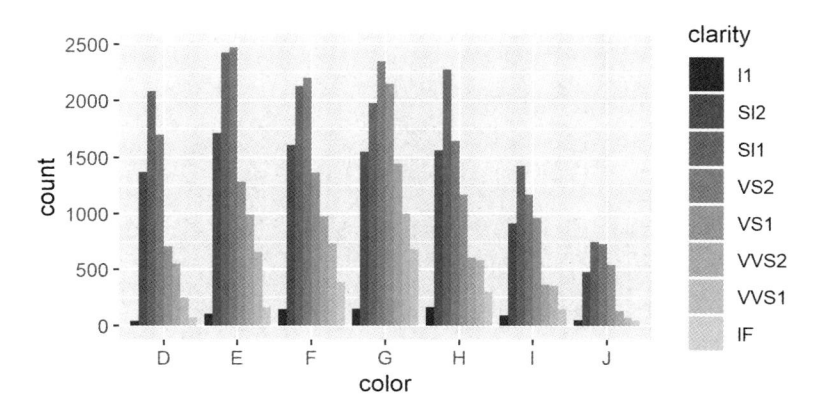

图 3-7　并排摆放的条形图

下面对数据进行归一化处理。一般而言，并排摆放比堆叠在一起更容易看出类别数量的差异，归一化处理更适合查看数据的组成比例。

```
ggplot(diamonds, aes(color, fill=clarity)) +
  geom_bar(position = "fill") +
  scale_fill_grey()
```

运行结果如图 3-8 所示。

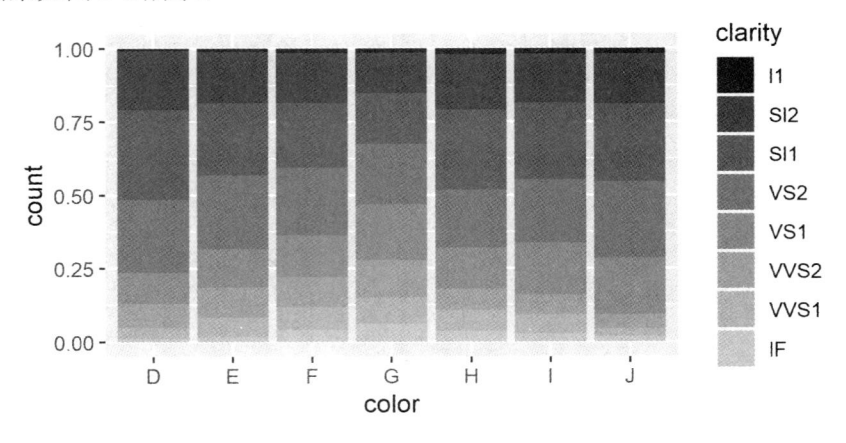

图 3-8　归一化条形图

3.3.4　直方图

直方图是一种常用的数据分布可视化工具，它通过矩形的面积来表示频数，矩形的宽度表示数据范围的间隔，高度表示对应间隔内的数据量。直方图能够显示数据分布的总体态势，帮助判断数据分布类型，以及估计某些数值，如均值、中位数等。

例 3-10：mpg 数据集中的特征 displ 为数值型变量，现要求绘制直方图，并同时将直方图的边框设置为黑色、填充颜色设置为白色。

解：通过 fill="white" 将直方图的填充颜色设置为白色，通过 colour="black" 将直方图的边框设置为黑色。

```
ggplot(mpg, aes(x=displ)) +
  geom_histogram(fill="white", colour="black")
```

运行结果如图 3-9 所示。

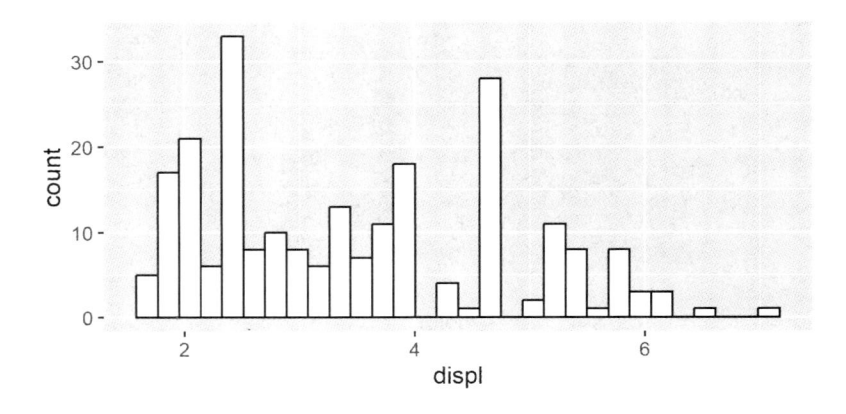

图 3-9　直方图示例

可以通过调整参数 binwidth 来改变数据范围的间隔。

```
ggplot(mpg, aes(x=displ)) +
 geom_histogram(binwidth=0.1)
```

运行结果如图 3-10 所示。

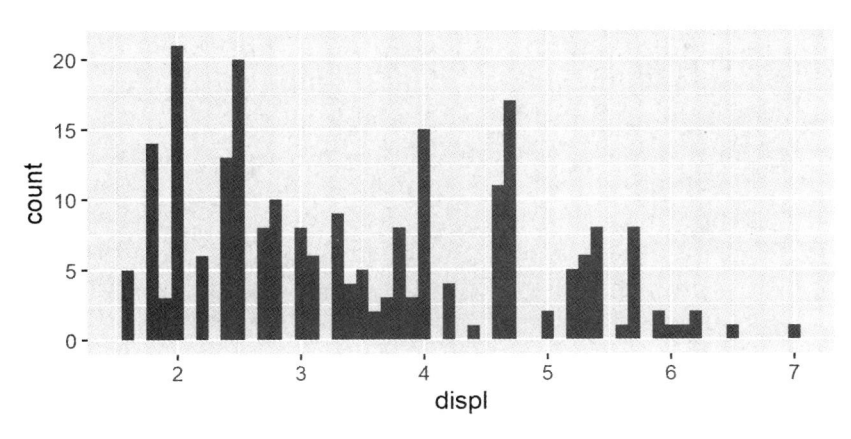

图 3-10　直方图调整数据范围的间隔示例

例 3-11：mpg 数据集中的特征 displ 为数值型变量、drv 为类别型变量，现要求基于特征 drv 将数据集划分为若干子集，并对每个子集分别绘制特征 displ 的直方图。

解：下面先基于特征 drv 将数据集划分为若干子集，然后对每个子集绘制特征 displ 的直方图。

```
ggplot(mpg, aes(x=displ)) +
 geom_histogram() +
 facet_grid(~drv)
```

运行结果如图 3-11 所示。

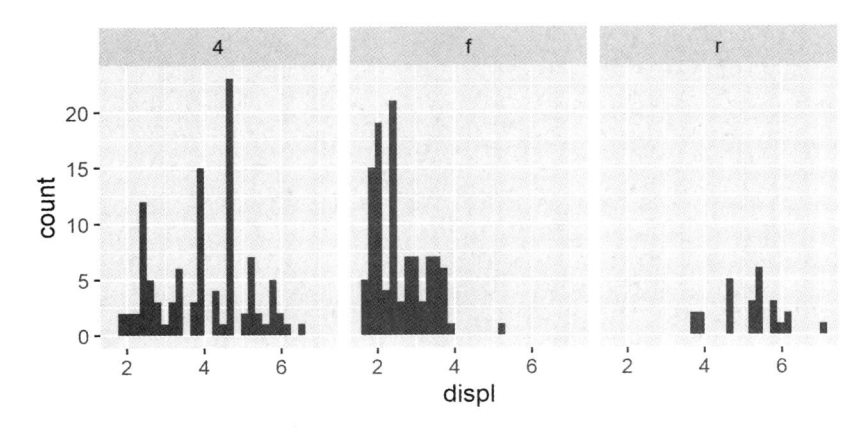

图 3-11　子集直方图示例

3.3.5　密度曲线图

密度曲线图也称核密度图，用于显示数据在连续时间段内的分布状况。它使用平滑曲线来绘制数值水平，从而得出更平滑的分布。密度曲线图的峰值可以显示数值在该时间段内高度最集中的位置。

例 3-12：mpg 数据集中的特征 displ 为数值型变量，现要求对特征 displ 绘制密度曲线图。

解：
```
ggplot(mpg, aes(x=displ)) +
  geom_density()
```
运行结果如图 3-12 所示。

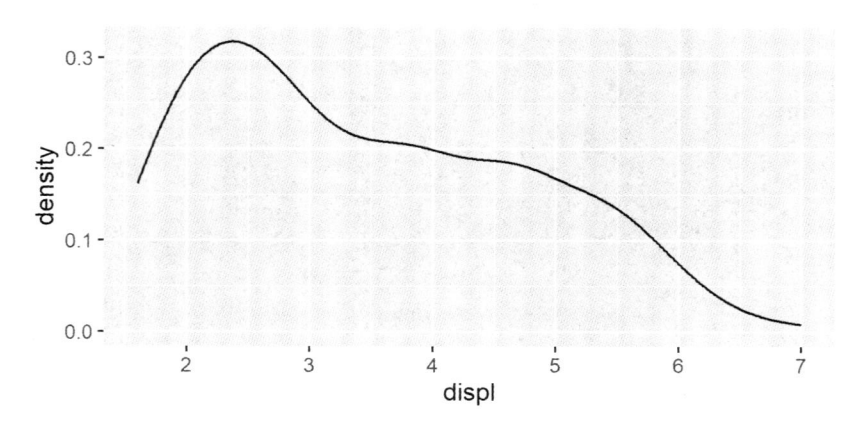

图 3-12　密度曲线图示例

密度曲线图是根据样本数据对总体分布的估计，其平滑程度取决于参数 adjust。adjust 的默认值为 1，下面将 adjust 设置为 0.5。

```
ggplot(mpg, aes(x=displ)) +
  geom_density(adjust=0.5)
```
运行结果如图 3-13 所示。

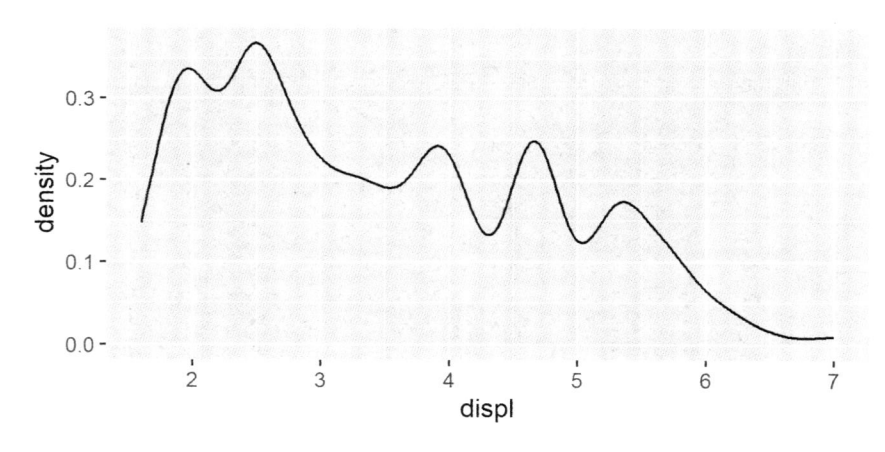

图 3-13　密度曲线图调整平滑程度示例

例 3-13：mpg 数据集中的特征 displ 为数值型变量、drv 为类别型变量，现要求基于特征 drv 将数据集划分为若干子集，并对每个子集分别绘制特征 displ 的密度曲线图。

解：下面基于特征 drv 对数据集进行划分，不同的子集采用不同的线型。
```
ggplot(mpg, aes(x=displ, linetype=drv)) +
  geom_density(adjust=0.5)
```
运行结果如图 3-14 所示。

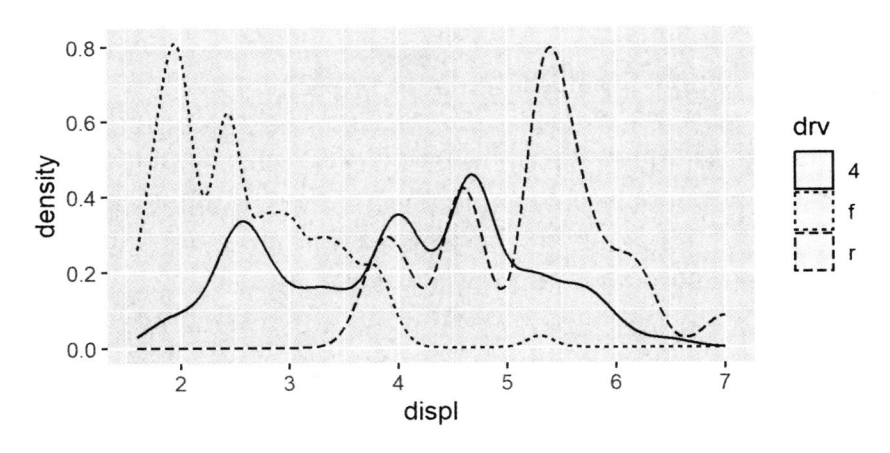

图 3-14 子集密度曲线图示例

读者可以将 linetype 换成 color，看看效果如何。

例 3-14：mpg 数据集中的特征 displ 为数值型变量、drv 为类别型变量，现要求基于特征 drv 将数据集划分为若干子集，对每个子集分别绘制特征 displ 的密度曲线图和直方图，并将密度曲线图和直方图放在同一图中。

解：直方图的 y 轴是频数，而密度曲线图的 y 轴是密度。由于密度曲线的 y 值很小（曲线下的面积总和为 1），因此，如果不做任何变换就将其叠加到直方图上，那么密度曲线几乎不可见。要解决这个问题，可以通过映射 y=after_stat(density) 来缩小直方图，使其与密度曲线相匹配。

```
ggplot(mpg, aes(x=displ, y=after_stat(density))) +
  geom_histogram(fill = "white", colour = "black") +
  geom_density()
```

运行结果如图 3-15 所示。

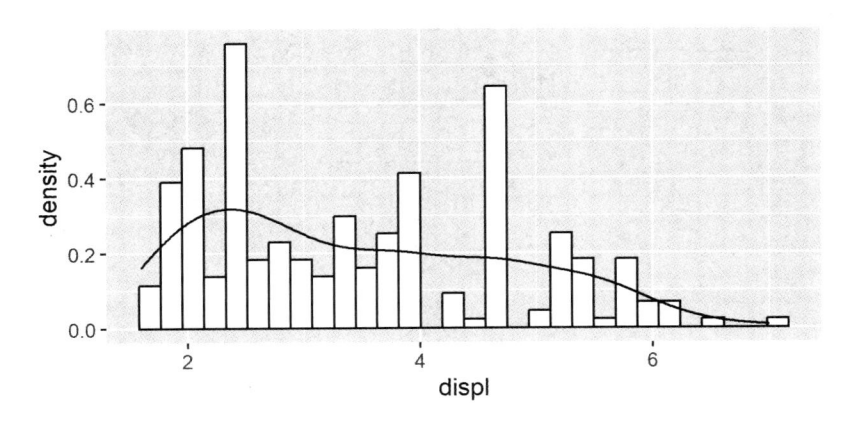

图 3-15 子集直方图和密度曲线图示例

3.3.6 箱线图

箱线图在 R 语言的数据可视化中是非常重要的一种图形，主要用于显示一组数据的分散情况。这种图形通过绘制数据的中位数、四分位数、最大值、最小值及可能的异常值，提供数据分布的快速概览。

以下是箱线图的主要组成部分及其细节。

- 箱体：箱体中间的线表示数据的中位数，即数据排序后位于中间位置的数；箱体上、下边缘分别表示第一四分位数（Q_1，即 25%分位数）和第三四分位数（Q_3，即 75%分位数）；箱体的高度（Q_3 与 Q_1 的差）称为 IQR，表示数据的主要集中区域。
- 须线：从箱体上、下边缘延伸出去，通常表示数据的最大值和最小值。在 R 语言中，须线通常延伸到数据集中非异常值的最大值和最小值。
- 异常值：通常定义为那些超出须线范围的点。在 R 语言中，异常值通常被定义为小于 $(Q_1-1.5×IQR)$ 或大于 $(Q_3+1.5×IQR)$ 的点。这些异常值在箱线图中通常以单独的点的形式显示。

箱线图的主要优点是它可以清晰地显示数据的分布特征，包括中心趋势、分散程度及可能的异常值。这使得箱线图在数据探索和初步分析阶段非常有用。然而，它也有一些局限性，如对于大数据集可能无法展示数据的所有详细信息。此外，箱线图对于数据的偏态性也无法完全反映出来。因此，在使用箱线图时，应结合其他统计方法和可视化工具进行综合分析。

例 3-15：mpg 数据集中的特征 displ 为数值型变量、drv 为类别型变量，现要求基于特征 drv 将数据集划分为若干子集，并对每个子集分别绘制特征 displ 的箱线图。

解：

```
ggplot(mpg, aes(x=drv, y=displ)) +
  geom_boxplot()
```

运行结果如图 3-16 所示。

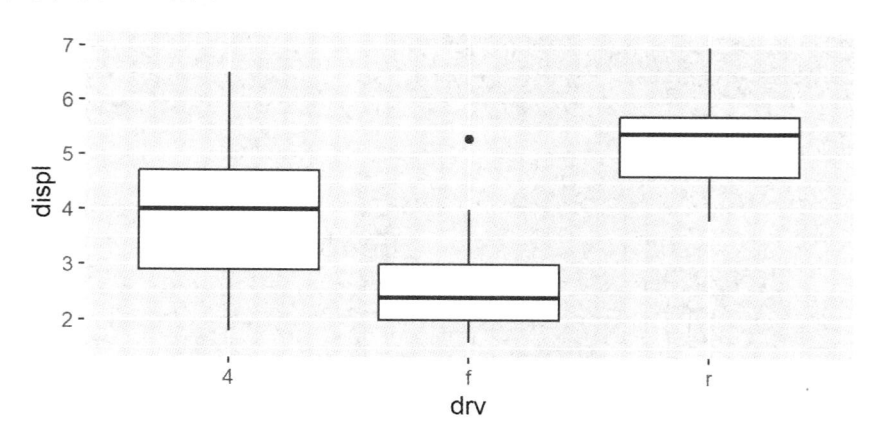

图 3-16　mpg 数据集箱线图示例

例 3-16：mpg 数据集中的特征 displ 为数值型变量，现要求绘制特征 displ 的箱线图。

解：要绘制单个数据组的箱线图，必须为 x 提供一个任意值，此处将其设置为 1，并移除 x 轴的刻度标记和标签。请尝试删除最后两行命令，看看效果如何。

```
ggplot(mpg, aes(x=1, y=displ)) +
  geom_boxplot() +
  scale_x_continuous(breaks = NULL) +
  theme(axis.title.x = element_blank())
```

运行结果如图 3-17 所示。

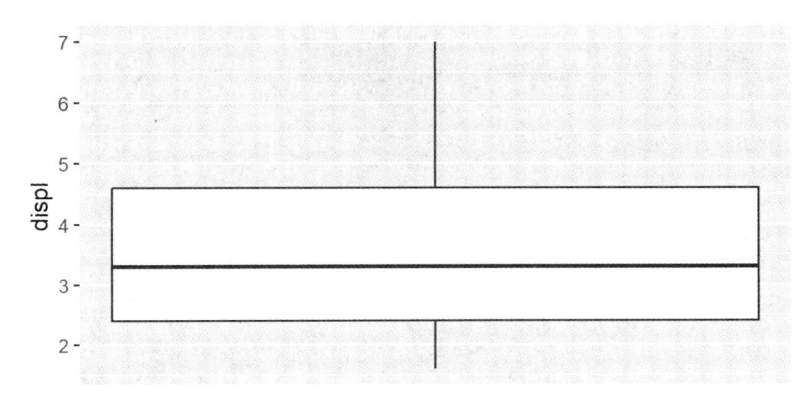

图 3-17 mpg 数据集特征 displ 的箱线图示例

3.3.7 散点图

散点图是一种用坐标点表示两个变量之间关系的可视化图表。每个坐标点代表数据集中的一对数值，横轴和纵轴分别表示两个不同的变量。通过散点图，可以直观地观察变量之间的关联性，判断是正相关、负相关还是不相关。此外，散点图还能揭示数据中的潜在模式，如集群、离散点或异常值，帮助数据分析师识别数据的内在结构和特点。同时，散点图可用于比较不同组或类别的数据，展示它们之间的差异或相似性。

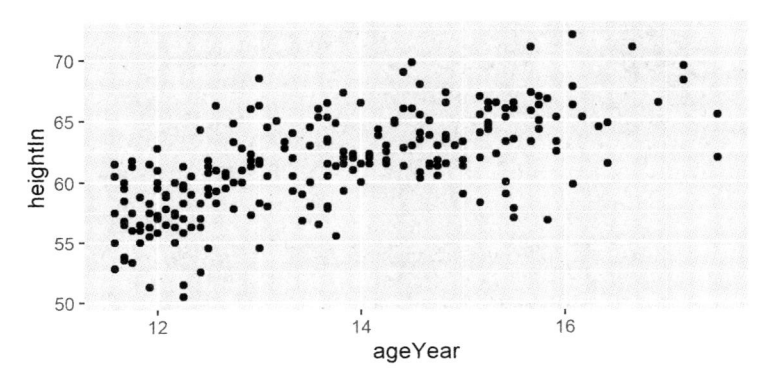

例 3-17：gcookbook 包中的 heightweight 数据集特征如下，现在要求绘制特征 ageYear 与 heightIn 的散点图。

```
library(gcookbook)
str(heightweight)
## 'data.frame':    236 obs. of  5 variables:
## $ sex     : Factor w/ 2 levels "f","m": 1 1 1 1 1 1 1 1 1 1 ...
## $ ageYear : num  11.9 12.9 12.8 13.4 15.9 ...
## $ ageMonth: int  143 155 153 161 191 171 185 142 160 140 ...
## $ heightIn: num  56.3 62.3 63.3 59 62.5 62.5 59 56.5 62 53.8 ...
## $ weightLb: num  85 105 108 92 112 ...
```

解：
```
ggplot(heightweight, aes(x = ageYear, y = heightIn)) +
 geom_point()
```

运行结果如图 3-18 所示。

图 3-18 heightweight 数据集特征 ageYear 与 heightIn 的散点图

在图 3-19 中，左图将点的形状改变为空心圆，右图将点的尺寸设置为 3（默认值为 2）。

```
p1 <- ggplot(heightweight, aes(x=ageYear, y=heightIn)) +
  geom_point(shape = 21)
p2 <- ggplot(heightweight, aes(x=ageYear, y=heightIn)) +
  geom_point(size = 3)

## ggpubr 包中的 ggarrange()函数可以将两个 ggplot2 包类型的图组合成一个图
ggpubr::ggarrange(p1,p2, ncol=2)
```

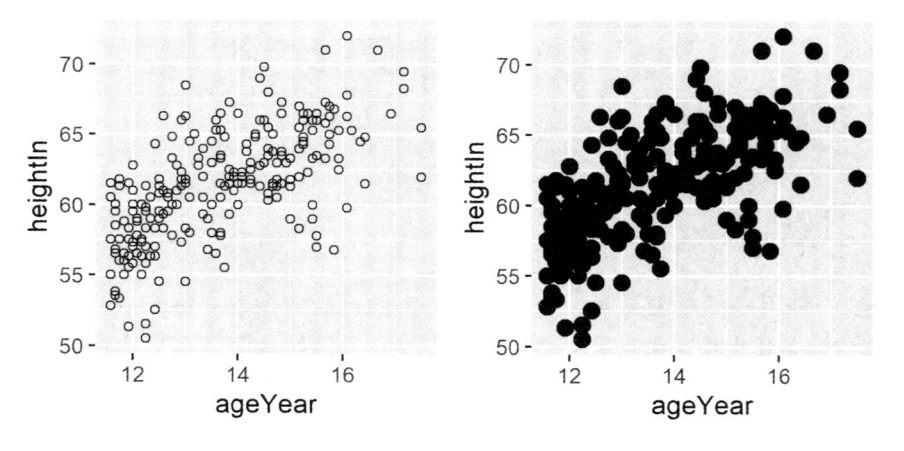

图 3-19　shape 和 size 参数对图形的影响

例 3-18：根据 heightweight 数据集的特征 sex 将其划分为若干子集，并对每个子集分别绘制特征 ageYear 与 heightIn 的散点图。

解：采用 shape=sex，不同的子集会使用不同的点形状。读者可将 shape=sex 改成 color=sex，并查看效果。

```
ggplot(heightweight, aes(x = ageYear, y = heightIn, shape=sex)) +
  geom_point(size = 3)
```

运行结果如图 3-20 所示。

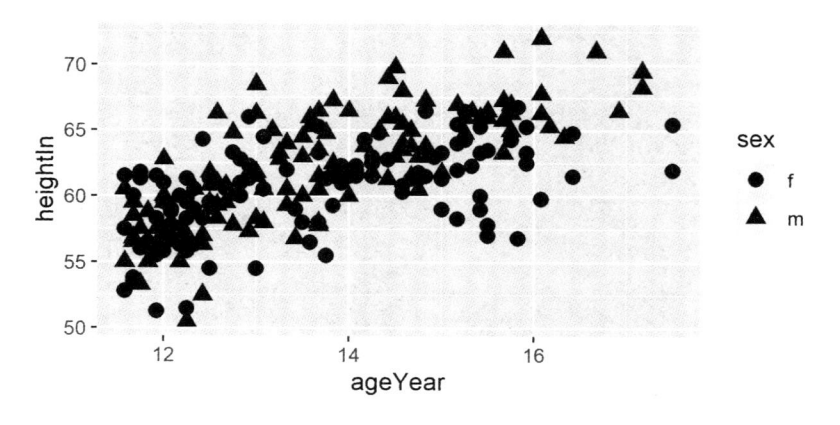

图 3-20　heightweight 数据集散点图示例

例 3-19：对 heightweight 数据集的特征 ageYear 与 heightIn 绘制散点图，同时绘制散点图的趋势线。

解：在图 3-21 中，左图通过增加命令 geom_smooth()增加了趋势线，以及趋势线的置信区间，在默认情况下，采用局部加权回归或广义加性模型添加趋势线，以及趋势线的置信区间；右图将趋势线设置为线性回归（'lm'），并通过 se=F 取消趋势线的置信区间。

```
p1 <- ggplot(heightweight, aes(x=ageYear, y=heightIn)) +
  geom_point() +
  geom_smooth()

p2 <- ggplot(heightweight, aes(x=ageYear, y=heightIn)) +
  geom_point(size = 3) +
  geom_smooth(method='lm', se=F)

ggpubr::ggarrange(p1,p2, ncol=2)
```

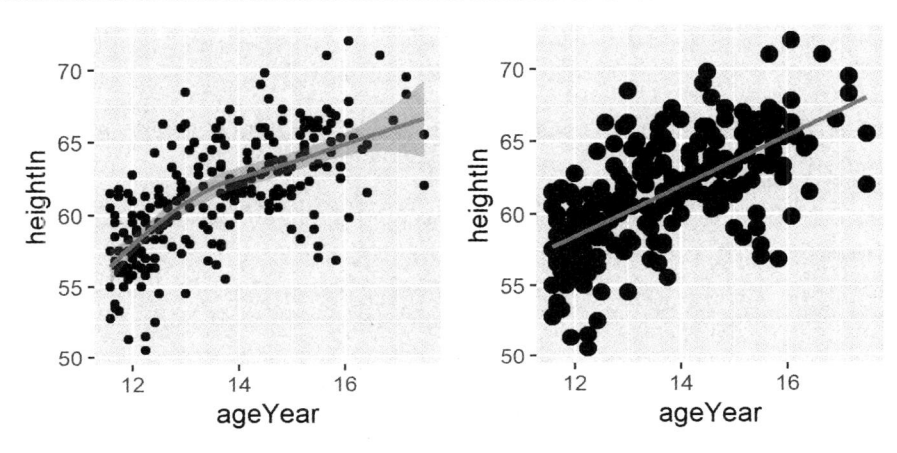

图 3-21　heightweight 数据集带趋势线的散点图

例 3-20：根据 heightweight 数据集的特征 sex 将数据集划分为若干子集，对特征 ageYear 与 heightIn 绘制散点图，同时绘制散点图的趋势线。

解：在图 3-22 中，color=sex 的位置不一样，导致绘制的图形不一样。对于左图，color=sex 位于 ggplot()函数内，此时，geom_point()和 geom_smooth()函数均继承了 ggplot()函数的相关信息，因此散点图和趋势线都划分了类别。对于右图，color=sex 位于 geom_point()函数中，因此散点图需要根据类别的不同绘制点；geom_smooth()函数继承了 ggplot()函数的相关信息，由于 ggplot()函数中没有类别划分信息，因此 geom_smooth()函数不会为不同的子集绘制各自的趋势线。

```
p1 <- ggplot(heightweight, aes(x=ageYear, y=heightIn, color=sex)) +
  geom_point() +
  geom_smooth(method='lm', se=F) +
  scale_color_manual(values = c("black", "gray60"))

p2 <- ggplot(heightweight, aes(x=ageYear, y=heightIn)) +
  geom_point(aes(color=sex)) +
  geom_smooth(method='lm', se=F) +
  scale_color_manual(values = c("black", "gray60"))

ggpubr::ggarrange(p1,p2, ncol=2)
```

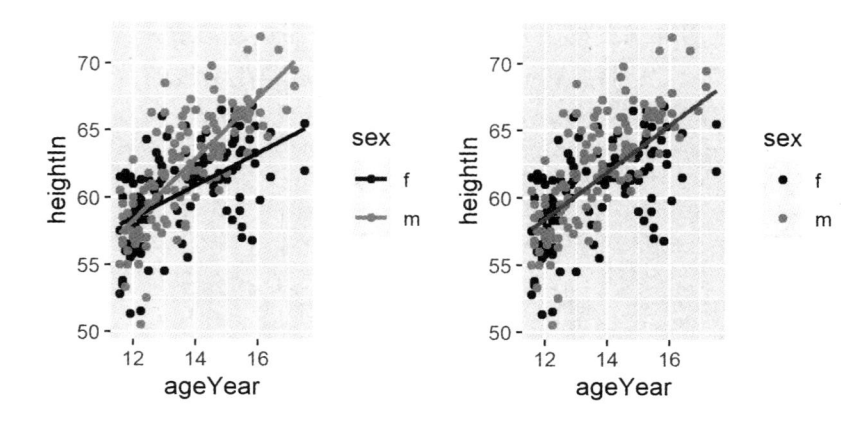

图 3-22　子集带趋势线的散点图

例 3-21：根据 heightweight 数据集的特征 ageYear 与 heightIn 绘制散点图，同时要求点的大小能反映特征 weightLb 的大小。

解：在图 3-23 中，设置 size=weightLb，将 weightLb（体重）映射为点的大小。这意味着点的大小将根据体重的值变化，体重越大，点越大。

```
ggplot(heightweight, aes(x=ageYear, y=heightIn, size=weightLb)) +
  geom_point()
```

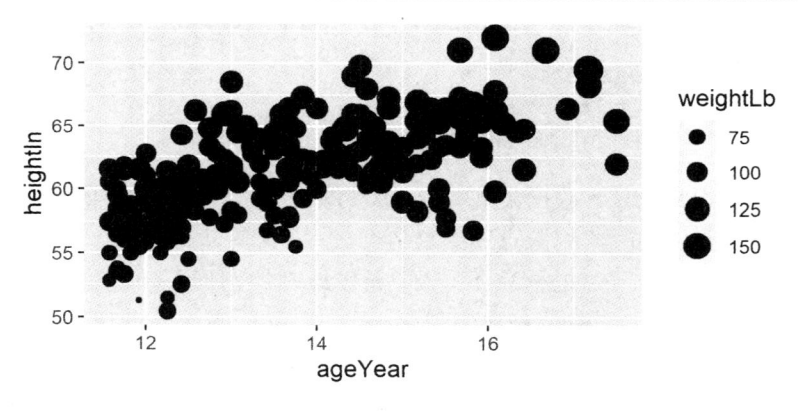

图 3-23　以点反映特征 weightLb 的 heightweight 数据集散点图

本章习题

1. 利用 R 语言计算数据框 ggplot::diamonds 中特征 carat 的均值、中位数、众数、几何平均数、调和平均数、方差、标准差、变异系数、四分位数、偏度和峰度。
2. 计算数据框 ggplot::diamonds 中特征 color 的频数和频率。
3. 绘制图形查看数据框 ggplot::diamonds 中特征 color 的分布。
4. 绘制图形查看数据框 ggplot::diamonds 中特征 price 的分布。
5. 绘制图形查看数据框 iris 中特征 Sepal.Length 与 Sepal.Width 的关系，图中要根据特征 Species 对点进行类别划分，并根据特征 Petal.Length 设置点的大小。

第4章

抽样分布

本书前几章介绍了数据分析的一些基本概念，本章着重介绍抽样分布的相关知识。抽样的概念建立在统计推断的基础上。统计推断是一种基于观测数据推测未知参数的方法，假定观测数据来自某个函数形式已知而参数未知的概率分布。

4.1 离散分布

4.1.1 伯努利分布

伯努利分布又称两点分布或 0-1 分布。

伯努利试验是只有两种可能结果的单次随机试验，即对于一个随机变量 X，伯努利试验可以表示为一个 0 或 1 的问题。例如，抛一枚硬币是否正面向上，明天是否会下雨，等等。

如果将一个伯努利试验独立重复地进行 n 次，则称这一串重复独立试验为 n 重伯努利试验。

进行一次伯努利试验，若成功（$X=1$）的概率为 $p(0<p<1)$，失败（$X=0$）的概率为 $q=1-p$，则称随机变量 X 服从伯努利分布。X 的概率函数可表示为

$$f(x|p) = \begin{cases} p^x q^{1-x} & x=0,1 \\ 0 & x \neq 0,1 \end{cases}$$

伯努利分布的期望 $E(X)=p$，方差 $D(X)=pq$。

4.1.2 二项分布

二项分布是 n 重伯努利试验成功次数的离散概率分布。

假设每次试验成功的概率为 p，则在 n 次重复独立试验中，成功的概率分布是二项分布，记为 $X \sim B(n,p)$，其概率函数为

$$b(x,n,p) = \binom{n}{x} p^x (1-p)^{n-x}$$

二项分布的期望 $E(X)=np$，方差 $D(X)=np(1-p)$，$E(X)>D(X)$。

二项分布具有以下递推公式。

- $P(0) = (1-p)^n$。
- $P(x+1) = \dfrac{(n-x)}{x+1}\dfrac{p}{1-p}P(x)$。

当 $p \approx 1-p$，且 $n \to \infty$ 时，二项分布的极限分布为正态分布。图 4-1 所示为 $n=100$，$p=0.5$ 时的二项分布概率图与 $N(50,25)$ 图的组合。

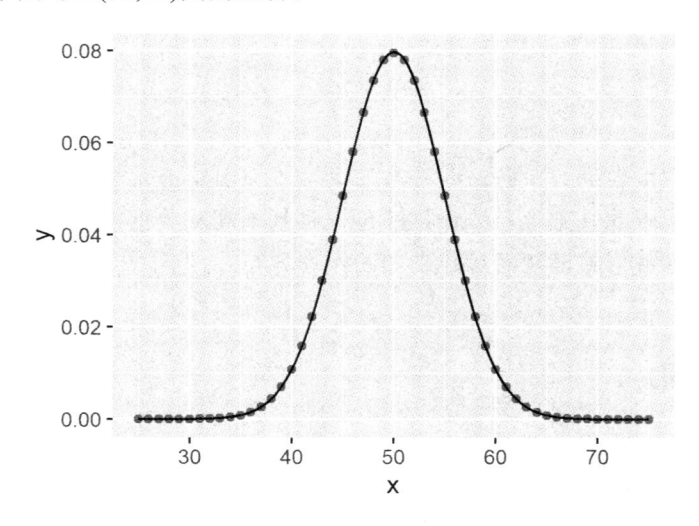

图 4-1　n=100，p=0.5 时的二项分布概率图与 $N(50,25)$ 图的组合

在交通流中，二项分布适用于车流比较拥挤、自由行驶机会不多的情况。

例 4-1：在一条公路上，于上午高峰期间，以 15s 为间隔观测车辆到达数，将得到的结果列入表 4-1 中，试利用二项分布进行拟合，并利用拟合分布求 15s 内车辆到达数大于 5 的概率。

表 4-1　某公路上午高峰期间车辆到达数据

车辆到达数 n/辆	<3	3	4	5	6	7	8	9	10	11	>11
包括 n 的间隔出现的次数	0	3	1	7	11	10	8	10	8	1	0

解：（1）由题中所给数据可以求得均值和方差分别为

$$m = \frac{1}{N}\sum_{i=1}^{N} x_i \approx 7.27$$

$$S^2 = \frac{1}{N-1}\sum_{i=1}^{N}(x_i - m)^2 = \frac{1}{N-1}\left(\sum_{i=1}^{N} x_i^2 - Nm^2\right) \approx 3.94$$

因为 $S^2 < m$，所以用二项分布进行拟合是合适的，将上述数据代入下式：

$$p = \frac{m - S^2}{m} \approx 0.46$$

$$n = \frac{m^2}{m - S^2} \approx 15.8 \approx 16$$

因此，拟合表 4-1 中数据的二项分布函数为 $P(k) = C_{16}^{k} 0.46^k \times 0.54^{16-k}$。

（2）根据拟合的二项分布函数，有

$$P(0) = C_{16}^0 0.46^0 \times 0.54^{16-0} \approx 0.00005$$

$$P(1) = C_{16}^1 0.46^1 \times 0.54^{16-1} \approx 0.0007$$

$$P(2) = C_{16}^2 0.46^2 \times 0.54^{16-2} \approx 0.0046$$

$$P(3) = C_{16}^3 0.46^3 \times 0.54^{16-3} \approx 0.0181$$

$$P(4) = C_{16}^4 0.46^4 \times 0.54^{16-4} \approx 0.05$$

$$P(5) = C_{16}^5 0.46^5 \times 0.54^{16-5} \approx 0.1024$$

因此在 15s 内，车辆到达数大于 5 的概率为 $P(>5) = 1 - P(\leqslant 5) = 0.82415$。

4.1.3 负二项分布

负二项分布的公式为

$$P(x) = \binom{x+\beta-1}{\beta-1} p^x (1-p)^{n-x}, \quad x = 0, 1, 2, \cdots$$

其中，$0 < p < 1$；β 为正整数。

负二项分布的期望 $E(X) = \beta(1-p)$，方差 $D(X) = \beta(1-p)/p^2$，$E(X) < D(X)$。

负二项分布具有以下递推公式。

- $P(0) = p^\beta$。
- $P(x) = \dfrac{x+\beta-1}{x}(1-p)P(x-1)$。

在例 4-1 中，当车辆到达数的波动性很大时，或者当以一定的间隔观测车辆到达数而其间隔长度一直延续到高峰期间与非高峰期间两个时段时，所得数据就可能具有较大的方差，此时应使用负二项分布拟合观测数据。

4.1.4 泊松分布

泊松分布用于描述在时间 t 内，某事件发生次数的概率。与二项分布的区别在于，泊松分布只考虑事件的发生，其概率密度函数可记为

$$P(X = k) = \frac{\lambda^k}{k!} e^{-\lambda}, \quad k = 0, 1, \cdots$$

泊松分布的期望和方差均为 λ。

泊松分布是一种描述和分析稀有事件的概率分布。要观察到这类事件，样本含量 n 必须很大。

λ 是泊松分布依赖的唯一参数，λ 越小，分布越偏倚，随着 λ 的增大，分布趋于对称。

当二项分布中的 n 很大而 p 很小时，泊松分布可作为二项分布的近似，其中 $\lambda = np$。通常，当 $n \geqslant 20$ 且 $p \leqslant 0.05$ 时，可以用泊松分布来做近似计算，如图 4-2 所示。

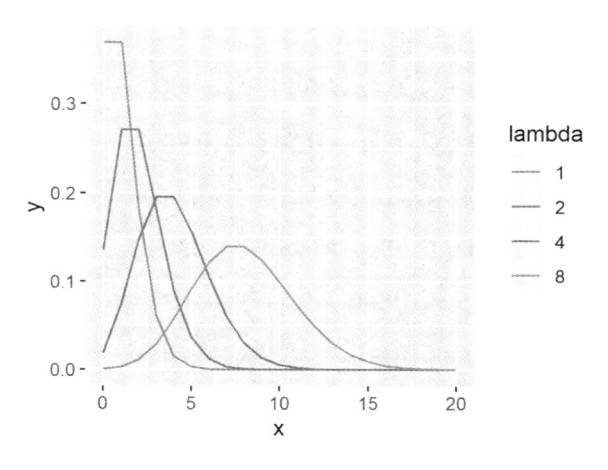

图 4-2 泊松分布 1

当 $\lambda \geqslant 20$ 时，泊松分布接近正态分布；当 $\lambda \geqslant 50$ 时，可以认为泊松分布呈正态分布。在实际工作中，当 λ 满足上述条件时，可以用正态分布来近似处理泊松分布问题，如图 4-3 所示。

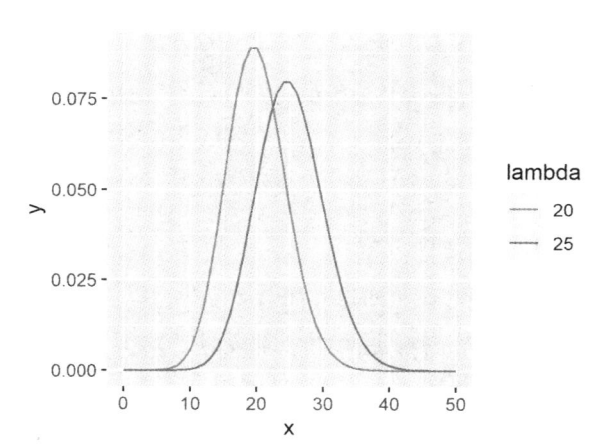

图 4-3 泊松分布 2

泊松分布具有以下递推公式。

- $P(0) = e^{-\lambda}$。
- $P(k+1) = \dfrac{m}{k+1} P(k)$。

在交通流中，泊松分布适用于车流密度不大、车辆之间相互影响微弱且其他外界干扰因素基本不存在的情况，即车流是随机的。

例 4-2：设有 30 辆车随机分布在 2km 长的道路上，且服从泊松分布，试求在任意 400m 长的路段上，恰好有 4 辆车和至少有 4 辆车的概率分别是多少？

解：由题意可知，400m 长的路段上的平均车辆数为 $m = \dfrac{30}{2 \times 1000} \times 400 = 6$，故本题中车辆数在空间上的分布服从泊松分布：$P(X=x) = \dfrac{6^x e^{-6}}{x!}$，可得 $P(X=0) = e^{-6} \approx 0.0025$，由递推

公式得

$$P(X=1) = \frac{6^1 e^{-6}}{1!} = 6P(X=0) = 0.015$$

$$P(X=2) = \frac{6^2 e^{-6}}{2!} = \frac{6}{2}P(X=1) = 0.045$$

$$P(X=3) = \frac{6^3 e^{-6}}{3!} = \frac{6}{3}P(X=2) = 0.09$$

$$P(X=4) = \frac{6^4 e^{-6}}{4!} = \frac{6}{4}P(X=3) = 0.135$$

故在任意 400m 长的路段上恰好有 4 辆车的概率是 0.135。

$$P(X<4) = 0.1525$$
$$P(X \geqslant 4) = 1 - P(X<4) = 0.8475$$

故在任意 400m 长的路段上至少有 4 辆车的概率是 0.8475。

4.1.5 超几何分布

超几何分布用于描述从有限的 N 个物件（其中包含 M 个指定种类的物件）中抽出 n 个物件，成功抽出（不放回）该指定种类物件的次数。当随机抽取 n 件用于检验时，发现 k 件不合格品的概率可表示为

$$P(X=k) = \frac{C_M^k C_{N-M}^{n-k}}{C_N^n}, \quad k=0,1,2,\cdots,\min\{n,M\}$$

此时称随机变量 X 服从超几何分布 $X \sim H(n,M,N)$。

超几何分布的期望 $E(X) = np$，方差 $D(X) = \frac{nM}{N} - \left(\frac{nM}{N}\right)^2 + \frac{n(n-1)M(M-1)}{N(N-1)}$。

在超几何分布中，当 $N \to \infty$ 时，近似为二项分布；当 $\frac{M}{N} \to p$ 时，超几何分布的期望 $E(X) = \frac{nM}{N} \to np$，方差 $D(X) = np(1-p)$。

4.2 连续分布

4.2.1 正态分布

正态分布也称高斯分布，是表征连续变量的常用分布之一。正态分布的概率密度函数为

$$f_X(x) = \frac{1}{\sqrt{2\pi\sigma^2}} e^{-\frac{(x-\mu)^2}{2\sigma^2}}, -\infty < x < \infty$$

一般缩写为 $N(\mu,\sigma^2)$。

正态分布的期望 $E(X) = \mu$，方差 $\text{Var}(X) = \sigma^2$。

正态分布的密度曲线图如图 4-4 所示。

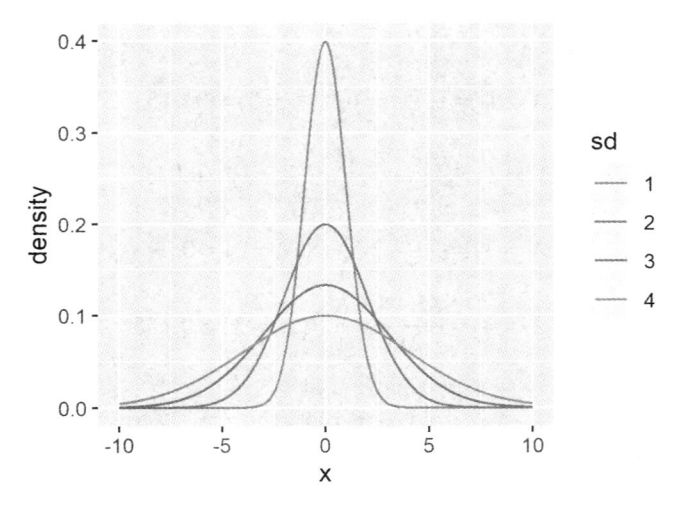

图 4-4　正态分布的密度曲线图

例 4-3：某城市规定划分道路交通流量的等级方法为，交通流量在前 10%的为 A 等（非常拥堵），交通流量在前 10%以后但在前 50%的为 B 等（拥堵），交通流量在前 50%以后但在前 90%的为 C 等（通畅），交通流量在后 10%的为 D 等（非常通畅）。某条道路在早高峰时段的小时交通流量 Q 服从正态分布 $N(\mu,\sigma^2)$，经统计可知 $\mu=1000$，$\sigma^2=10000$，求该路段在早高峰时段交通流量等级划分的具体流量界限值（结果四舍五入，取整数）。

解：由题意可知，$Q \sim N(1000,10000)$，因此 Q 的概率密度函数为

$$f(x)=\left(\frac{1}{100\times\sqrt{2\pi}}\right)e^{-\frac{(x-1000)^2}{2\times 10000}}$$

根据正态分布的性质，有

$$P(X\leqslant x)=P\left[(X-\mu)/\sigma\leqslant(x-\mu)/\sigma\right]=\Phi\left[(x-1000)/100\right]$$

其中，$\Phi(x)$ 为标准正态分布的分布函数。

（1）求 A 等的流量下限值 x_1：$P(X\leqslant x_1)=0.9$，即 $\Phi(x_1-1000)/100=0.9$，查标准正态分布表，得 $(x_1-1000)/100=1.28$，解得 $x_1\approx 1128$。因此，A 等的流量下限值为 1128（辆/时）。

（2）求 B 等的流量下限值 x_2：$P(X\leqslant x_2)=0.5$，即 $\Phi(x_2-1000)/100=0.5$，查标准正态分布表，得 $(x_2-1000)/100=0$，解得 $x_2=1000$。因此，B 等的流量下限值为 1000（辆/时）。

（3）求 C 等的流量下限值 x_3：$P(X\leqslant x_3)=0.1$，即 $\Phi(x_3-1000)/100=0.1$，查标准正态分布表，得 $(x_3-1000)/100=-1.28$，解得 $x_3=872$。因此，C 等的流量下限值为 872（辆/时）。

（4）D 等的流量下限值为无穷小。

综上所述，该路段早高峰时段交通流量的等级划分标准为

A 等：1128（含）以上

B 等：[1000,1128)

C 等：[872,1000)

D 等：872 以下

4.2.2 对数正态分布

假设 $z \sim N(0,1)$，定义 $x = e^{\mu+\sigma z}$，则 x 服从对数正态分布，其中，μ 和 σ 分别为 x 的对数的均值与标准差。

对数来源于关系式 $\log_e x = \mu + \sigma z$。若 z 服从正态分布，则 $\mu + \sigma z$ 也服从正态分布。

对数正态分布的概率密度函数为

$$f(x) = \frac{1}{\sigma x \sqrt{2\pi}} e^{-\frac{(\ln x - \mu)^2}{2\sigma^2}}$$

对数正态分布的性质如下。

- 期望：$E(x) = e^{\mu + \frac{\sigma^2}{2}}$。
- 中位数：$m_{0.5}(x) = e^{-\mu}$。
- 众数：$M(x) = e^{\mu - \sigma^2}$。
- 方差：$V(x) = (e^{\sigma^2} - 1)e^{2\mu + \sigma^2}$。

对数正态分布的密度曲线图如图 4-5 所示。

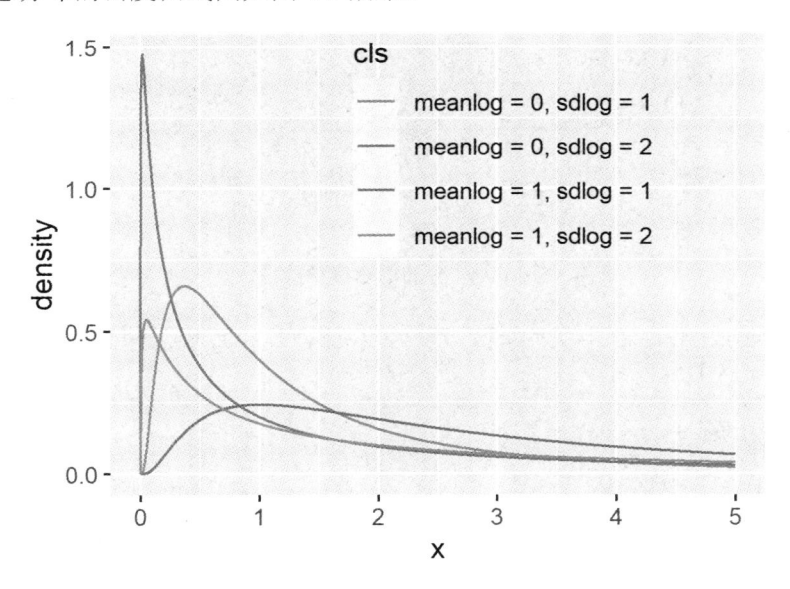

图 4-5 对数正态分布的密度曲线图

4.2.3 χ^2 分布

设 $X_1, X_2, \cdots, X_n$ 相互独立，且均来自标准正态分布，则称 X 服从自由度为 n 的 χ^2 分布：

$$X = \sum_{i=1}^{n} X_i^2$$

记为 $X \sim \chi^2(n)$。

X 的概率密度函数可表示为

$$f(x)=\begin{cases} \dfrac{1}{2^{\frac{n}{2}}\Gamma\left(\dfrac{n}{2}\right)}\mathrm{e}^{-\frac{x}{2}}x^{\frac{n}{2}-1} & x>0 \\ 0 & x\leqslant 0 \end{cases}$$

其中，$\Gamma(x)=\int_{0}^{+\infty}t^{x-1}\mathrm{e}^{-t}\mathrm{d}t,\ x>0$，且满足 $\Gamma(x+1)=x\Gamma(x)$，$\Gamma(1)=1$，$\Gamma(n+1)=n!$。

χ^2 分布的密度曲线图如图 4-6 所示。

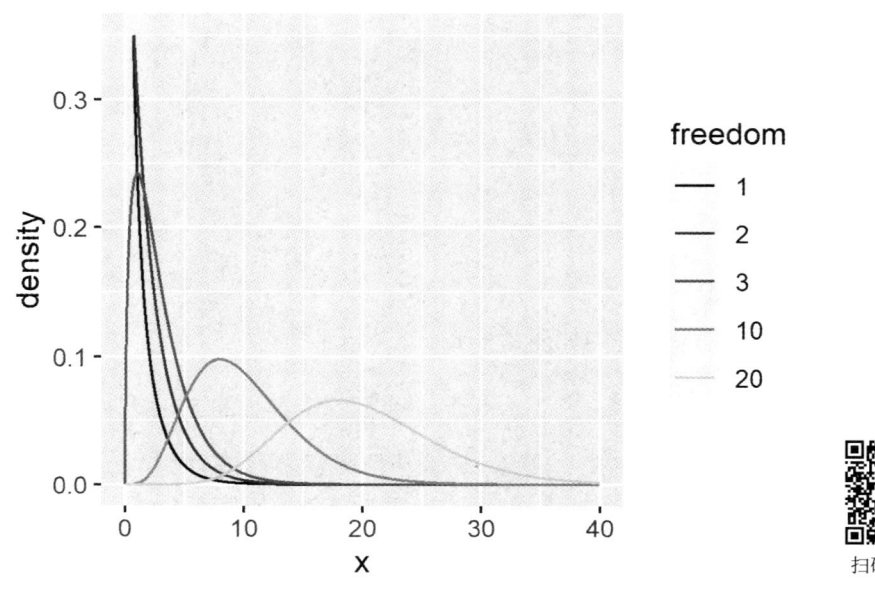

图 4-6 χ^2 分布的密度曲线图

$\chi^2(n)$ 分布的可加性：若 $Y_1\sim\chi^2(n)$，$Y_2\sim\chi^2(m)$ 且 Y_1、Y_2 相互独立，则 $Y_1+Y_2\sim\chi^2(n)$。

4.2.4　t 分布

设 $x\sim N(0,1)$，$y\sim\chi^2(n)$，且 x、y 相互独立，则称随机变量 $T=\dfrac{x}{\sqrt{y/n}}$ 服从自由度为 n 的 t 分布，记为 $T\sim t(n)$。

t 分布的概率密度函数为

$$f(x)=\dfrac{\Gamma\left(\dfrac{n+1}{2}\right)}{\sqrt{n\pi}\Gamma\left(\dfrac{n}{2}\right)}\left(1+\dfrac{x^2}{n}\right)^{-\frac{(n+1)}{2}},\ -\infty<x<+\infty$$

图 4-7 所示为具有不同自由度的 t 分布与标准正态分布的密度曲线图，可以看出，随着自由度的增加，t 分布与标准正态分布的差异几乎可以忽略。

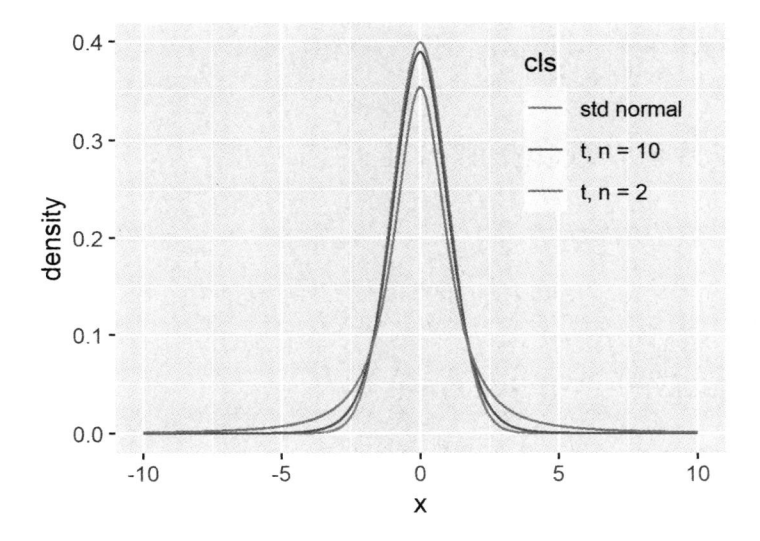

图 4-7　具有不同自由度的 t 分布与标准正态分布的密度曲线图

4.2.5　F 分布

设 $X \sim \chi^2(m)$，$Y \sim \chi^2(n)$ 且 X 与 Y 相互独立，则称随机变量 $T = \dfrac{X/m}{Y/n}$ 服从自由度为 (m,n) 的 F 分布，记为 $F \sim F(m,n)$。

F 分布的概率密度函数为

$$f(x) = \begin{cases} \dfrac{\Gamma\left(\dfrac{m+n}{2}\right)}{\Gamma\left(\dfrac{m}{2}\right)\Gamma\left(\dfrac{n}{2}\right)} m^{\frac{m}{2}} n^{\frac{n}{2}} \dfrac{x^{\frac{m}{2}-1}}{(mx+n)^{\frac{m+n}{2}}} & x > 0 \\ 0 & x \leqslant 0 \end{cases}$$

F 分布的函数图像如图 4-8 所示。

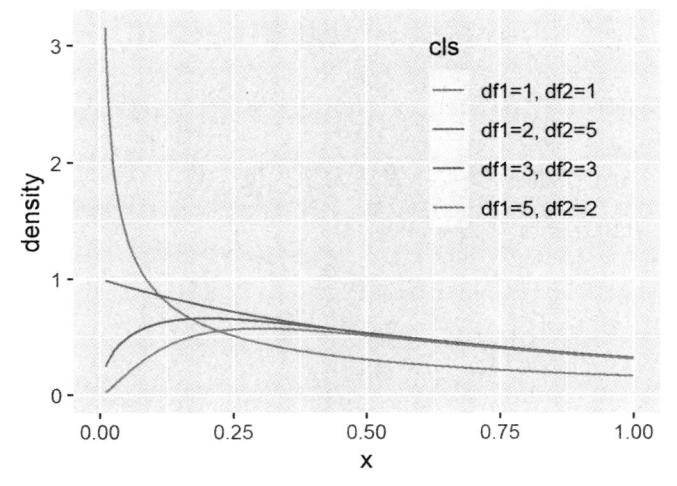

图 4-8　F 分布的函数图像

F 分布的重要性质：若 $F \sim F(m,n)$，则有 $\dfrac{1}{F} \sim F(n,m)$。

4.2.6 指数分布（或负指数分布）

指数分布的概率密度函数为

$$f(x) = \begin{cases} \lambda e^{-\lambda x} & x > 0 \\ 0 & x \leqslant 0 \end{cases}$$

指数分布的期望 $E(x) = \dfrac{1}{\lambda}$，方差 $D(x) = \dfrac{1}{\lambda^2}$。

根据概率密度函数可以得到其分布函数为

$$F(x) = \begin{cases} 1 - e^{-\lambda x} & x > 0 \\ 0 & x \leqslant 0 \end{cases}$$

指数分布最重要的特点是无记忆性，即 $P(x > s+t \mid x > t) = P(x)$。

4.2.7 移位负指数分布

移位负指数分布是指在负指数分布的基础上，对变量 x 进行一定的偏移，其概率密度函数为

$$f(x) = \begin{cases} \lambda e^{-\lambda(x-\tau)} & x > \tau \\ 0 & x \leqslant \tau \end{cases}$$

移位负指数分布的期望 $E(x) = \dfrac{1}{\lambda} + \tau$，方差 $D(x) = \dfrac{1}{\lambda^2}$。

4.2.8 Gamma 分布

Gamma 分布是定义在正数上的连续分布，其函数形式为

$$\text{Gamma}(x \mid \alpha, \beta) = \dfrac{\beta x^{\alpha-1} e^{-\beta x}}{\Gamma(\alpha)} \quad x > 0, \ \alpha > 0, \ \beta > 0$$

其中，α、β 为参数，α 称为形状参数，β 称为逆尺度参数。

Gamma 分布的期望和方差分别为

$$E(x) = \dfrac{\alpha}{\beta}$$

$$D(x) = \dfrac{\alpha}{\beta^2}$$

Gamma 分布的函数图像如图 4-9 所示。

图 4-9 Gamma 分布的函数图像

以下是几种特殊的 Gamma 分布。

- 指数分布：当 $\alpha=1$，$\beta=\lambda$ 时，Gamma 分布可化简为指数分布，即 $\mathrm{Expon}(x|\lambda) \triangleq \mathrm{Gamma}(x|1,\lambda)$。
- 埃尔朗分布：当 $\alpha=2$，$\beta=\lambda$ 时，Gamma 分布可化简为埃尔朗分布，即 $\mathrm{Erlang}(x|\lambda) \triangleq \mathrm{Gamma}(x|2,\lambda)$。
- χ^2 分布：$\chi^2(x|n) \triangleq \mathrm{Gamma}\left(x\left|\dfrac{n}{2},\dfrac{1}{2}\right.\right)$。

在 Gamma 分布中，当 $\alpha=k+1$，$\beta=1$ 时，其概率密度函数化为 $f(x|\alpha=k+1,\beta=1)=\dfrac{x^k \mathrm{e}^{-x}}{k!}$。泊松分布的概率密度函数为 $f(x=k|\lambda)=\dfrac{\lambda^k}{k!}\mathrm{e}^{-\lambda}$。二者的区别在于 Gamma 分布为连续分布，泊松分布为离散分布。

4.2.9 Beta 分布

Beta 分布的概率密度函数为

$$f_X(x) = \frac{1}{\mathrm{B}(a,b)} x^{a-1}(1-x)^{b-1}, 0<x<1$$

其中，$a>0$；$b>0$；$\mathrm{B}(a,b) \triangleq \dfrac{\Gamma(a)\Gamma(b)}{\Gamma(a+b)}$。

Beta 分布的函数图像如图 4-10 所示。

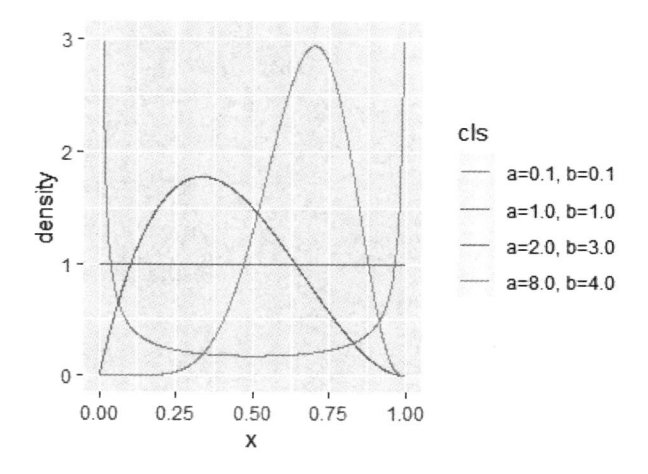

图 4-10 Beta 分布的函数图像

$x \sim \text{Beta}(a,b)$ 分布的期望、众数、方差分别为

$$E(x) = \frac{a}{a+b}$$

$$\text{mode}(x) = \frac{a-1}{a+b-2}$$

$$D(x) = \frac{ab}{(a+b)^2(a+b+1)}$$

4.2.10 韦布尔分布

韦布尔分布的概率密度函数为

$$f(x) = \frac{k}{\lambda}\left(\frac{x}{\lambda}\right)^{k-1} e^{-\left(\frac{x}{\lambda}\right)^k}$$

其中，$\lambda > 0$ 为比例参数；$k > 0$ 为形状参数。

韦布尔分布的函数图像如图 4-11 所示。

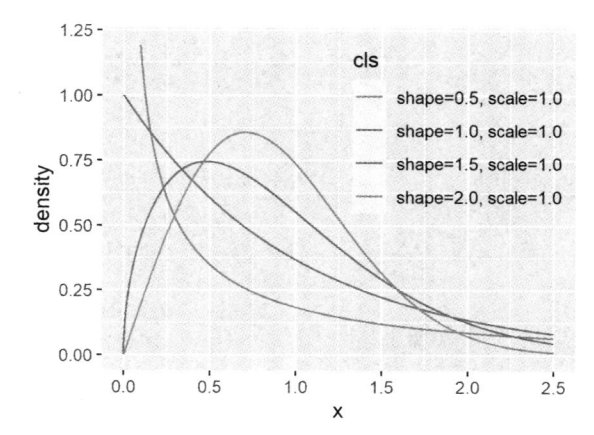

图 4-11 韦布尔分布的函数图像

韦布尔分布的特征值如下。

- 期望：$E(x) = \lambda\Gamma\left(1 + \dfrac{1}{k}\right)$。

- 中位数：$m_{0.5}(x) = \lambda(\ln 2)^{\frac{1}{k}}$。

- 众数：$M_0 = \begin{cases} \lambda\left(\dfrac{k-1}{k}\right)^{\frac{1}{k}} & k > 1 \\ 0 & k \leqslant 1 \end{cases}$。

- 方差：$V(x) = \lambda^2\left\{\Gamma\left(1 + \dfrac{2}{k}\right) - \left[\Gamma\left(1 + \dfrac{1}{k}\right)\right]^2\right\}$。

在交通流中，车头时距、速度经常使用韦布尔分布来描述。

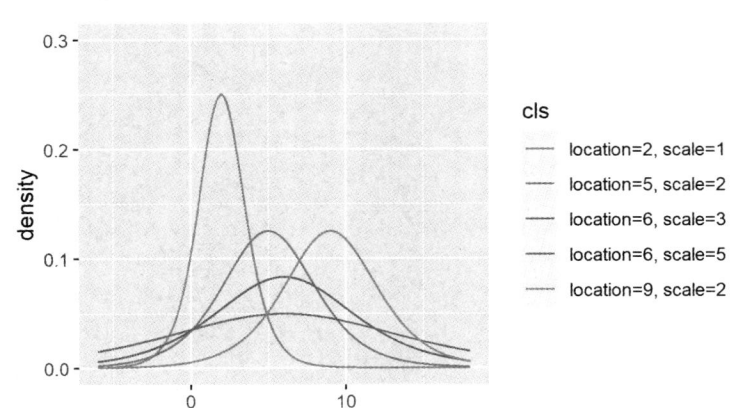

4.2.11 Logistic 分布

Logistic 分布的概率密度函数为

$$f(x) = \frac{\exp\left[-\left(\dfrac{x-\mu}{\beta}\right)\right]}{\beta\left\{1 + \exp\left[-\left(\dfrac{x-\mu}{\beta}\right)\right]\right\}^2}$$

其中，μ 为位置参数；β（$\beta>0$）为比例参数。

Logistic 分布的分布函数为

$$F(x) = \frac{1}{1 + \exp\left[-\left(\dfrac{x-\mu}{\beta}\right)\right]}$$

Logistic 分布的期望、中位数、众数均为 μ，标准差为 $\dfrac{\beta\pi}{\sqrt{3}}$。

图 4-12 所示为 Logistic 分布的密度曲线图。

图 4-12 Logistic 分布的密度曲线图

图 4-13 所示为 Logistic 分布的分布函数曲线。

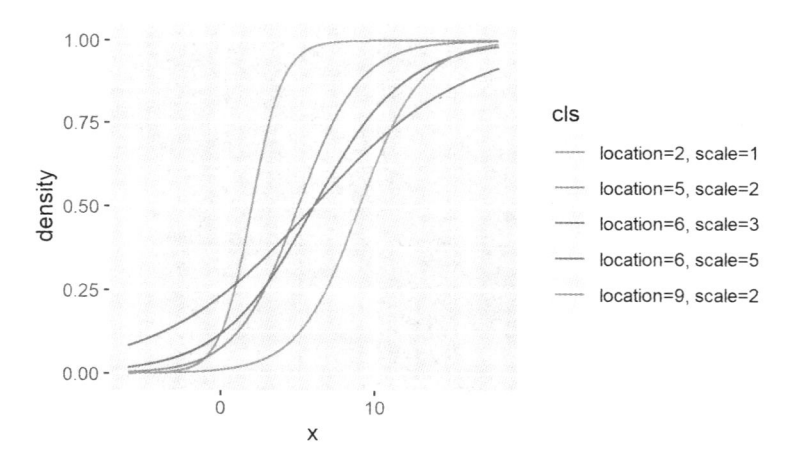

图 4-13　Logistic 分布的分布函数曲线

4.3　抽样分布的 R 语言实现

实际分析中常用到概率函数，R 语言中的概率函数的形式为"[dpqr]函数缩写()"。其中，[dpqr]表示从以下字母中取一个字母，各字母表示的函数如下所示。

- d：密度函数。
- p：分布函数。
- q：分位数函数。
- r：生成随机数函数。

例 4-4：利用 R 语言生成随机数。

解：

```
# 生成10个服从标准正态分布的随机数
rnorm(10, mean=0, sd=1)
   ##  [1]  1.5233671  0.8487167  0.1896003  0.6766080 -0.7153213 -1.5553850
##  [7]  0.5765034 -0.6532592  0.2073324  1.3222566
# 生成10个服从均匀分布的随机数
runif(10)
   ##  [1] 0.55851994 0.61627336 0.84847669 0.59407276 0.45306539 0.22324952
##  [7] 0.77813967 0.29165644 0.03052909 0.02683332
# 设置随机数种子
# R 语言生成的是伪随机数，因此，在设置随机数种子后，每次生成的随机数都一样
set.seed(123)
runif(10)
   ##  [1] 0.2875775 0.7883051 0.4089769 0.8830174 0.9404673 0.0455565 0.5281055
##  [8] 0.8924190 0.5514350 0.4566147
```

例 4-5：利用 R 语言计算标准正态分布的分位数。

解：

```
# 分位数
qnorm(c(0.025, 0.5, 0.975))
   ##  [1] -1.959964  0.000000  1.959964
```

例 4-6：利用 R 语言计算标准正态分布中的分布值。

解：

```
# 分布值
pnorm(c(-1.96,0,1.96))
   ## [1] 0.0249979 0.5000000 0.9750021
```

例 4-7：利用 R 语言计算标准正态分布的概率密度函数。

解：

```
  x <- seq(from=-3, to=3, by=1)
y <- dnorm(x, mean=0, sd=1)
print(y)
   ## [1] 0.004431848 0.053990967 0.241970725 0.398942280 0.241970725 0.053990967
## [7] 0.004431848
```

本章习题

1. 有一个信号交叉口，其信号周期为 60s，经测得该交叉口的一个进口的平均交通流量为 180 辆/时，且车辆到达数 n 符合泊松分布 $n \sim P(\lambda)$，其中，$\lambda = 180/3600$，问：在一个信号周期内，到达几辆车的概率最大？

2. 某交叉口有 25%骑自行车的人（骑行者）不遵守交通规则，假设到达该交叉口的骑行者服从二项分布 $X \sim B(n, p)$，如果交警拦住 8 人问话，求其中有 3 人及以上不遵守交通规则的概率为多少？

3. 在平均交通流量为 120 辆/时的道路上，观测断面上的车辆到达数符合泊松分布 $n \sim P(\lambda)$，其中，$\lambda = 120/3600$，问：30s（观测周期）内无车到达，有 1 辆、2 辆、3 辆、4 辆及 4 辆以上车到达的概率分别为多少？

4. 某信号交叉口设置了左转信号相位，经研究该信号交叉口的来车数量符合二项分布 $X \sim B(n, p)$，每一周期平均来车 30 辆，其中有 30%的左转车辆，计算：

（1）在到达的 5 辆车中，有 2 辆左转的概率。

（2）在到达的 5 辆车中，少于 2 辆左转的概率。

（3）在到达的 10 辆车中，少于 2 辆左转的概率。

（4）在某一信号周期内无左转车辆的概率。

5. 对于单向平均流量为 360 辆/时的车流，其车头时距 h 服从负指数分布 $h \sim E(\lambda)$，其中，$\lambda = \dfrac{360}{3600} = 0.1$，求车头时距大于 10s 的概率。

6. 在一条有隔离带的双向四车道道路上，单向流量为 360 辆/时，车头时距 h 服从负指数分布 $h \sim E(\lambda)$，其中，$\lambda = \dfrac{360}{3600} = 0.1$。单向路宽 7.5m，设行人步行速度为 1m/s，求 1 小时内提供给行人安全横过单向车道的次数。

第 5 章

交通数据的统计推断

5.1 参数估计

来自总体的样本反映了总体的信息，统计推断的任务是利用样本资料对总体的未知情况进行推断。统计推断面临的是总体的问题，而推断的出发点在于样本。

统计推断的基本问题分为以下两大类。
- 估计问题：利用样本对总体分布中的未知参数进行估计，包括点估计和区间估计。
- 假设检验问题：利用样本对提出的关于总体的某些假设进行检验，包括参数检验和非参数检验。

本节重点分析估计方法，即点估计和区间估计。

5.1.1 点估计

5.1.1.1 矩估计方法

假设总体 $X \sim F(x;\theta_1,\theta_2,\cdots,\theta_m)$，参数未知，且总体存在 m 阶矩：

$$\mu_k = E(X^k), \quad k=1,2,\cdots,m$$

设 $X_1, X_2, \cdots, X_n$ 是来自总体 X 的一个样本，根据辛钦大数定律，当 n 较大时，样本距为

$$\hat{\theta}_k(X_1, X_2, \cdots, X_n) = \frac{1}{n}\sum_{i=1}^{n} X_i^k, \quad k=1,2,\cdots,m$$

样本矩可以视为总体矩的一个估计，即

$$A_k = \frac{1}{n}\sum_{i=1}^{n} X_i^k \approx \mu_k(\theta_1, \theta_2, \cdots, \theta_m), \quad k=1,2,\cdots,m$$

选择参数值 $X_1, X_2, \cdots, X_n, \hat{\theta}_k$，对样本距和相应的总体距进行匹配，令

$$\begin{cases} \mu_1(\theta_1, \theta_2, \cdots, \theta_m) = A_1 \\ \mu_2(\theta_1, \theta_2, \cdots, \theta_m) = A_2 \\ \vdots \\ \mu_m(\theta_1, \theta_2, \cdots, \theta_m) = A_m \end{cases}$$

用样本矩 k 阶矩作为总体矩 k 阶矩的估计量，得到被称为 θ_k 的估计量。

矩估计方法的主要思想：以样本矩作为相应的总体矩的估计，以样本矩的函数作为相应

的总体矩的函数的估计。

例 5-1：在某省，一天发生的事故次数 X 是一个随机变量，假设它服从以 $\lambda>0$ 为参数的泊松分布，参数 λ 未知。现有如表 5-1 所示的统计资料，试估计 λ。

表 5-1 统计资料

一天发生的事故次数	0	1	2	3	4	5	6
天数	65	86	45	21	6	2	1

解：泊松分布的数学期望（均值）$E(X)=\lambda$。

简单随机样本与总体有相同的分布，因此用样本均值 $\bar{x}$ 来估计总体均值 $E(X)$ 具有直观合理性：

$$\begin{aligned}\bar{x} &= \frac{\sum_{k=0}^{6} kn_k}{\sum_{k=0}^{6} n_k} \\ &= \frac{1}{226}(0\times65+1\times86+2\times45+3\times21+4\times6+5\times2+6\times1) \\ &\approx 1.23\end{aligned}$$

即可以用 1.23 作为总体均值 λ 的估计值。

一般提法：设总体 X 的分布函数 $F(x;\theta)$ 的形式已知，θ 是未知参数。$X_1,X_2,\cdots,X_n$ 是 X 的一个样本，$x_1,x_2,\cdots,x_n$ 是其观测值。参数的点估计就是构造一个统计量 $\hat{\theta}(X_1,X_2,\cdots,X_n)$，用它的观测值 $\hat{\theta}(x_1,x_2,\cdots,x_n)$ 作为未知参数 θ 的一个近似值，则称 $\hat{\theta}(X_1,X_2,\cdots,X_n)$ 为未知参数 θ 的估计量，称 $\hat{\theta}(x_1,x_2,\cdots x_n)$ 为 θ 的估计值，简记为 $\hat{\theta}$。

例 5-2：从正态分布 $N(0,3)$ 中随机抽取 1000 个数，利用 R 编程计算随机数的均值和标准差的点估计值。

解：

```
# 为重复，设置种子
set.seed(12345678)
data <- rnorm(1000, 0, 9)
# 计算随机数的均值和标准差的点估计值
c(mean(data), sd(data))
## [1] 0.3398814 8.8365661
```

例 5-3：在某条道路上，一年发生的交通事故次数为 X，设总体 X 的均值 μ 及方差 σ^2（不为零）都存在，且 μ、σ^2 均未知。又设 $X_1,X_2,\cdots,X_n$ 是来自总体 X 的一个样本，试求 μ、σ^2 的矩估计量。

解：由辛钦大数定律知道样本矩依概率收敛于总体矩，因此用样本的一阶原点矩（样本均值 $\bar{X}$）可以估计总体的均值 μ，用样本的二阶原点矩（$\frac{1}{n}\sum_{i=1}^{n}x_i^2$）可以估计总体的二阶原点矩 $\sigma^2+\mu$。

由

$$\begin{cases} \mu_1 = E(X) = \mu \\ \mu_2 = E(X^2) = D(X) + [E(X)]^2 = \sigma^2 + \mu^2 \end{cases}$$

得

$$\begin{cases} \mu = \mu_1 \\ \sigma^2 = \mu_2 - \mu_1^2 \end{cases}$$

分别以 A_1、A_2 代替 μ_1、μ_2，得到 μ、σ^2 的矩估计量分别为

$$\hat{\mu} = A_1 = \overline{X}$$

$$\hat{\sigma}^2 = A_2 - A_1^2 = \frac{1}{n}\sum_{i=1}^{n}(X_i^2 - \overline{X}^2) = \frac{1}{n}\sum_{i=1}^{n}(X_i - \overline{X})^2$$

结论：

只要总体的均值与方差都存在，总体的均值与方差的矩估计量的表达式就均为如上形式，即总体的均值与方差的矩估计量不因不同的总体分布而异。

通过矩估计量的求解过程直接得到的是参数的矩估计量而不是参数的矩估计值，要求参数的矩估计值，只需将矩估计量中的样本用其观测值代替即可。

矩估计方法的特点如下。

- 原理易懂，方法直观，只需总体距，不适用于总体距不存在的情况。
- 基于辛钦大数定律，小样本效果不佳。

5.1.1.2 极大似然估计法

考虑一个问题，假如有两个路口 A、B，A 路口一天发生拥堵的概率是 10%，不发生拥堵的概率是 90%；B 路口一天发生拥堵的概率是 90%，不发生拥堵的概率是 10%。如果你连续 3 天从同一个路口通过，3 次都发生拥堵，那么认为你是从 A 路口还是 B 路口通过的呢？

设 $X_1, X_2, \cdots, X_n$ 为来自总体 X 的样本，$x_1, x_2, \cdots, x_n$ 为样本观测值。$L(\theta)(\theta \in \Theta)$ 是似然函数，若存在统计量 $\hat{\theta} = \hat{\theta}(x_1, x_2, \cdots, x_n)$，使 $L(\hat{\theta}) = \sup_{\theta \in \Theta} L(\theta)$，则称 $\hat{\theta} = \hat{\theta}(x_1, x_2, \cdots, x_n)$ 为 θ 的极大似然估计量（Maximum Likelihood Estimate，MLE）。

在极大似然估计的过程中，首先要写出似然函数，然后通过取对数的方法求出其极大值点，因此似然函数的概念至关重要。

设 $X_1, X_2, \cdots, X_n$ 为来自总体 X 的样本，$x_1, x_2, \cdots, x_n$ 为样本观测值。若 X 为离散型总体，则根据其分布律 $P\{X = a_K\} = p_k(\theta)(k = 1, 2, \cdots)$ 得到其似然函数：

$$L(\theta) = L(\theta, x_1, x_2, \cdots, x_n) = \prod_{i=1}^{n} P\{X_i = x_i\}, \theta \in \Theta$$

若 X 为连续型总体，则根据其概率密度函数 $f(x; \theta)$ 得到其似然函数：

$$L(\theta) = L(\theta, x_1, x_2, \cdots, x_n) = \prod_{i=1}^{n} f(x_i; \theta), \theta \in \Theta$$

例 5-4：设某高速公路路段限速 100km/h，其长度为 10km，在某一瞬间，已知不超速车辆比超速车辆多，试估计二者的数量之比。

解：设 p 为随机抽到超速车辆的概率，则只要估计 p 即可，为此做放回抽样。抽样 n 次，其结果可用随机变量表示。

$X_i = 1$ 表示第 i 次抽到的是超速车辆，$X_i = 0$ 表示第 i 次抽到的是不超速车辆，即
$$P\{X_i = 1\} = p, \quad P\{X_i = 0\} = q = 1-p, \quad i = 1, 2, \cdots, n$$

对于样本 $X_1, X_2, \cdots, X_n$ 的一个实现 $x_1, x_2, \cdots, x_n$，因为 $f(x_i; p) = P\{X_i = x_i\} = p^{x_i} q^{1-x_i}$，$x_i = 0, 1, \quad i = 1, 2, \cdots, n$，所以其似然函数为

$$L = \prod_{i=1}^{n} p^{x_i} q^{1-x_i} = p^{\sum_{i=1}^{n} x_i} q^{n - \sum_{i=1}^{n} x_i}$$

设抽样 100 次，在得到的一个样本实现 $x_1, x_2, \cdots, x_{100}$ 中，仅有 9 个 $x_i = 1$，其余都为 0，对于这个实现，其似然函数为 $L = L(x_1, x_2, \cdots, x_{100}; p) = p^9 (1-p)^{91}$。

极大似然估计的主要思想：在一次观察中，如果一个事件发生了，那么可以认为此事件出现的可能性很大。

使 L 最大化的 p 值是容易用微分法来计算的。

一般情况下，$p(x, \theta)$ 和 $f(x, \theta)$ 关于 θ 可微，这样，$\hat{\theta}$ 常可由 $\dfrac{\mathrm{d}}{\mathrm{d}\theta} L(\theta) = 0$ 解得。

因为 $L(\theta)$ 与 $\ln L(\theta)$ 在同一 θ 处取得极值，所以，$\hat{\theta}$ 也可以由方程 $\dfrac{\mathrm{d}}{\mathrm{d}\theta} \ln L(\theta) = 0$ 求得对数似然方程。

例 5-5：设一个路口的车辆到达数为 X，且 X 服从指数分布：

$$f(x) = \begin{cases} \lambda \mathrm{e}^{-\lambda x} & x > 0 \\ 0 & x \leqslant 0 \end{cases}$$

$x_1, x_2, \cdots, x_n$ 是 X 的一组样本观测值，求参数 λ 的极大似然估计值。

解：似然函数为

$$L = L(x_1, x_2, \cdots, x_n; \lambda) = \prod_{i=1}^{n} \lambda \mathrm{e}^{-\lambda x_i} = \lambda^n \exp\left(-\lambda \sum_{i=1}^{n} x_i\right)$$

$$\ln L = n \ln \lambda - \left(\sum_{i=1}^{n} x_i\right) \lambda = n(\ln \lambda - \bar{x} \lambda)$$

$$\bar{x} = \frac{1}{n} \sum_{i=1}^{n} x_i$$

令 $\dfrac{\mathrm{d}}{\mathrm{d}\lambda} \ln L = 0$，得 λ 的极大似然估计值为 $\hat{\lambda} = \dfrac{1}{\bar{x}} = \dfrac{n}{\sum_{i=1}^{n} x_i}$。

极大似然估计法也适用于分布中含多个未知参数的情况，此时，似然函数 L 是这些未知参数的函数，令 $\dfrac{\partial}{\partial \theta_i} L = 0 (i = 1, 2, \cdots, k)$ 或令 $\dfrac{\partial}{\partial \theta_i} \ln L = 0 (i = 1, 2, \cdots, k)$。

解上述方程，即可得到未知参数 $\theta_i (i = 1, 2, \cdots, k)$ 的极大似然估计值 $\hat{\theta}_i$。

对于正态总体，样本均值总是总体均值 μ 的极大似然估计值，但总体方差 σ^2 的极大似然估计值与样本方差 S^2 有所不同，前者比后者小一些：

$$\hat{\sigma}^2 = \frac{n-1}{n} S^2$$

当 n 比较大时，用极大似然估计法估计 σ^2 与用 S^2 估计 σ^2 的结果相差很小；但当 n 比较小

时，所得的结果相差很大。这意味着随着样本数的增大，样本方差将概率收敛于总体方差。

例 5-6：设有一批新车，其故障率为 $p(0<p<1)$。现在随机检查 100 辆车，发现有 10 辆车存在故障，试估计 p 的值。

解：若正常车用 0 表示，故障车用 1 表示，则总体 X 的分布为

$$P(X=x) = p^x (1-p)^{(1-x)}, \quad x=0,1$$

样本观测值的联合分布为

$$L(p; x_1, x_2, \cdots, x_{100}) = p^{\sum_{i=1}^{100} x_i} (1-p)^{100-\sum_{i=1}^{100} x_i} = p^{10}(1-p)^{90}$$

要得到使 $L(p; x_1, x_2, \cdots, x_{100})$ 取得最大值的 p，需要根据微积分知识对似然函数求导，即令 $L(p; x_1, x_2, \cdots, x_{100}) = 10 \times p^9 (1-p)^{90} - 90 \times p^{10}(1-p)^{89} = 0$，解得 $p=0.1$。

例 5-7：假设有一系列车辆的速度数据 $x_1, x_2, \cdots, x_n$，这些车辆的速度数据来自一个正态分布 $N(\mu, \sigma^2)$，利用极大似然估计法求解其参数。

解：本例的任务是利用极大似然估计法求解这个正态分布的均值 μ 和方差 σ^2。

由于 $x_1, x_2, \cdots, x_n$ 独立同分布，因此其似然函数 $L(\mu, \sigma)$ 为

$$L(\mu, \sigma) = \prod_{i=1}^{n} \frac{1}{\sigma\sqrt{2\pi}} \exp\left[-\frac{1}{2}\left(\frac{x_i - \mu}{\sigma}\right)^2\right]$$

如果按照之前的方法对其求导，则函数十分复杂，难以求解。

由于 $\ln L$ 是 L 的单调增函数，因此当 $\ln L$ 取得最大值时，L 必然也取得最大值。此时可以通过先对 $L(\mu, \sigma)$ 求对数值，再对此对数值进行分析。由此得到如下公式：

$$\ln L(\mu, \sigma) = -n\ln\sigma - \frac{n}{2}\ln 2\pi - \frac{1}{2\sigma^2}\sum_{i=1}^{n}(x_i - \mu)^2$$

对其关于 μ 和 σ 求偏导数得

$$\frac{\partial L}{\partial \mu} = \frac{1}{\sigma^2}\sum_{i=1}^{n}(x_i - \mu)$$

$$\frac{\partial L}{\partial \sigma} = -\frac{n}{\sigma} + \frac{\sum_{i=1}^{n}(x_i - \mu)^2}{\sigma^3}$$

令两个偏导数均等于 0，最终得

$$\hat{\mu} = \bar{x}$$

$$\hat{\sigma} = \sqrt{\frac{1}{n}\sum_{i=1}^{n}(x_i - \mu)^2}$$

例 5-8：对于例 5-2 中的数据，利用 R 编程实现利用极大似然估计法计算样本的均值和标准差估计值。

解：

```
# 利用极大似然估计法计算样本的均值和标准差估计值
library(MASS)
mnf <- function(param, data){
  x <- dnorm(data, param[1], param[2])
  l <- sum(log(x))
  return(-l)
```

```
}
ml <- nlminb(c(-1,2), mnf, data=data)
ml
## $par
## [1] 0.3398814 8.8321468
##
## $objective
## [1] 3597.337
##
## $convergence
## [1] 0
##
## $iterations
## [1] 14
##
```

5.1.1.3 估计的评判标准

对于同一参数，用不同的估计方法求出的估计量可能不同。

对于相同的 θ，评价不同的估计量的"好坏"，通常用估计的无偏性、有效性、相合性进行说明。

1. 无偏性

设 $X_1, X_2, \cdots, X_n$ 是来自总体 $X \sim F(x;\theta)$ 的一个样本，$\hat{\theta} = \hat{\theta}(X_1, X_2, \cdots, X_n)$ 是 θ 的估计量，若对于任意 θ，都有 $E(\hat{\theta}) = \theta$，则称 $\hat{\theta}$ 是 θ 的无偏估计量；若 $\lim_{n \to \infty} E(\hat{\theta}) = \theta$，则称 $\hat{\theta}$ 是 θ 的渐进无偏估计量。

样本方差 $S^2 = \frac{1}{n-1} \sum_{i=1}^{n} (X_i - \overline{X})^2$，说明 S^2 是总体方差 $D(X)$ 的无偏估计。无偏估计量是均值上的正确估计，即参数 θ 不存在系统性的向上或向下的偏差。

对任一总体而言，$E(S^2) = D(X)$，样本的 k 阶原点矩就是总体的 k 阶原点矩的无偏估计。

修正的样本方差是总体方差的无偏估计，样本方差是总体方差的渐进无偏估计。

设总体 X 的均值 μ、方差 $\sigma^2 > 0$ 均已知，则可证明 $E(\overline{X}) = \mu$，即无论总体服从什么分布，样本均值 $\overline{X}$ 总是总体均值的无偏估计，样本方差总是总体方差的无偏估计，但估计量 $\frac{1}{n} \sum_{i=1}^{n} (X_i - \overline{X})^2$ 不是 $\sigma^2 > 0$ 的无偏估计，因此一般取 S^2 作为 σ^2 的估计量。

证明：事实上

$$E(S^2) = E\left[\frac{1}{n-1} \sum_{i=1}^{n} (X_i - \overline{X})^2 \right]$$

$$= \frac{1}{n-1} E\left\{ \sum_{i=1}^{n} \left[(X_i - \mu) - (\overline{X} - \mu) \right]^2 \right\}$$

$$= \frac{1}{n-1} E\left[\sum_{i=1}^{n} (X_i - \mu)^2 - 2 \sum_{i=1}^{n} (X_i - \mu)(\overline{X} - \mu) + n(\overline{X} - \mu)^2 \right]$$

$$= \frac{1}{n-1} \left\{ \sum_{i=1}^{n} E\left[(X_i - \mu)^2 \right] - nE\left[(\overline{X} - \mu)^2 \right] \right\}$$

$$= \frac{1}{n-1}\left(n\sigma^2 - n\frac{\sigma^2}{n}\right) = \sigma^2$$

但是，如果用样本的二阶中心矩作为 σ^2 的估计量，即

$$\hat{\sigma}^2 = \frac{1}{n}\sum_{i=1}^{n}\left(X_i - \overline{X}\right)^2$$

那么，由于 $E(\hat{\sigma}^2) = E\left(\frac{n-1}{n}S^2\right) = \frac{n-1}{n}E(S^2) = \frac{n-1}{n}\sigma^2$，$\hat{\sigma}^2$ 是有偏的，因此一般取 S^2 作为 σ^2 的估计量。

2. 有效性

一般来说，一个参数往往有多个无偏估计量，为了比较随机变量波动的幅度，需要引入方差的概念，设总体有一未知参数 θ，样本 $(X_1, X_2, \cdots, X_n)$，$\hat{\theta}_1$、$\hat{\theta}_2$ 均为 θ 的无偏估计，若 $D(\hat{\theta}_1) < D(\hat{\theta}_2)$，则称 $\hat{\theta}_1$ 比 $\hat{\theta}_2$ 更有效。

从正态总体 $X \sim N(\mu, \sigma^2)$ 中抽取相互独立的容量分别为 n_1、n_2 的两个样本，两者对应的样本方差 S_1^2、S_2^2 均为 σ^2 的无偏估计。若 $n_1 > n_2$，则有 $D(S_1^2) < D(S_2^2)$。由此可见，增加样本容量可提高估计量的有效性。

3. 相合性

如果对 $\forall \varepsilon > 0$ 都有 $\lim_{n \to \infty} P\{|\hat{\theta}_n - \theta| > \varepsilon\} = 0$，则称 $\hat{\theta}_n$ 是 θ 的相合估计量。

相合性是对一个估计量的基本要求，如果估计量不具有相合性，那么样本容量 n 无论取得多大，θ 的估计都不够准确，这样的估计量不可取。

5.1.2 区间估计

5.1.2.1 区间估计的基本原理

点估计值仅仅是未知参数的一个近似值，没有反映这个近似值的误差。

例 5-9：预测某道路的交通流量，估计其交通流量为 1000pcu/h，如果误差为 400pcu/h，则这条道路的交通流量为 600～1400pcu/h，这样估计的范围太大，用处不大。但如果估计得到误差限为 100pcu/h，则这条道路的交通流量为 900～1100pcu/h，估计就比较精准。

因此，区间估计就是找出一个随机区间，并能确定该随机区间包含参数 θ 真值的可靠程度。

设总体 $X \sim F(x;\theta)$，θ 是待估计参数，若对于给定的 $\alpha(0 < \alpha < 1)$，存在两个统计量 $\underline{\theta} = \underline{\theta}(X_1, X_2, \cdots, X_n)$，$\overline{\theta} = \overline{\theta}(X_1, X_2, \cdots, X_n)$；使得 $P\{\underline{\theta} < \theta < \overline{\theta}\} = 1 - \alpha$，$\theta \in \Theta$，则称随机区间 $(\underline{\theta}, \overline{\theta})$ 为 θ 的置信度（置信水平）为 $1 - \alpha$ 的置信区间。$\underline{\theta}$、$\overline{\theta}$ 分别称为置信下限和置信上限。

区间估计的含义：若反复抽样多次，样本容量都为 n，由每个样本值确定一个区间 $(\underline{\theta}, \overline{\theta})$，则每个这样的区间要么包含 θ 的真值，要么不包含 θ 的真值。在这么多的区间内，包含 θ 的真值的约占 $100(1-\alpha)\%$，不包含 θ 的真值的约占 $100\alpha\%$，如图 5-1 所示。

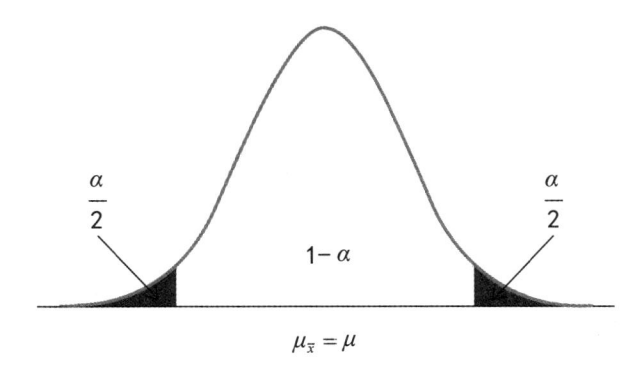

图 5-1 区间估计示意图

找出一个随机区间（端点为随机变量的区间），并能确定该随机区间包含参数 θ 的真值的可靠程度，这种形式的估计称为区间估计。确定未知参数 θ 的置信区间的一般步骤如下。

- 构造一个样本 $X_1, X_2, \cdots, X_n$ 的函数 $W = W(X_1, X_2, \cdots, X_n; \theta)$，它包含待定未知参数 θ，而不含其他未知参数，并且 W 的分布已知且不依赖任何未知参数。
- 对于给定的置信度 $1-\alpha$，确定两个常数 a 和 b，使 $P\{a < W(X_1, X_2, \cdots, X_n; \theta) < b\} \geqslant 1-\alpha$。
- 若能从 $a < W(X_1, X_2, \cdots, X_n; \theta) < b$ 中得到等价的不等式 $\underline{\theta} < \theta < \overline{\theta}$，其中，$\underline{\theta} = \underline{\theta}(X_1, X_2, \cdots, X_n)$ 和 $\overline{\theta} = \overline{\theta}(X_1, X_2, \cdots, X_n)$ 都是统计量，那么 $(\underline{\theta}, \overline{\theta})$ 就是 θ 的置信度为 $1-\alpha$ 的置信区间。

函数 $W(X_1, X_2, \cdots, X_n; \theta)$ 的构造通常可以从 θ 的点估计着手考虑；置信区间不是唯一的。

5.1.2.2 单个正态总体参数的置信区间估计

正态分布 $N(\mu, \sigma^2)$ 是最常见的分布，本节讨论正态分布的两个参数的置信区间估计。

1. σ 已知时，μ 的置信区间估计

根据前述知识，正态分布的样本均值 $\bar{x} \sim N(\mu, \sigma^2/n)$，由此可知

$$\frac{\bar{x} - \mu}{\sigma/\sqrt{n}} \sim N(0,1)$$

选择 l 和 r，使得

$$P\left(l \leqslant \frac{\bar{x} - \mu}{\sigma/\sqrt{n}} \leqslant r\right) = \Phi(r) - \Phi(l) = 1 - \alpha$$

变形得

$$P\left(\bar{x} - r\frac{\sigma}{\sqrt{n}} \leqslant \mu \leqslant \bar{x} - l\frac{\sigma}{\sqrt{n}}\right) = 1 - \alpha$$

此时就涉及如何选取 l 和 r 的问题，为保证估计尽可能准确，应该选择使得 $r-l$ 的值最小的 l 和 r。从图 5-2 中可以看出，当 $l = z_{\alpha/2}$，$r = z_{1-\alpha/2}$ 时，$r-l$ 的值最小。又由于标准正态分布的对称性，$z_{\alpha/2} = -z_{1-\alpha/2}$，因此选 $l = z_{\alpha/2}$，$r = z_{1-\alpha/2}$，得到均值 μ 在置信度为 $1-\alpha$ 下的置信区间为

$$\left(\bar{x} - z_{1-\alpha/2}\frac{\sigma}{\sqrt{n}}, \bar{x} + z_{1-\alpha/2}\frac{\sigma}{\sqrt{n}}\right)$$

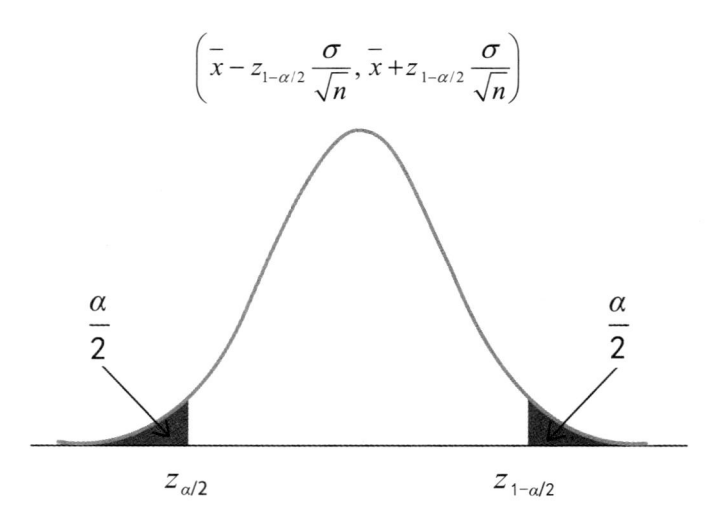

图 5-2　正态分布区间估计示意图

例 5-10：利用 R 语言从 $N(10, 5^2)$ 中随机生成 50 个数，假定总体方差已知，估计 95%置信度下均值的置信区间。

解：

```
# 均值的置信区间估计，假定总体方差已知
# 置信度为 0.95
set.seed(12345)
x <- rnorm(50, mean = 10, sd = 5)
theta_l <- mean(x) + 5 / sqrt(50) * qnorm(0.025, mean=0, sd=1)
theta_u <- mean(x) + 5 / sqrt(50) * qnorm(0.975, mean=0, sd=1)
c(theta_l, theta_u)
## [1]  9.511927 12.283735
```

2. σ 未知时，μ 的置信区间估计

根据前述知识，有

$$t = \frac{\bar{x} - \mu}{S/\sqrt{n}} \sim t(n-1)$$

与上一部分类似，可得 μ 的 $1-\alpha$ 的置信区间为

$$\left(\bar{x} - t_{1-\alpha/2}(n-1)\frac{S}{\sqrt{n}}, \bar{x} + t_{1-\alpha/2}(n-1)\frac{S}{\sqrt{n}}\right)$$

例 5-11：利用 R 语言从 $N(10, 5^2)$ 中随机生成 50 个数，假定总体方差未知，估计 95%置信度下均值的置信区间。

解：

```
# 均值的置信区间估计，假定总体方差未知
# 置信度为 0.95
set.seed(12345)
x <- rnorm(50, mean = 10, sd = 5)
theta_l <- mean(x)-qt(0.975,49)*sd(x)/sqrt(50)
theta_u <- mean(x)+qt(0.975,49)*sd(x)/sqrt(50)
c(theta_l, theta_u)
## [1]  9.33960 12.45606
```

3. σ^2 的置信区间

已知 $\dfrac{(n-1)S^2}{\sigma^2} \sim \chi^2(n-1)$，由于卡方分布为偏态分布，寻找使得置信区间最短的置信上限和置信下限较为困难，因此为方便起见，一般采用两个分位数，即 $\chi^2_{\alpha/2}(n-1)$ 和 $\chi^2_{1-\alpha/2}(n-1)$，使得

$$P\left(\chi^2_{\alpha/2}(n-1) \leqslant \dfrac{(n-1)S^2}{\sigma^2} \leqslant \chi^2_{1-\alpha/2}(n-1)\right) = 1-\alpha$$

变换上式，可得

$$P\left(\dfrac{(n-1)S^2}{\chi^2_{1-\alpha/2}(n-1)} \leqslant \sigma^2 \leqslant \dfrac{(n-1)S^2}{\chi^2_{\alpha/2}(n-1)}\right) = 1-\alpha$$

因此，如图 5-3 所示，最终得到方差 σ^2 的置信度为 $1-\alpha$ 的置信区间为

$$\left(\dfrac{(n-1)S^2}{\chi^2_{1-\alpha/2}(n-1)}, \dfrac{(n-1)S^2}{\chi^2_{\alpha/2}(n-1)}\right)$$

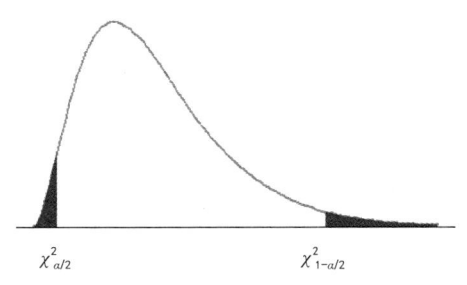

图 5-3 卡方分布的置信区间估计示意图

例 5-12：某条道路的交通流量 $X \sim N(\mu, \sigma^2)$，现进行 10 次调查，测得交通流量（单位：pcu/h）数据如下：

482 493 457 471 510 446 435 418 394 469

（1）σ 未知，求 μ 的置信度为 0.95 的置信区间。

（2）$\sigma = 30$，求 μ 的置信度为 0.95 的置信区间。

（3）求 σ 的置信度为 0.95 的置信区间。

解：

$$\bar{x} = 457.5, \quad S^2 = \sum_{n=1}^{10} \dfrac{1}{9}(x_i - \bar{x})^2 = 1240.3, \quad S = 35.2176$$

（1）σ 未知，$t = \dfrac{\bar{x}-\mu}{S/\sqrt{n}} \sim t(n-1)$。

$t_{0.025}(9) = t_{0.975}(9)$（对称相等）$= 2.2622$，均值 μ 在置信度为 0.95 下的置信区间为

$$\left(\bar{x} - t_{0.025}(9)\dfrac{S}{\sqrt{10}}, \bar{x} + t_{0.025}(9)\dfrac{S}{\sqrt{10}}\right) \Rightarrow (432.3064, 482.6936)$$

（2）σ 已知，$\dfrac{\bar{x}-\mu}{\sigma/\sqrt{n}} \sim N(0,1)$。

$z_{0.025} = 1.96$，均值 μ 在置信度为 0.95 下的置信区间为

$$\left(\bar{x} - z_{0.025}\frac{\sigma}{\sqrt{10}}, \bar{x} + z_{0.025}\frac{\sigma}{\sqrt{10}}\right) \Rightarrow (438.9058, 476.0942)$$

(3) $\dfrac{(n-1)s^2}{\sigma^2} \sim \chi^2(n-1)$。

$\chi^2_{0.975}(9) = 19.023$，$\chi^2_{0.025}(9) = 2.700$，$\sigma$ 在置信度为 0.95 下的置信区间为

$$\sqrt{\left(\frac{9S^2}{\chi^2_{0.975}(9)}, \frac{9S^2}{\chi^2_{0.025}(9)}\right)} \Rightarrow (24.2240, 64.2988)$$

5.1.2.3 两个正态总体下的置信区间

设 $x_1, x_2, \cdots, x_{n_1}$ 是来自 $N(\mu_1, \sigma_1^2)$ 的样本，$y_1, y_2, \cdots, y_{n_2}$ 是来自 $N(\mu_2, \sigma_2^2)$ 的样本，且两个样本相互独立。设 $\bar{x}$ 和 $\bar{y}$ 分别是两个样本的样本均值，S_1^2、S_2^2 分别是两个总体的样本方差。

1. σ_1^2、σ_2^2 均已知

由 $\bar{X}$ 和 $\bar{Y}$ 的独立性及 $\bar{X} \sim N\left(\mu_1, \dfrac{\sigma_1^2}{n_1}\right)$ 和 $\bar{Y} \sim N\left(\mu_2, \dfrac{\sigma_2^2}{n_2}\right)$ 可得

$$\bar{x} - \bar{y} \sim N\left(\mu_1 - \mu_2, \frac{\sigma_1^2}{n_1} + \frac{\sigma_2^2}{n_2}\right)$$

转化得

$$\frac{(\bar{x} - \bar{y}) - (\mu_1 - \mu_2)}{\sqrt{\dfrac{\sigma_1^2}{n_1} + \dfrac{\sigma_2^2}{n_2}}} \sim N(0,1)$$

因此，可得 $\mu_1 - \mu_2$ 的置信度为 $1 - \alpha$ 的置信区间为

$$\left((\bar{x} - \bar{y}) - z_{1-\alpha/2}\sqrt{\frac{\sigma_1^2}{n_1} + \frac{\sigma_2^2}{n_2}}, (\bar{X} - \bar{Y}) + z_{1-\alpha/2}\sqrt{\frac{\sigma_1^2}{n_1} + \frac{\sigma_2^2}{n_2}}\right)$$

2. $\sigma_1^2 = \sigma_2^2 = \sigma^2$ 但 σ^2 未知

由于

$$\begin{cases} \bar{x} - \bar{y} \sim N\left(\mu_1 - \mu_2, \dfrac{\sigma^2}{n_1} + \dfrac{\sigma^2}{n_2}\right) \\ \dfrac{(n_1 - 1)S_x^2 + (n_2 - 1)S_y^2}{\sigma^2} \sim \chi^2(n_1 + n_2 - 2) \end{cases}$$

且 $\bar{x}$、$\bar{y}$、S_x^2、S_y^2 相互独立，因此有

$$t = \sqrt{\frac{n_1 n_2 (n_1 + n_2 - 2)}{n_1 + n_2}} \frac{(\bar{x} - \bar{y}) - (\mu_1 - \mu_2)}{\sqrt{(n_1 - 1)S_x^2 + (n_2 - 1)S_y^2}} \sim t(n_1 + n_2 - 2)$$

记 $S_w^2 = \dfrac{(n_1 - 1)S_1^2 + (n_2 - 1)S_2^2}{n_1 + n_2 - 2}$，则 $\mu_1 - \mu_2$ 的置信度为 $1 - \alpha/2$ 的置信区间为

$$\left((\bar{x} - \bar{y}) - t_{1-\alpha/2}(n_1 + n_2 - 2)S_w\sqrt{\frac{1}{n_1} + \frac{1}{n_2}}, (\bar{x} - \bar{y}) + t_{1-\alpha/2}(n_1 + n_2 - 2)S_w\sqrt{\frac{1}{n_1} + \frac{1}{n_2}}\right)$$

例 5-13：有 A、B 两种自动驾驶车辆在同一道路上行驶，下面给出了这两种自动驾驶车辆的速度（单位为 km/h）实测数据。设数据分别来自正态总体 $N(\mu_1,\sigma_1^2)$ 和 $N(\mu_2,\sigma_2^2)$，两个总体的方差相同，两个总体的样本相互独立，μ_1、μ_2、σ^2 均未知。请对两种自动驾驶车辆的速度差进行置信区间估计。求两个总体的均值差 $\mu_1-\mu_2$ 的置信度为 0.95 的置信区间。

自动驾驶车辆 A：

$$n_1 = 9$$
$$\overline{x_1} = 43.71$$
$$S_1^2 = 4.5744$$

自动驾驶车辆 B：

$$n_2 = 7$$
$$\overline{x_2} = 39.63$$
$$S_2^2 = 8.9824$$

解：

$$S_w^2 = \frac{(n_1-1)S_1^2+(n_2-1)S_2^2}{n_1+n_2-2} = \frac{8\times 4.5744+6\times 8.9824}{14} \approx 6.4635$$

$\mu_1-\mu_2$ 的置信度为 0.95 的置信区间为

$$\left((\overline{x_1}-\overline{x_2})-t_{0.975}(9+7-2)S_w\sqrt{\frac{1}{9}+\frac{1}{7}},(\overline{x_1}-\overline{x_2})+t_{0.975}(9+7-2)S_w\sqrt{\frac{1}{9}+\frac{1}{7}}\right) = (-2.91,11.07)$$

5.1.2.4 大样本下的总体均值、比率的区间估计

1. 总体均值 μ 的区间估计

1）总体方差 σ^2 已知时，总体均值 μ 的区间估计

由中心极限定理可知，当样本的容量很大时（一般不小于 30），样本的均值近似服从正态分布。也就是说，当总体的均值和方差分别为 μ 和 σ^2 时，样本的均值 $\overline{x}$ 服从正态分布，即

$$z = \frac{\overline{x}-\mu}{\sigma/\sqrt{n}} \sim N(0,1)$$

因此，总体均值 μ 的置信度为 $1-\alpha$ 的区间估计为

$$\left(\overline{x}-z_{1-\frac{\alpha}{2}}\frac{\sigma}{\sqrt{n}},\overline{x}+z_{1-\frac{\alpha}{2}}\frac{\sigma}{\sqrt{n}}\right)$$

例 5-14：抽取某公交线路 100 天的营业额（元），测得平均日营业额为 360 元，根据以往的数据，该线路日营业额的标准差为 120。试求该公交线路平均日营业额的置信区间，α 取 0.05。

解：均值 μ 的置信度为 0.95 的区间估计为

$$\left(\overline{x}-z_{0.025}\frac{\sigma}{\sqrt{100}},\overline{x}+z_{0.025}\frac{\sigma}{\sqrt{100}}\right) \approx (336.48,383.52)$$

2）总体方差 σ^2 未知时，总体均值 μ 的区间估计

如果 σ^2 未知，以样本方差 S^2 代替总体方差，则总体均值 μ 的置信区间为

$$\left(\overline{x} - z_{1-\frac{\alpha}{2}} \frac{S}{\sqrt{n}}, \overline{x} + z_{1-\frac{\alpha}{2}} \frac{S}{\sqrt{n}}\right)$$

例 5-15：某市进行公交满意度调查（满意度数值为 0～5，数值越大，满意度越高），随机调查了 150 人的公交满意度，得到样本均值为 3.45，标准差为 0.98。试求该市平均公交满意度的置信区间，α 取 0.1。

均值 μ 的置信度为 0.9 的区间估计为

$$\left(\overline{x} - z_{0.95} \frac{S}{\sqrt{150}}, \overline{x} + z_{0.95} \frac{S}{\sqrt{150}}\right) \approx (3.318, 3.582)$$

2. 总体比率的区间估计

由样本比率的抽样分布可知，当样本容量 n 足够大时，样本比率 p 的抽样分布近似为正态分布。

设总体比率为 P，则有

$$\frac{p - P}{\sqrt{\frac{P(1-P)}{n}}} \sim N(0, 1)$$

由于左端分母未知，因此在计算时可用 $\sqrt{\frac{p(1-p)}{n}}$ 代替，从而置信度为 $1-\alpha$ 的总体比率 P 的置信区间为

$$\left(p - z_{1-\frac{\alpha}{2}} \sqrt{\frac{p(1-p)}{n}}, p + z_{1-\frac{\alpha}{2}} \sqrt{\frac{p(1-p)}{n}}\right)$$

例 5-16：某公司要了解新能源汽车占所有汽车的比例，随机调查了 1000 人（有车人员），其中 145 人拥有新能源汽车，试在 95% 的置信度下估计新能源汽车占比的置信区间。

解：由题意可知 $p = 14.5\%$，因此置信度为 95% 的总体比率 P 的置信区间为

$$\left(p - z_{0.975} \sqrt{\frac{p(1-p)}{n}}, p + z_{0.975} \sqrt{\frac{p(1-p)}{n}}\right) \approx (0.123, 0.167)$$

3. 两个总体均值差的区间估计

设已给定置信度为 $1-\alpha$，并设 $X_1, X_2, \cdots, X_{n_1}$ 是来自第一个总体的样本，$Y_1, Y_2, \cdots, Y_{n_2}$ 是来自第二个总体的样本，这两个样本相互独立，且设 $\overline{X}$ 和 $\overline{Y}$ 分别为第一个、第二个总体的样本均值，S_1^2、S_2^2 分别为两个总体的样本方差。两个总体均值分别为 μ_1 和 μ_2，方差分别为 σ_1^2 和 σ_2^2 且未知。因为 $\overline{X}$ 和 $\overline{Y}$ 分别是 μ_1 与 μ_2 的无偏估计，所以 $\overline{X} - \overline{Y}$ 是 $\mu_1 - \mu_2$ 的无偏估计。

$\mu_1 - \mu_2$ 的置信度为 $1-\alpha$ 的置信区间为 $\left((\overline{X} - \overline{Y}) - z_{\frac{\alpha}{2}} \sqrt{\frac{S_1^2}{n_1} + \frac{S_2^2}{n_2}}, (\overline{X} - \overline{Y}) + z_{\frac{\alpha}{2}} \sqrt{\frac{S_1^2}{n_1} + \frac{S_2^2}{n_2}}\right)$。

例 5-17：为了调查某人行横道男性和女性的闯红灯情况，调查人员独立地抽取了两组行人样本（闯红灯记为 1，没闯红灯记为 0）。两组样本的数据量、均值、方差如下：$n_1 = 145$，$n_2 = 168$，$\overline{x_1} = 0.23$，$\overline{x_2} = 0.19$，$S_1^2 = 0.43$，$S_2^2 = 0.35$。在显著性水平为 0.05 的条件下，请对男性和女性的闯红灯情况差进行区间估计，试求 $\mu_1 - \mu_2$ 在置信度为 0.95 下的置信区间。

解：$\mu_1 - \mu_2$ 的置信度为 0.95 的置信区间为

$$\left((\overline{x_1} - \overline{x_2}) - z_{0.025}\sqrt{\frac{S_1^2}{145} + \frac{S_2^2}{168}}, (\overline{x_1} - \overline{x_2}) + z_{0.025}\sqrt{\frac{S_1^2}{145} + \frac{S_2^2}{168}} \right) \approx (-0.099, 0.179)$$

5.2 假设检验

5.2.1 假设检验的基本思想和概念

先考虑一个问题：在图 5-4 中，每个子图的两组数据是否存在显著差异？

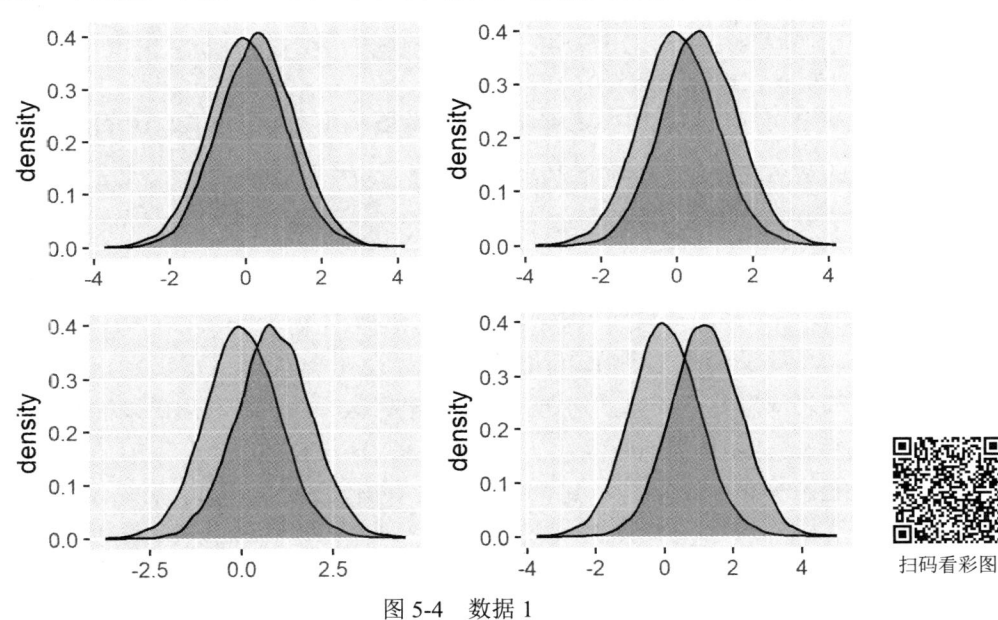

图 5-4　数据 1

再考虑一个问题：图 5-5 中的数据是否与 0 具有显著差异？

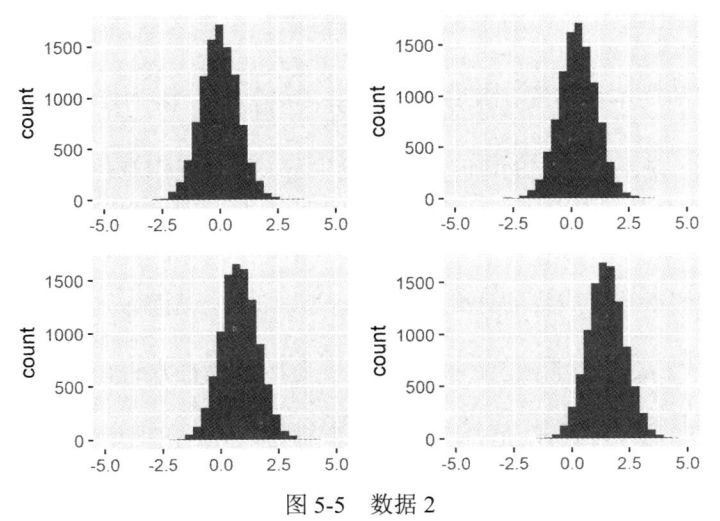

图 5-5　数据 2

假设是对总体参数的具体数值所做的陈述，总体参数包括总体的均值、比率、方差等。那么，什么是假设检验（Hypothesis Test）呢？对总体参数（或分布形式）提出某种假设，利用样本信息判断假设是否成立的过程就是假设检验。

5.2.1.1 假设检验的基本概念

假设检验可以分为参数假设检验和非参数假设检验。
- 参数假设检验：总体分布形式已知，对总体分布中的参数进行检验。
- 非参数假设检验：对总体分布函数表达式的假设进行检验，以及对相关性、独立性等问题的假设检验。

例 5-18：假设某公交公司驾驶员的平均驾龄是服从正态分布的随机变量，根据历史数据得知其驾龄标准差 $\sigma = 15$，该公交公司声称其驾驶员的平均驾龄是 10 年，现随机抽取了 9 名驾驶员，并得知他们的驾龄如下（单位：年）：5、7、6、10、8、14、13、8、11。那么，由这 9 个数据能否判断驾驶员的平均驾龄是 10 年呢？

如果该公交公司的声称属实，则驾驶员的驾龄服从正态分布 $N(\mu_0, \sigma^2)$，这里，$\mu_0 = 10$，$\sigma = 15$，抽取的 9 名驾驶员的驾龄服从正态分布 $N(\mu, \sigma^2)$，要判断该公交公司的声称是否属实，就要判断 μ 是否等于 μ_0。

设总体服从正态分布 $N(\mu, \sigma^2)$，提出 $H_0: \mu = \mu_0$ 和 $H_1: \mu \neq \mu_0$ 两个对立的假设，H_0 称为原假设或零假设，H_1 称为备择假设或对立假设。此时要进行的工作就是根据样本做出接受 H_0、拒绝 H_1，还是接受 H_1、拒绝 H_0 的判断。

解决假设检验问题就是要建立判定的法则，根据这一法则，利用已知样本做出接受原假设（拒绝备择假设），还是拒绝原假设（接受备择假设）的决策。

总体服从正态分布 $N(\mu, \sigma^2)$，μ_0 和 σ 已知，有假设 $H_0: \mu = \mu_0$，$(X_1, X_2, \cdots, X_n)$ 是总体的一个样本，若样本均值 $\bar{x}$ 满足 $\left|\dfrac{\bar{x} - \mu_0}{\sigma / \sqrt{n}}\right| \geq z_{\frac{\alpha}{2}}$，则拒绝 H_0；否则，接受 H_0。

5.2.1.2 假设检验的基本依据

小概率事件原理：概率很小的事件在一次试验中几乎是不会发生的。如果 H_0 为真，则由一次抽样计算而得的样本观测值 $\bar{x}$ 满足 $P\left\{\left|\dfrac{\bar{x} - \mu_0}{\sigma / \sqrt{n}}\right| \geq k\right\} = \alpha$，因为 α 很小，所以这是一个小概率事件，此事件几乎是不会发生的，但如果它发生了，那么我们有理由怀疑原假设 H_0 的正确性，从而拒绝 H_0。如果出现了观测值不满足上式的情况，则没有足够的理由拒绝 H_0，因此只能接受 H_0。

参数 k 是检验假设是否成立的一个门槛值。若 $|z| \geq k$，则称 $\bar{x}$ 与 μ_0 差异显著，此时拒绝 H_0；反之，则称 $\bar{x}$ 与 μ_0 差异不显著，接受 H_0，α 称为显著性水平，统计量 $z = \dfrac{\bar{x} - \mu_0}{\sigma / \sqrt{n}}$ 称为检验统计量。统计检验，即判断 H_0 是否成立的一个规则，从几何观点来看，就是把样本空间划分为两个不相等的子集 W_0 和 W_1。

5.2.1.3 原假设和备择假设

在假设检验过程中通常存在两个假设：原假设和备择假设。原假设又可称为零假设，通常将要检验的假设作为原假设，记为 H_0；备择假设与之对立，又可称为对立假设，代表了拒绝原假设时所接受的假设，记为 H_1。

原假设（Null Hypothesis）：
- 研究者想收集证据予以反对的假设。
- 总是有符号 =、≥ 或 ≤。
- 表示为 H_0，如 $H_0 : \mu =$ 某一数值。

备择假设（Alternative Hypothesis）：
- 研究者想收集证据予以支持的假设。
- 也称研究假设。
- 总是有符号 ≠、> 或 <。
- 表示为 H_1。

例 5-19：一种交通锥的生产标准是高度为 75cm，为对生产过程进行控制，质量监测人员定期对一台加工机床进行检查，确定这台机床生产的交通锥是否符合标准要求。如果交通锥的平均高度大于或小于 75cm，则表明生产过程不正常，必须进行调整。试陈述用来检验生产过程是否正常的原假设和备择假设。

解：研究者想收集证据予以支持的假设应该是"生产过程不正常"，建立的原假设和备择假设分别为

$$H_0 : \mu = 75, \quad H_1 : \mu \neq 75$$

例 5-20：某品牌声称其生产的新能源汽车的续航里程高于 300km。为了验证这一声称是否属实，有关研究者通过抽检其中的一批产品来进行验证。试陈述用于检验的原假设与备择假设。

解：研究者抽检的意图倾向于证实这种新能源汽车的续航里程并不符合其声称，建立的原假设和备择假设分别为

$$H_0 : \mu \leq 300, \quad H_1 : \mu > 300$$

例 5-21：一家研究机构估计某城市中家庭拥有汽车的比例超过 30%。为验证这一估计是否正确，该研究机构随机抽取了一个样本进行检验。试陈述用于检验的原假设与备择假设。

解：研究者想收集证据予以支持的假设是"该城市中家庭拥有汽车的比例超过 30%"，建立的原假设和备择假设分别为

$$H_0 : \mu \leq 30\%, \quad H_1 : \mu > 30\%$$

原假设和备择假设是一个完备事件组，而且相互对立。

在一项假设检验中，原假设和备择假设必有一个成立，而且只有一个成立。

备择假设没有特定的方向性，并含有符号≠的假设检验称为双边检验或双尾检验（Two-Tailed Test）；备择假设具有特定的方向性，并含有符号>或<的假设检验称为单边检验或单尾检验（One-Tailed Test），备择假设的方向为<时称为左边检验，备择假设的方向为>时称为右边检验。

5.2.1.4 假设检验的域和两类错误

拒绝域是指拒绝原假设的样本观测值 $(x_1,x_2,\cdots,x_n)$ 所组成的区域，接受域是指保留原假设的样本观测值所组成的区域。

在进行假设检验的过程中，由于样本的随机性，可能发生以下两种错误：当原假设 H_0 为真而检验结果拒绝 H_0 时是第一类错误，也称弃真错误；当原假设 H_0 不成立而检验结果接受 H_0 时是第二类错误，也称受伪错误。在样本容量一定的前提下，无法同时降低两类错误的风险，因此制定了保护原假设的原则，在限制第一类错误的前提下，使第二类错误发生的概率尽可能小。

在数学中，可以将保护原假设的原则表示为 $P\{H_0|H_0\}\leqslant\alpha$，显著性水平 α 为预先给定的某充分小的数，一般取 0.1, 0.05, 0.025, 0.01 等。拒绝的最小显著性水平称为 P 值。若 $\alpha>P$，则拒绝原假设 H_0；若 $\alpha\leqslant P$，则保留原假设 H_0。

5.2.1.5 参数检验问题的步骤

- 根据实际问题的要求，提出原假设 H_0 和备择假设 H_1。
- 给定显著性水平 α 及样本容量 n。
- 确定检验统计量及其分布，并由 H_1 的内容确定拒绝域的形式。
- 由 $P\{$拒绝$H_0|H_0$ 为真$\}\leqslant\alpha$ 求出拒绝域。
- 根据样本观测值，计算检验统计量的具体值。
- 做出拒绝还是接受 H_0 的统计判断。

5.2.2 正态总体参数的假设检验

5.2.2.1 单正态总体均值的假设检验

设 $x_1,x_2,\cdots,x_n$ 为来自总体 $x\sim N(\mu,\sigma^2)$ 的样本，$\bar{x}$ 和 S^2 分别为样本均值与方差。

关于 μ 有以下几种检验问题。

- $H_0:\mu=\mu_0$ 和 $H_1:\mu\neq\mu_0$。
- $H_0:\mu\leqslant\mu_0$ 和 $H_1:\mu>\mu_0$。
- $H_0:\mu\geqslant\mu_0$ 和 $H_1:\mu<\mu_0$。

其中，μ_0 为某一已知常数。因此单正态总体均值的假设检验需要检验的就是参数 μ 与 μ_0 之间的关系。根据参数 σ^2 是否已知，均值 μ 的假设检验应分为 σ^2 已知、未知两种情况。

1. 方差 σ^2 已知时，样本均值 $\bar{x}$ 的假设检验

此处重点分析 $H_0:\mu=\mu_0$ 这种情况。假设原假设 H_0 成立，则当方差已知时，样本均值 $\bar{x}$ 具有如下关系式：

$$\mu=\frac{\bar{x}-\mu_0}{\sigma/\sqrt{n}}\sim N(0,1)$$

当原假设 H_0 成立时，由于 $\mu\sim N(0,1)$，标准正态分布的值主要分布在 0 附近，因此 $|\mu|$ 应该比较小。假如 $|\mu|$ 比较大，超过了某一值（记为 $z_{1-\frac{\alpha}{2}}$），即

$$\left|\frac{\bar{x}-\mu_0}{\sigma/\sqrt{n}}\right| \geq z_{1-\frac{\alpha}{2}}$$

则认为这是小概率事件，其发生的可能性不大，此时就应拒绝原假设 H_0。其中，$\mu_{1-\frac{\alpha}{2}}$ 为标准正态分布的分位数，即 $P\left(x \leq z_{1-\frac{\alpha}{2}}\right) = 1-\frac{\alpha}{2}$。

在实际运用中，比较少比较 $|\mu|$ 与某一值（如 $z_{1-\frac{\alpha}{2}}$）的大小，而是根据 $|\mu|$ 的值确定标准正态分布中变量的绝对值大于 $|\mu|$ 的概率，即 $P(|y| \geq |\mu|)$，如图 5-6 所示。

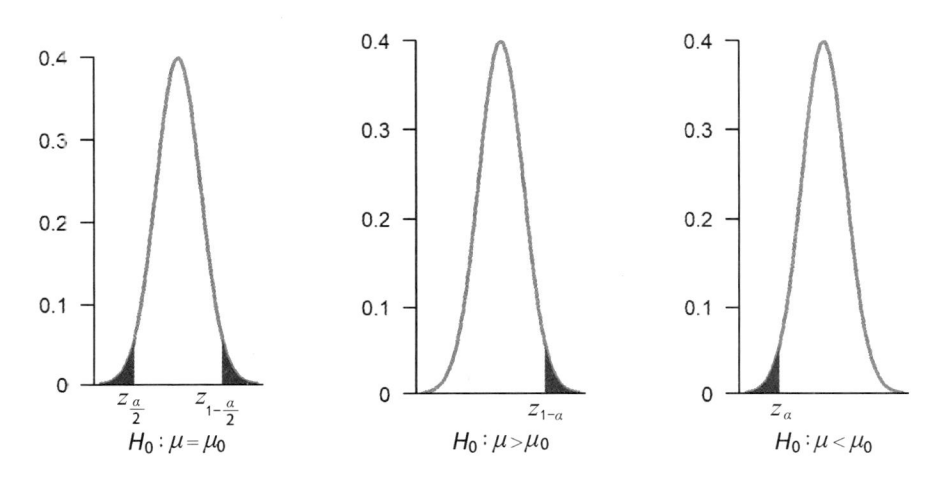

图 5-6 正态分布中均值的拒绝域

$H_0: \mu \leq \mu_0$ 和 $H_1: \mu > \mu_0$、$H_0: \mu \geq \mu_0$ 和 $H_1: \mu < \mu_0$ 的分析过程基本与上述分析过程一样。

例 5-22：红绿灯灯盘采用自动生产线生产，每个灯盘的直径为 200mm，标准差为 5mm。为了检验每个灯盘的直径是否符合要求，质检人员在某天生产的灯盘中随机抽取了 50 个进行检验，测得灯盘的平均直径为 200.8mm。取显著性水平 $\alpha = 0.05$，检验该天生产的灯盘的直径是否符合要求。

解：

$$H_0: \mu = 200, \quad H_1: \mu \neq 200, \quad \alpha = 0.05, \quad n = 50$$

检验统计量：$z = \dfrac{\bar{x}-\mu_0}{\sigma/\sqrt{n}} = \dfrac{200.8-200}{5/\sqrt{50}} \approx 1.13 < z_{0.025} = 1.96$。

决策：不拒绝 H_0。

结论：样本提供的证据表明该天生产的灯盘的直径符合要求。

2. 方差 σ^2 未知，样本均值 $\bar{x}$ 的假设检验

由于方差未知，因此无法利用方差信息。此处重点分析 $H_0: \mu = \mu_0$ 这种情况。假设原假设 H_0 成立，则当方差未知时，样本均值 $\bar{x}$ 具有如下关系式：

$$t = \frac{\bar{x}-\mu}{S/\sqrt{n}} \sim t(n-1)$$

当原假设 H_0 成立时，由于 $t \sim t(n-1)$，因此 t 的值主要分布在零附近。假如 $|t|$ 比较大，

超过了某一值（记为 $t_{1-\frac{\alpha}{2}}$），即

$$\left|\frac{\bar{x}-\mu_0}{S/\sqrt{n}}\right| \geq t_{1-\frac{\alpha}{2}}$$

则认为这是小概率事件，其发生的可能性不大，此时就应拒绝原假设 H_0。其中，$t_{1-\frac{\alpha}{2}}$ 为自由度为 $n-1$ 的 t 分布的分位数，即 $P\left(t \leq t_{1-\frac{\alpha}{2}}\right) = 1-\frac{\alpha}{2}$。

在实际运用中，比较少比较 $|t|$ 与某一值（如 $t_{1-\frac{\alpha}{2}}$）的大小，而是根据 $|t|$ 的值确定自由度为 $n-1$ 的 t 分布中变量的绝对值大于 $|t|$ 的概率，即 $P(|y| \geq |t|)$，如图 5-7 所示。

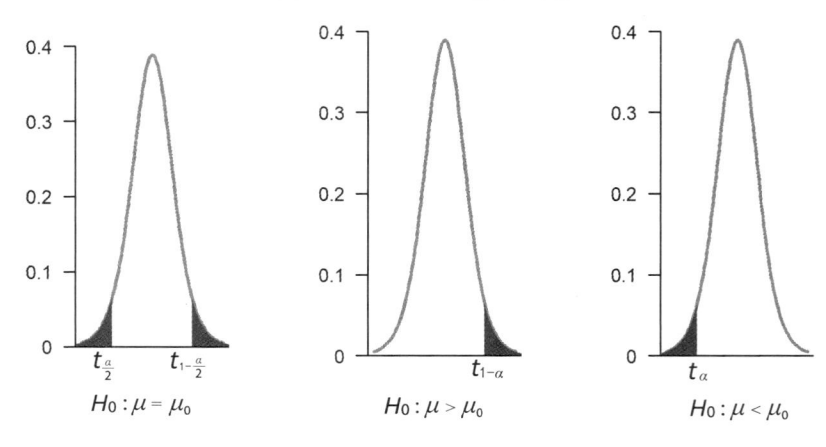

图 5-7 t 分布中均值的拒绝域

$H_0: \mu \leq \mu_0$ 和 $H_1: \mu > \mu_0$、$H_0: \mu \geq \mu_0$ 和 $H_1: \mu < \mu_0$ 的分析过程基本与上述分析过程一样。

例 5-23：某一道路的平均交通流量为 1200 pcu/h，近期对路面进行了修复以提高其交通流量。为检验路面修复后的交通流量是否有显著提高，随机抽取了 36 个小时，得到的平均交通流量为 1225 pcu/h，标准差为 40 pcu/h。试检验路面修复后的交通流量是否有显著提高（$\alpha = 0.05$）。

$$H_0: \mu \leq 1200$$
$$H_1: \mu > 1200$$
$$\alpha = 0.05$$
$$n = 36$$

检验统计量：$z = \dfrac{\bar{x}-\mu_0}{S/\sqrt{n}} = \dfrac{1225-1200}{40/\sqrt{36}} \approx 3.75 > z_{0.025} = 1.96$。

决策：拒绝 H_0。

结论：路面修复后的交通流量有显著提高。

3. 方差 σ^2 的假设检验

当样本均值 $\overline{X}$ 已知时，统计量为 $\chi^2 = \dfrac{\sum\limits_{i=1}^{n}(X_i-\mu)^2}{\sigma_0^2}$。

当 $H_0: \sigma^2 = \sigma_0^2$，$H_1: \sigma^2 \neq \sigma_0^2$ 时，拒绝域为 $\chi^2 \geq \chi_{1-\frac{\alpha}{2}}^2(n)$ 或 $\chi^2 \leq \chi_{\frac{\alpha}{2}}^2(n)$。

当 $H_0: \sigma^2 \leq \sigma_0^2$，$H_1: \sigma^2 > \sigma_0^2$ 时，拒绝域为 $\chi^2 \geq \chi_{1-\alpha}^2(n)$。

当 $H_0: \sigma^2 \geq \sigma_0^2$，$H_1: \sigma^2 < \sigma_0^2$ 时，拒绝域为 $\chi^2 \leq \chi_{\alpha}^2(n)$。

当样本均值未知时，统计量为 $\chi^2 = \dfrac{(n-1)S^2}{\sigma_0^2}$。

当 $H_0: \sigma^2 = \sigma_0^2$，$H_1: \sigma^2 \neq \sigma_0^2$ 时，拒绝域为 $\chi^2 \geq \chi_{1-\frac{\alpha}{2}}^2(n-1)$ 或 $\chi^2 \leq \chi_{\frac{\alpha}{2}}^2(n-1)$。

当 $H_0: \sigma^2 \leq \sigma_0^2$，$H_1: \sigma^2 > \sigma_0^2$ 时，拒绝域为 $\chi^2 \geq \chi_{1-\alpha}^2(n-1)$。

当 $H_0: \sigma^2 \geq \sigma_0^2$，$H_1: \sigma^2 < \sigma_0^2$ 时，拒绝域为 $\chi^2 \leq \chi_{\alpha}^2(n-1)$。

例 5-24：在某条高速公路上随机测得 10 辆汽车的速度（车速，单位：km/h）分别为

114.2 91.9 107.5 89.1 87.2 87.6 95.8 98.4 94.6 85.4

设车速总体服从正态分布，请问在显著性水平 $\alpha = 0.1$ 下，方差 σ^2 是否为 60？

解：

$H_0: \sigma^2 = 60$，$H_1: \sigma^2 \neq 60$，$\alpha = 0.1$，$n = 10$，$S^2 = 87.6823$

检验统计量：$\chi^2 = \dfrac{(n-1)S^2}{\sigma_0^2} = \dfrac{9 \times 87.6823}{60} = 13.152345$，落在接受域（3.325，16.910）里。

决策：不拒绝 H_0。

结论：在显著性水平 $\alpha = 0.1$ 下，方差 σ^2 为 60。

5.2.2.2 双边检验和单边检验

当研究外界变化对两组样本的影响时，需要构造两个不同的正态总体。为检验外界变化对两组样本造成的影响，在进行假设检验时，可以将假设检验分为均值差的检验和方差的检验。

设两组样本相互独立，分别来自正态总体 $X \sim N(\mu_1, \sigma_1^2)$，$Y \sim N(\mu_2, \sigma_2^2)$。

（1）当 σ_1^2、σ_2^2 已知（u 检验）时，检验统计量可表示为统计量

$$U = \dfrac{\overline{X} - \overline{Y} - \delta}{\sqrt{\dfrac{\sigma_1^2}{n_1} + \dfrac{\sigma_2^2}{n_2}}} \sim N(0,1)$$

其中，$\delta = \mu_1 - \mu_2$。

当 $H_0: \mu_1 = \mu_2$，$H_1: \mu_1 \neq \mu_2$ 时，拒绝域为 $\left(-\infty, -z_{\frac{\alpha}{2}}\right) \cup \left(z_{\frac{\alpha}{2}}, +\infty\right)$。

当 $H_0: \mu_1 = \mu_2$，$H_1: \mu_1 > \mu_2$ 时，拒绝域为 $\left(z_{\alpha}, +\infty\right)$。

当 $H_0: \mu_1 = \mu_2$，$H_1: \mu_1 < \mu_2$ 时，拒绝域为 $\left(-\infty, -z_{\alpha}\right)$。

（2）当 $\sigma_1^2 = \sigma_2^2 = \sigma^2$ 未知（t 检验）时，统计量可以表示为

$$t = \dfrac{\overline{X} - \overline{Y}}{S_w \sqrt{\dfrac{1}{n_1} + \dfrac{1}{n_2}}} \sim t(n_1 + n_2 - 2)$$

当 $H_0: \mu_1 = \mu_2$，$H_1: \mu_1 \neq \mu_2$ 时，拒绝域为 $\dfrac{\overline{X} - \overline{Y}}{S_w \sqrt{1/n_1 + 1/n_2}} \leq t_{\frac{\alpha}{2}}(n_1 + n_2 - 2)$ 和

$$\frac{\overline{X}-\overline{Y}}{S_w\sqrt{1/n_1+1/n_2}} \geqslant t_{1-\frac{\alpha}{2}}(n_1+n_2-2)。$$

当 $H_0:\mu_1\leqslant\mu_2$，$H_1:\mu_1>\mu_2$ 时，拒绝域为 $\dfrac{\overline{X}-\overline{Y}}{S_w\sqrt{1/n_1+1/n_2}} \geqslant t_{1-\alpha}(n_1+n_2-2)$。

当 $H_0:\mu_1\geqslant\mu_2$，$H_1:\mu_1<\mu_2$ 时，拒绝域为 $\dfrac{\overline{X}-\overline{Y}}{S_w\sqrt{1/n_1+1/n_2}} \leqslant t_{\alpha}(n_1+n_2-2)$。

（3）μ_1，μ_2，σ_1^2，σ_2^2 均未知（F 检验）。

当 $H_0:\sigma_1^2=\sigma_2^2$，$H_1:\sigma_1^2\neq\sigma_2^2$ 时，拒绝域为 $\dfrac{S_1^2}{S_2^2}\leqslant F_{\frac{\alpha}{2}}(n_1-1,n_2-1)$ 和 $\dfrac{S_1^2}{S_2^2}\geqslant F_{1-\frac{\alpha}{2}}(n_1-1,n_2-1)$。

当 $H_0:\sigma_1^2\leqslant\sigma_2^2$，$H_1:\sigma_1^2>\sigma_2^2$ 时，拒绝域为 $\dfrac{S_1^2}{S_2^2}\geqslant F_{1-\alpha}(n_1-1,n_2-1)$。

当 $H_0:\sigma_1^2\geqslant\sigma_2^2$，$H_1:\sigma_1^2<\sigma_2^2$ 时，拒绝域为 $\dfrac{S_1^2}{S_2^2}\leqslant F_{\alpha}(n_1-1,n_2-1)$。

例 5-25：某公交公司想要了解男性司机和女性司机在驾驶速度上是否存在显著差异。于是，该公交公司独立地抽取了两组具有相似驾驶经验的男、女性司机的驾驶速度作为样本，并记录下两组样本的数量、均值等信息，具体如下。已知男、女性司机驾驶速度的方差，在显著性水平为 0.05 的条件下，能否认为男性司机和女性司机在驾驶速度上存在显著差异？

男性司机：
$$n_1=44$$
$$\overline{x_1}=75$$
$$\sigma_1^2=64$$

女性司机：
$$n_2=32$$
$$\overline{x_2}=70$$
$$\sigma_2^2=42.25$$

解：
$$H_0:\mu_1-\mu_2=0$$
$$H_1:\mu_1-\mu_2\neq 0$$
$$\alpha=0.05$$

检验统计量 $z=\dfrac{75-70}{\sqrt{\dfrac{64}{44}+\dfrac{42.25}{32}}}\approx 3.002>z_{0.025}=1.96$。

决策：拒绝 H_0。

结论：该公交公司男、女性司机在驾驶速度上存在显著差异。

5.2.2.3 假设检验中的 P 值

假设检验中的显著性水平是事先给定的，拒绝域实际上也事先给定了。
同一个假设检验问题可能在不同的显著性水平下做出相互矛盾的决策。

对于一个特定的假设检验问题，显著性水平给出了检验结论可靠性的一个大致范围，但不能对原假设和观测数据之间的不一致程度进行精确测度。

例 5-26：公交公司声称其某条公交线路主要服务于老年人的出行，其乘客有 80%为老年人。为了验证这一说法是否属实，某研究部门抽取了由 200 人组成的一个随机样本，发现有 146 位老年人经常通过该公交线路出行。分别取显著性水平 α =0.05 和 α =0.01，检验该公交线路乘客中老年人的比例是否为 80%？

解：

$$H_0 : \pi = 80\%$$
$$H_1 : \pi \neq 80\%$$
$$\alpha = 0.05$$
$$n = 200$$

检验统计量 $z = \dfrac{0.73 - 0.80}{\sqrt{\dfrac{0.80 \times (1 - 0.80)}{200}}} \approx -2.475$。

决策：拒绝 H_0（$P = 0.013328 < \alpha = 0.05$）。

结论：该公交公司的声称并不属实。

当 α =0.01 时，决策 H_0（$P=0.013328 > \alpha$ =0.01）。

结论：该公交公司的声称属实。

利用 P 值进行假设检验的步骤可以概括如下。

- 陈述原假设和备择假设。
- 从所研究的总体中抽出一个随机样本。
- 确定一个适当的检验统计量，并利用样本数据算出其具体数值。
- 确定一个适当的显著性水平，并计算出其临界值，指定拒绝域。
- 将检验统计量的值与临界值进行比较，做出决策。若检验统计量的值落在拒绝域，则拒绝 H_0；否则不拒绝 H_0。
- 另外，还可以直接利用 P 值做出决策。确定检验统计量并利用样本数据计算出 P 值，若 P 值小于 α，则拒绝 H_0；否则不拒绝 H_0。

5.3 正态性检验

在统计学中，很多统计方法都假设数据是服从正态分布的。例如，参数检验方法（如 t 检验、F 检验、卡方检验等）都要求数据满足正态分布的假设。如果数据不服从正态分布，那么使用这些方法可能会导致结果出现偏差，甚至得出错误的结论。因此，在进行这些统计检验之前，需要先对数据进行正态性检验，以确保数据服从正态分布。本节介绍常用的正态性检验的表示方法。

5.3.1 Q-Q 图

Q-Q 图（Quantile-Quantile Plot）是一种用于检验数据是否服从某种理论分布的图形工具。它通过对样本数据的分位数与理论分布的分位数进行比较，帮助评估数据是否服从特定的统计分布。

绘制 Q-Q 图的步骤如下。
- 排序样本数据：对样本数据从小到大进行排序。
- 计算分位数：对于排序后的样本数据，计算每个样本点的累积分布函数值。
- 计算理论分布的分位数：根据选定的理论分布，计算与样本分位数相对应的理论分位数。
- 绘制散点图：以样本分位数为纵坐标、理论分布的分位数为横坐标，在直角坐标系中绘制散点图。
- 分析图形：图中通常会绘制一条 45°的对角线（理论分布的分位数等于样本分位数），用于比较；如果样本分位数大致沿着对角线分布，则说明样本数据服从理论分布；如果偏离对角线，则说明样本数据可能不服从理论分布。

ggplot2 包中的 geom_qq() 函数是用于创建 Q-Q 图的几何对象，它比较两个概率分布的分位数。而 geom_qq_line() 函数则用于在 Q-Q 图上添加一条参考线，通常是 y=x 线，这条线有助于评估样本数据是否紧密围绕其分布。geom_qq() 函数与 geom_qq_line() 函数的参数基本一致。

geom_qq() 函数的用法如下：

```
geom_qq(distribution = stats::qnorm, dparams = list())
```

- distribution：用于指定要比较的理论分布，默认情况下为正态分布。也可以选择其他分布，如 t 分布、均匀分布等。这个参数接收一个分布函数，如 qnorm（正态分布）、qt（t 分布）等。
- dparams：用于传递给理论分布的额外参数。如果理论分布需要参数（如正态分布的均值和标准差），则可以通过 dparams 参数进行传递。例如，dparams=list(mean=0,sd=1) 用于设置正态分布的均值为 0、标准差为 1。

例 5-27：随机生成 300 个服从 $N(2,9)$ 分布的数，编写代码验证这 300 个数是否服从正态分布。

解：

```
# 随机生成 300 个服从 N(2,9) 分布的数，并将其转化为数据框格式
set.seed(20)
data <- rnorm(300, 2, 3)
df <- data.frame(data)

# 验证其是否服从正态分布
library(ggplot2)
ggplot(data=df, aes(sample=data)) +
  geom_qq() +
  geom_qq_line()
```

运行结果如图 5-8 所示。

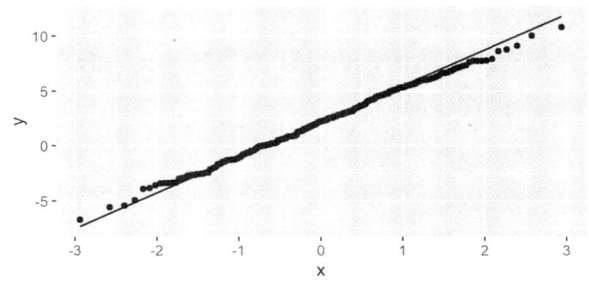

图 5-8 验证数据是否服从正态分布

从图 5-8 中可以看出，点基本在直线上，因此可以判断数据服从正态分布。

例 5-28：随机生成 300 个 0～100 的服从均匀分布的数，并验证这 300 个数是否服从均匀分布和 t 分布。

解：

```r
# 随机生成 300 个服从 U(0,100) 分布的数，并将其转化为数据框格式
set.seed(20)
data <- runif(300, min=0, max=100)
df <- data.frame(data)

# 验证其是否服从均匀分布
library(ggplot2)
p1 <- ggplot(data=df, aes(sample=data)) +
  geom_qq() +
  geom_qq_line()

# 验证其是否服从 0~100 的均匀分布
p2 <- ggplot(data=df, aes(sample=data)) +
  geom_qq(distribution=stats::qunif, dparams=list(min=0, max=100)) +
  geom_qq_line(distribution=stats::qunif, dparams=list(min=0, max=100))

# 验证其是否服从 t 分布
p3 <- ggplot(data=df, aes(sample=data)) +
  geom_qq(distribution=stats::qt, dparams=list(df=5)) +
  geom_qq_line(distribution=stats::qt, dparams=list(df=5))


library(ggpubr)
ggarrange(p1,p2,p3, ncol=3)
```

运行结果如图 5-9 所示。

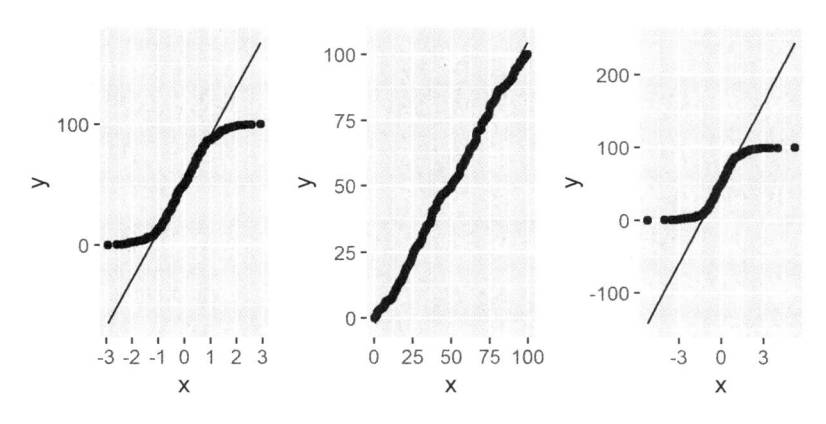

图 5-9　验证数据是否服从均匀分布和 t 分布

在图 5-9 中，左图的代码没有设定 distribution 和 dparams 参数，因此用于验证其是否服从均匀分布；中间图的 distribution=stats::qt, dparams=list(min=0, max=100)，用于验证其是否服从 0～100 的均匀分布；右图的 distribution=stats::qt, dparams=list(df=5)，用于验证其是否服从自由度为 5 的 t 分布。从图 5-9 中可以看出，数据服从 0～100 的均匀分布，而不服从其他两个分布。

5.3.2 单样本 Kolmogorov-Smirnov 检验

单样本 Kolmogorov-Smirnov（K-S）检验用于比较样本的经验累积分布函数（ECDF）和指定理论分布的累积分布函数（CDF）之间的差异，主要通过计算它们之间的最大绝对差值（KS 统计量）来评估样本数据是否符合理论分布。如图 5-10 所示，CDF 如果与 ECDF 之间的差异过大，即认为样本数据不服从理论分布。

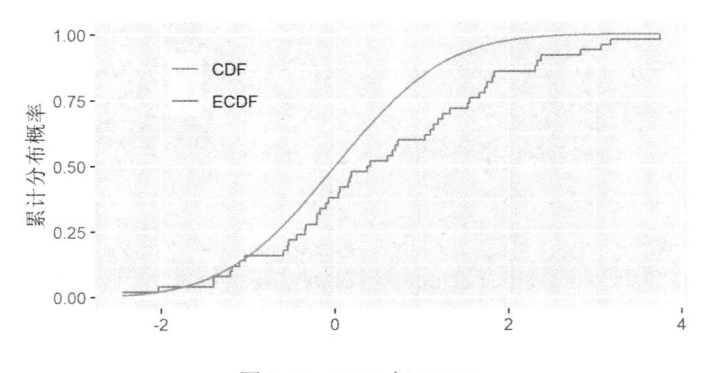

图 5-10 CDF 与 ECDF

单样本 K-S 检验的基本步骤如下。
- 定义理论分布：确定要检验的理论分布及其参数。例如，在检验数据是否服从正态分布时，需要指定正态分布的均值和标准差。
- 计算 ECDF：将样本数据按升序排列。对于每个数据点 x_i，计算 ECDF$[F_n(x_i)]$。
- 计算 CDF：基于理论分布计算每个样本点的理论 CDF 值 $F(x_i)$。
- 计算 KS 统计量：计算 ECDF 和 CDF 之间的最大绝对差值 D，它反映了样本数据与理论分布之间的最大偏差。
- 确定 P 值：根据计算得到的 KS 统计量和样本大小，使用 KS 分布表或统计软件计算 P 值。

需要注意的是，单样本 K-S 检验适用于连续数据，并且样本容量应足够大以确保检验的可靠性，同时检验的结果可能受到样本中异常值的影响，因此在应用该检验之前，最好先对数据进行适当的清洗和预处理。

在 R 语言中，ks.test()函数用于进行单样本 K-S 检验。对于单样本 K-S 检验，ks.test()函数的主要参数和用法如下：

```
ks.test(data, distribution, ...)
```
- data：样本数据的向量。
- distribution：用于指定要比较的理论分布的 CDF，如"pnorm"（正态分布）、"pexp"（指数分布）等，或者自定义分布函数。
- ...：额外参数，用于指定理论分布的参数。如果 distribution 是内置的分布函数（如"pnorm"），那么这些参数包括分布的均值和标准差等。

例 5-29：从 $N(0,10)$ 中随机生成 100 个数，并检验该样本是否服从 $N(0,10)$。

解：
```
set.seed(10)
data <- rnorm(100, 0, 10)
```

```
result <- ks.test(data, "pnorm", mean = 0, sd = 10)
print(result)
##
##  Asymptotic one-sample Kolmogorov-Smirnov test
##
## data: data
## D = 0.093092, p-value = 0.3515
## alternative hypothesis: two-sided
```

可以看出，P 值为 0.3515，远大于 0.05，因此不能拒绝原假设，即该样本服从 $N(0,10)$。

5.3.3 Shapiro-Wilk 检验

Shapiro-Wilk 检验是一种用于检验样本数据是否服从正态分布的统计方法，它由 Samuel Shapiro 和 Martin Wilk 于 1965 年提出，是常用的正态性检验方法之一，尤其适用于小样本数据。Shapiro-Wilk 检验通过比较样本数据的排序值与理论正态分布中的排序值来评估数据是否服从正态分布。具体地，检验统计量基于样本数据的排序值与理论正态分布的均值之间的差异，其主要目标是检验样本数据是否显著偏离正态分布。

Shapiro-Wilk 检验的基本步骤如下。

- 排序样本数据：将样本数据 $x_1, x_2, \ldots, x_n$ 按升序排列，得到排序样本值 $x_{(1)}, x_{(2)}, \ldots, x_{(n)}$。
- 计算理论正态分布中的排序值：根据正态分布的分位数计算理论排序值，这些值反映了正态分布在相应百分位数上的均值。
- 计算检验统计量：Shapiro-Wilk 检验的统计量 W 是样本数据的排序值与理论正态分布中的排序值之间的加权差异。计算公式为 $W = \dfrac{(\sum\limits_{i=1}^{n} a_i x_{(i)})^2}{\sum\limits_{i=1}^{n}(x_i - \bar{x})^2}$。其中，$x_{(i)}$ 是样本数据的第 i 个排序值，a_i 是与正态分布有关的常数，$\bar{x}$ 是样本均值。
- 计算 P 值：通过 Shapiro-Wilk 统计量和样本大小计算 P 值。P 值用于判断样本数据是否显著偏离正态分布。

在 R 语言中，可以使用 shapiro.test() 函数进行 Shapiro-Wilk 检验。该函数的基本语法如下：

```
shapiro.test(data)
```

其中，data 是一个数值向量，代表待检验的样本数据。

例 5-30：从 $N(0,10)$ 中随机生成 100 个数，并检验该样本是否服从正态分布。

解：

```
set.seed(10)
data <- rnorm(100, 0, 10)
result <- shapiro.test(data)
print(result)
##
##  Shapiro-Wilk normality test
##
## data: data
## W = 0.98908, p-value = 0.5911
```

可以看出，P 值为 0.5911，远大于 0.05，因此不能拒绝原假设，即该样本服从正态分布。

5.4 非参数检验

非参数检验是一类不依赖数据分布假设的统计检验方法，通常用于数据不满足正态分布假设的情况，或者当样本容量较小、数据为顺序或等级型时。非参数检验对数据的分布形式没有严格要求，因此在实际应用中更加灵活。

非参数检验的适用条件：①无法满足参数检验中的假设条件；②检验中具有定序、分类数据；③所涉及问题中不包含参数。

5.4.1 Wilcoxon 秩和检验

Wilcoxon 秩和检验是一种非参数统计方法，用于比较两组样本的中位数是否存在显著差异，常用于替代独立样本 t 检验，尤其在数据不满足正态分布假设或样本容量较小时。Wilcoxon 秩和检验用于比较两组独立样本数据，不要求数据服从特定的分布，适用于非正态分布、小样本容量或存在异常值的情况。

Wilcoxon 秩和检验的基本步骤如下。
- 数据排序：将两组独立样本数据合并，按照数值大小排序。
- 秩次分配：为合并后的数据赋予秩次（秩次是数据在所有合并数据中的排名）。如果有相同的数值，则它们被赋予相同的秩次，通常是这些数据的平均秩次。
- 计算秩和：分别计算两组样本的秩和，即将每组的秩次相加。
- 检验统计量：比较两组样本的秩和，根据差异判断是否拒绝原假设。
- 假设检验：基于检验统计量和分布假设计算 P 值，以判断观察到的差异是否显著。

在 R 语言中，可以使用内置的函数 wilcox.test() 来执行 Wilcoxon 秩和检验。这个函数可以处理独立样本的情况，也可以用于配对样本的比较（通过设置参数 paired=TRUE）。该函数的语法如下：

```
wilcox.test(x, y = NULL, alternative = c("two.sided", "less", "greater"),
        mu = 0, paired = FALSE, exact = NULL, correct = TRUE, conf.int = FALSE)
```

- x：第一组样本的数据向量。
- y：第二组样本的数据向量，在独立样本检验中使用。
- alternative：假设检验的类型，可以是双侧检验（"two.sided"）、单侧小于检验（"less"）或单侧大于检验（"greater"）。
- mu：在进行单侧检验时，用来指定均值的差异，默认为 0。在大多数情况下，这个参数不需要设置，因为它默认会自动计算。
- paired：逻辑值，是否进行配对样本检验，对于独立样本检验，设置为 FALSE。
- exact：逻辑值或字符串，用于指定是否使用精确的 P 值进行计算。
- correct：逻辑值，用于指定是否进行连续性校正。
- conf.int：逻辑值，用于指定是否计算中位数差异的置信区间。

例 5-31：假设有两组不同治疗方法的数据，请利用 Wilcoxon 秩和检验比较它们的效果是否有显著差异。

解：

```
# 创建两组独立样本数据
group1 <- c(68, 72, 65, 80, 78, 75, 72, 70)
group2 <- c(60, 65, 68, 55, 58, 62, 64, 61)

# 执行 Wilcoxon 秩和检验
result <- wilcox.test(group1, group2, alternative = "two.sided")
## Warning in wilcox.test.default(group1, group2, alternative = "two.sided"):
## 无法精确计算带连结的 P 值
# 输出检验结果
print(result)
##
##  Wilcoxon rank sum test with continuity correction
##
## data:  group1 and group2
## W = 62, p-value = 0.001903
## alternative hypothesis: true location shift is not equal to 0
```

由于 P 值远小于 0.05，因此可以得出结论：二者存在显著差异。

5.4.2 Friedman 检验

Friedman 检验是一种非参数统计检验方法，用于比较两个或多个配对样本（或重复测量）的分布是否相同。它类似重复测量的 ANOVA，但不需要假设数据服从特定的分布。Friedman 检验的基本原理是，比较多个配对样本的中位数是否相等，适用于等级数据或顺序数据的比较。该检验将每个配对样本的观测值在每组内部进行排名，并比较这些排名在所有组中的分布情况，以判断中位数是否有显著差异。

Friedman 检验的适用范围如下。

数据类型：适用于顺序数据或等级数据的比较，不依赖数据分布的具体形式。

样本关系：适用于重复测量设计或配对设计，如同一组受试者在不同条件下的多次测量。

组数：通常用于比较 3 个或多个相关样本，对于两个样本，建议使用 Wilcoxon 符号秩检验。

Friedman 检验的基本步骤如下。

- 设定假设：建立原假设（H_0），通常假设所有组的中位数相等；而备择假设（H_1）则是至少有一组的中位数不同。
- 数据排序：对每个配对样本的观测值进行排序，每组内部排序，根据数值大小给予排名。
- 计算秩次：计算每个观测值在各组中的秩次，并计算每组内部的秩和。
- 计算 Friedman 统计量：使用计算得到的秩和计算 Friedman 统计量，公式为 $F = \dfrac{12}{Nk(k+1)} \sum_{j=1}^{k} R_j^2 - 3n(k+1)$。其中，$k$ 是组数，N 是总样本数，R_j 是第 j 组的秩和，n 是每组样本数。
- 决策：根据 Friedman 统计量的值，参考 F 分布的临界值或计算 P 值来判断是否拒绝原假设。

Friedman 检验对于小样本容量可能不够敏感，通常要求每组至少有 5 个观测值；且对异常值较为敏感，需要对数据进行预处理或敏感性分析。

以下是对 R 语言中实现 Friedman 检验的函数 friedman.test()的详细介绍，以及一个具体的案例。

friedman.test()函数是 R 语言 stats 包中的一个函数，用于进行 Friedman 非参数方差分析。这个函数可以检验两个或多个配对样本的分布是否相同，尤其适用于重复测量设计的数据。

该函数的基本用法如下：

```
friedman.test(y ~ groups | blocks, data)
```

- y：响应变量，即想要比较的评分或测量值。
- groups：分组变量，表示不同的处理或条件。
- blocks：区组变量，表示配对或重复的测量。
- data：一个数据框，包含了上述变量。

例 5-32：假设有一个实验，其中 4 名受试者分别接受了 4 种不同的治疗方法，对每种治疗方法都进行了评分，现在想检验这 4 种治疗方法对受试者的评分是否有显著影响。

解：

```
# 创建数据框
df <- data.frame(
  subject = factor(rep(1:4, each = 4)), # 受试者编号
  treatment = factor(rep(c("A", "B", "C", "D"), times = 4)), # 治疗方法
  score = c(2, 3, 5, 4, 3, 4, 6, 5, 4, 5, 7, 6, 5, 6, 8, 7) # 评分
)

# 查看数据框
print(df)
##    subject treatment score
## 1        1         A     2
## 2        1         B     3
## 3        1         C     5
## 4        1         D     4
## 5        2         A     3
## 6        2         B     4
## 7        2         C     6
## 8        2         D     5
## 9        3         A     4
## 10       3         B     5
## 11       3         C     7
## 12       3         D     6
## 13       4         A     5
## 14       4         B     6
## 15       4         C     8
## 16       4         D     7
```

检验结果将包括 Friedman 统计量的值、P 值等信息，可以根据 P 值来判断不同治疗方法的评分是否存在显著差异。如果 P 值小于显著性水平（如 0.05），则可以拒绝原假设，认为不同治疗方法的评分存在显著差异。

5.4.3 Wald-Wolfowitz 游程检验

Wald-Wolfowitz 游程检验（Run Test）是一种用于检验二项数据序列是否随机的统计方法。它是在无须对数据进行正态分布假设的情况下进行检验的非参数方法。

游程是指在二项数据序列中，一段连续出现相同数值的子序列。例如，在序列 1011 001 中，有游程 1、0、11、00、1。游程检验中的原假设 H_0 为数据序列是随机的，即序列中的数据独立且同分布；备择假设 H_1 为数据序列不是随机的，即存在某种模式或结构。

Wald-Wolfowitz 游程检验的基本步骤如下。

- 计算实际游程数：根据给定的二项数据序列，首先计算实际观察到的游程数。游程数是由一段连续的相同数值构成的子序列数量。
- 计算期望游程数 $E(R)$：在假设 H_0 成立的情况下，计算期望游程数。期望游程数的计算基于序列中 0 和 1 的比例及序列的总长度 n，公式为 $E(R) = \dfrac{2n_1n_0}{n} + 1$。其中，$n_1$ 是序列中 1 的个数，n_0 是序列中 0 的个数，n 是序列总长度。
- 计算游程数的方差 $\mathrm{Var}(R)$：方差的计算考虑了序列中 0 和 1 的分布及序列总长度的影响，公式为

$$\mathrm{Var}(R) = \frac{2n_1n_0(2n_1n_0 - n)}{n^2(n-1)}$$

- 计算 z 统计量：用于检验观察到的游程数与期望游程数之间的偏差，其公式为

$$z = \frac{R - E(R)}{\sqrt{\mathrm{Var}(R)}}$$

其中，R 是实际观察到的游程数。

- 确定显著性水平：根据 Z 统计量计算出相应的双侧 P 值。通常，可以根据 P 值与事先设定的显著性水平（如 0.05）来判断是否拒绝原假设 H_0。

在 R 语言中，tseries 包的 runs.test() 函数，以及 randtests 包的 runs.test() 函数可用于进行游程检验。

tseries 包的 runs.test() 函数的基本用法如下：

```
runs.test(x, alternative = c("two.sided", "less", "greater"))
```

- x：一个二项因子序列。
- alternative：一个字符向量，指定检验的备择假设。

randtests 包的 runs.test() 函数的基本用法如下：

```
runs.test(x, alternative, threshold, pvalue, plot)
```

- x：一个包含观测值的数值向量。
- alternative：一个字符向量，指定检验的备择假设，必须是"two.sided"（默认）、"left.sided"或"right.sided"中的一个。
- threshold：将数据转换为二分向量的临界点，默认是 x 的中位数。
- pvalue：一个字符串，指定计算 P 值的方法，必须是"normal"（默认）或"exact"中的一个。
- plot：一个逻辑值，用于选择是否创建图形，如果为 TRUE，则会绘制图形。

例 5-33：从标准正态分布中随机生成 100 个数，判断这 100 个数的正数和负数的序列是

否随机。

解：

```
set.seed(1)
# 创建序列，并转化为因子
x <- factor(sign(rnorm(100)))

# 游程检验
tseries::runs.test(x)
## Registered S3 method overwritten by 'quantmod':
##   method            from
##   as.zoo.data.frame zoo
##
##  Runs Test
##
## data:  x
## Standard Normal = 0.87405, p-value = 0.3821
## alternative hypothesis: two.sided
```

可以看出，不能拒绝原假设，因此数据是随机的。

例 5-34：从标准正态分布中随机生成 100 个数，判断这 100 个数的正数和负数的序列是否随机。

解：

```
set.seed(1)
# 创建序列，并转化为因子
x <- rnorm(100)

# 游程检验
randtests::runs.test(x, threshold=0)
##
##  Runs Test
##
## data:  x
## statistic = 0.87405, runs = 55, n1 = 54, n2 = 46, n = 100, p-value =
## 0.3821
## alternative hypothesis: nonrandomness
```

可以看出，不能拒绝原假设，因此数据是随机的。

本章习题

1. 设某路口车辆到达数服从二项分布 $X \sim B(m,p)$，$x_1, x_2, \cdots, x_n$ 是 X 的一组样本观测值，求 p 的矩估计量。

2. 在某一地区，一年发生的交通事故次数为 X，设 X 的密度函数为 $f(x;\theta) = \begin{cases} \theta^2 x e^{-\theta x} & x > 0 \\ 0 & x \leq 0 \end{cases}$，$x_1, x_2, \cdots, x_n$ 是 X 的一组样本观测值，求参数 θ 的矩估计值和极大似然估计值。

3. 某自动驾驶公交车的速度 X 服从正态分布 $N(\mu, \sigma^2)$，从某天中随机抽取 6 辆自动驾驶公交车测其速度（单位为 km/h）分别为 14.6、15.1、14.9、14.8、15.2、15.1，求 μ 的置信区间。

（1）已知 $\sigma^2 = 0.06$，$\alpha = 0.05, 0.10$。
（2）σ^2 未知，$\alpha = 0.05, 0.10$。

4. 某公司想探究职员乘坐汽车的晕车程度（数值为 0～10，数值越大，晕车程度越重），现给出男、女职员晕车程度。设两组数据分别来自正态总体 $N(\mu_1, \sigma_1^2)$ 和 $N(\mu_2, \sigma_2^2)$，两样本相互独立，μ_1、μ_2 未知，$\sigma_1^2 = 1.2$，$\sigma_2^2 = 0.8$。求男、女职员晕车程度均值差 $\mu_1 - \mu_2$ 的置信度为 0.9 的置信区间。

男职员：
$$n_1 = 6$$
$$\overline{x_1} = 3.42$$

女职员：
$$n_2 = 8$$
$$\overline{x_2} = 4.31$$

5. 货运公司 A、B 从甲地到乙地运输货物的时间分别服从正态分布 $N(\mu_1, \sigma_1^2)$ 和 $N(\mu_2, \sigma_2^2)$，两总体方差相同，两样本相互独立，μ_1、μ_2、σ^2 均未知。从货运公司 A、B 各抽取 5 批货物的运输时间，测得各运输时间（单位为 h）如下。

货运公司 A：2.66 2.63 2.68 2.60 2.67。
货运公司 B：2.58 2.57 2.63 2.59 2.60。
试求两货运公司的运输时间均值差 $\mu_1 - \mu_2$ 在置信度为 0.95 下的置信区间。

6. 随机调查某路段 100 辆车的速度，测得其平均速度为 45km/h，根据以往数据可知，该路段的车速标准差为 42.5。试求该路段车辆平均速度的置信区间，$\alpha = 0.1$。

7. 为了解交通安全宣传视频的传播效果，随机调查了 500 人，其中有 100 人收看了该宣传视频，试在 0.9 的置信度下估计该宣传视频平均收视率的置信区间。

8. 为了调查两条线路每辆公交车的日营业额（元），随机抽取了两条线路的公交车样本。这两个样本相互独立，设 $\overline{x_1}$、$\overline{x_2}$ 分别为第一个和第二个总体的样本均值，S_1^2、S_2^2 分别为两个总体的样本方差。两个总体的均值分别为 μ_1 和 μ_2，方差分别为 σ_1^2 和 σ_2^2 且未知，两个样本的数据量、均值、方差如下：$n_1 = 100$，$n_2 = 120$，$\overline{x_1} = 380$，$\overline{x_2} = 320$，$S_1^2 = 300$，$S_2^2 = 420$。在显著性水平为 0.05 的条件下，试求两条线路日营业额均值差在置信度为 0.9 下的置信区间。

9. 某道路汽车的速度服从正态分布，方差 $\sigma^2 = 1.21$，现随机抽取 6 辆汽车，测得的汽车速度（单位为 km/h）为
$$32.46 \quad 31.54 \quad 30.10 \quad 29.76 \quad 31.67 \quad 31.32$$
请问当显著性水平 $\alpha = 0.01$ 时，能否认为该道路汽车的平均速度为 32.50km/h。

10. 某自行车租赁公司声称其新推出的骑行套餐可以让骑行者在两个月内减重 8.5kg 以上。为了验证这一声称是否属实，有关研究人员抽检了 10 名参与者，得知他们的减重（单位为 kg）情况如下：
$$9.5 \quad 11.5 \quad 8.5 \quad 7.5 \quad 11 \quad 8 \quad 9.5 \quad 7.5 \quad 11 \quad 14.5$$
请问在 $\alpha = 0.05$ 的显著性水平下，该调查结果是否支持该公司的声称？

11. 某地铁公司想要了解乘客性别会不会显著影响地铁满意度。于是，他们从女性乘客中抽取了 50 名，测得平均满意度为 8.2；从男性乘客中抽取了 60 名，测得平均满意度为 7.8，统计资料表明女性乘客和男性乘客的满意度都服从正态分布，其标准差分别为 0.73 和 1.16。请问在显著性水平为 0.05 的条件下，女性乘客的地铁满意度是否比男性乘客的地铁满意度高？

12. 地铁公司声称其某条地铁线路主要服务于通勤族，其乘客中有 70%为通勤族。为了验证这一声称是否属实，某研究机构随机抽取了 300 人，发现有 200 名通勤族经常通过该地铁线路出行。取显著性水平 $\alpha = 0.05$，检验该地铁线路乘客中通勤族的比例是否为 70%。

13. 随机选取某条道路 10 个小时的交通流量（单位为 pcu/h）：
    97.85 32.55 296.37 561.65 2256.75 99.54 179.23 782.16 110.67 540.53
请绘制正态概率图。

14. 以下是 40 到 83 之间的 24 个随机数，按从大到小排列：83 79 77 75 73 72 71 70 69 67 64 63 61 60 60 59 57 56 55 53 53 50 48 47。对此数据进行正态性检验。

15. 某收费站观察平时经过的车辆司机的性别（用 M 代表男性，F 代表女性）依次如下：M M M M M M M M F F F F F F F F F F F M，请问男、女性司机出现的顺序是否随机？

16. 抽取 A、B 两个品牌的自动驾驶出租车在同一线路的平均速度如下（单位为 km/h）。
    A 品牌：34.3 33.5 37.2 38.4 32.4 29.8 35.0。
    B 品牌：33.7 34.6 39.2 36.4。
请问 B 品牌的自动驾驶出租车的速度是否不小于 A 品牌的自动驾驶出租车的速度（$\alpha = 0.025$）？

第 6 章

方差分析

方差分析是在有关因素中找出有显著影响的那些因素的一种方法，主要用来检测具有多个观测值的不同组之间是否存在差异。它是由英国统计学家 R.A.Fisher 在田间进行多项试验发展起来的，用于研究某因素对我们感兴趣的因变量是否有显著影响。

方差分析的目的是通过数据分析找出对该事物有显著影响的因素、各因素之间的交互作用，以及显著影响因素的最佳水平等。例如，在市场分析中，销售手段（如广告、地推等）对销售额的影响；在生物学试验中，不同的饮食结构、蛋白质含量对小老鼠生长的影响；在体育科学领域，训练方法和不同运动量对提高某种运动项目成绩的效果是否明显；在交通数据分析领域，周期内的不同日期是否对交通事故的发生有显著影响。当然，这些问题用肉眼是无法直接判断并且回答的，因此需要对数据进行方差分析。

对于方差分析，分析的并不是方差，而是数据间的变异，即在可比的数组中把总的变异按各自指定的变异来源进行分解的一种技巧，就是从总离差平方和中分解出可追溯到指定变异来源的部分离差平方和。

方差分析的术语如下。

（1）试验指标：要考查的指标。
（2）因素：影响试验指标的条件。
（3）水平：因素所处的状态。
（4）单因素试验：一项试验中只有一个因素在改变。
（5）双因素试验：一项试验中有两个因素在改变。

6.1 单因素方差分析

6.1.1 问题描述

设被考察因素有 r 个水平，分别为 $A_1, A_2, \cdots, A_r$，各水平的观测值个数为 n_i，且这 n_i 次试验是相互独立的，得到的样本数据如表 6-1 所示。

表 6-1 样本数据

观测值（i）	水平 A_1	水平 A_2	⋯	水平 A_j	⋯	水平 A_r
1	x_{11}	x_{12}	⋯	x_{1j}	⋯	x_{1r}
2	x_{21}	x_{22}	⋯	x_{2j}	⋯	x_{2r}
⋮	⋮	⋮	⋯	⋮	⋯	⋮
i	x_{i1}	x_{i2}	⋯	x_{ij}	⋯	x_{ir}
⋮	⋮	⋮	⋯	⋮	⋯	⋮
n	x_{n1}	x_{n2}	⋯	x_{nj}	⋯	x_{nr}

假设在水平 A_i 下，试验指标 x_{ij} 来自正态总体 $N(\mu_i, \sigma^2)$，$i=1,2,\cdots,r$，$j=1,2,\cdots,n_i$，其中，$\mu_i \in (-\infty, \infty)$，$\sigma^2 > 0$ 均未知，通过引进随机误差 $\varepsilon_{ij} = x_{ij} - \mu_j$，可以把 x_{ij} 表示为

$$x_{ij} = \mu_j + \varepsilon_{ij}, \quad i=1,2,\cdots,r, \quad j=1,2,\cdots,n_i$$

$$\varepsilon_{ij} \sim N(0, \sigma^2)$$

其中，$\mu_1, \mu_2, \cdots, \mu_r$ 和 σ^2 均为未知参数；各 ε_{ij} 相互独立。

上述公式为单因素方差分析的统计模型，对于该模型，方差分析的基本任务如下。

（1）检验假设。

$$H_0: \mu_1 = \mu_2 = \cdots = \mu_r$$

表示自变量对因变量没有显著影响。

$$H_1: \mu_1, \mu_2, \cdots, \mu_r \text{ 不完全相等}$$

表示自变量对因变量有显著影响。

（2）对未知参数 $\mu_1, \mu_2, \cdots, \mu_r$ 和 σ^2 进行估计。

这里引入因素各水平的主效应的概念，令 $\mu = \frac{1}{n}\sum_{i=1}^{r} n_i \mu_i$，$\alpha_i = \mu_i - \mu$，其中，$\mu$ 为总均值，α_i 为因素 A 在水平 A_i 下的主效应，简称效应，即在水平 A_i 下的总体均值与总均值的差异，r 个效应 $\alpha_1, \alpha_2, \cdots, \alpha_r$ 满足 $\sum_{i=1}^{r} n_i \alpha_i = 0$ 且原假设等价于 $H_0: \alpha_1 = \alpha_2 = \cdots = \alpha_r = 0$。

因此，原模型等价于

$$x_{ij} = \mu + \alpha_i + \varepsilon_{ij}, \quad i=1,2,\cdots,r, \quad j=1,2,\cdots,n_i$$

$$\sum_{i=1}^{r} n_i \alpha_i = 0$$

$$\varepsilon_{ij} \sim N(0, \sigma^2)$$

其中，各 ε_{ij} 相互独立；μ、α_i 及 σ^2 均未知。

在试验中，抽样得到的试验数据的不同显示出试验结果的差异，这种差异可以归于以下3个原因。

（1）观测条件不同，即想要观察的影响因素对试验结果的影响，此结果差异是系统性的。

（2）试验中其他干扰影响因素并不是我们想要观察的但又确实存在引起的结果的不同。

（3）由于各种随机因素的干扰，试验结果也会有所不同，而此差异是偶然性的、随机性的。

因此，可以归纳出方差分析的两类误差：一类为随机误差，即在因素的同一水平下，样

本各观测值之间的差异，这种差异可以看作由随机因素影响产生；另一类为系统误差，即在因素的不同水平下，各观测值之间的差异，这种差异可能是由随机性造成的，也可能是由系统性因素造成的。

若被考察因素对试验结果没有显著影响，即各正态总体的均值相等，则表明试验数据的波动完全由随机误差引起；如果被考察因素有明显的效应，即各正态总体均值不全相等，则表明试验数据的波动除了随机误差的影响，还包含被考察因素效应的影响。

6.1.2 方差分析的基本思想

方差分析需要寻找一个合适的统计量，以此来表示数据的波动程度，并设法将这个统计量分解为两部分：一部分是纯随机误差造成的影响；另一部分是除随机误差的影响外，来自因素效应的影响。对这两部分进行比较，如果后者明显比前者大，就说明因素的效应是显著的，这就是方差分析的基本思想。

6.1.2.1 对全部数据的波动程度进行分解

各水平观测值的均值：从第 i 个总体中抽取一个容量为 n_i 的简单随机样本，第 i 个总体的样本均值为该样本的全部观测值总和除以观测值的个数，即

$$\overline{x_{i.}} = \frac{\sum_{j=1}^{n_i} x_{ij}}{n_i}, \quad i = 1, 2, \cdots, r$$

n 个指标数据的总均值为

$$\overline{x} = \frac{\sum_{i=1}^{r}\sum_{j=1}^{n_i} x_{ij}}{n} = \frac{\sum_{i=1}^{r} n_i \overline{x_i}}{n}$$

总平方和 $\text{SST} = \sum_{i=1}^{r}\sum_{j=1}^{n_i}(x_{ij} - \overline{x})^2$ 反映了全部观测值的波动情况，即离散程度。

因为 $\text{SST} = \sum_{i=1}^{r}\sum_{j=1}^{n_i}\left[(x_{ij} - \overline{x_{i.}}) + (\overline{x_{i.}} - \overline{x})\right]^2 = \sum_{i=1}^{r}\sum_{j=1}^{n_i}(x_{ij} - \overline{x_{i.}})^2 + 2\sum_{i=1}^{r}\sum_{j=1}^{n_i}(x_{ij} - \overline{x_{i.}})(\overline{x_{i.}} - \overline{x}) + \sum_{i=1}^{r}\sum_{j=1}^{n_i}(\overline{x_{i.}} - \overline{x})^2$，而 $\sum_{i=1}^{r}\sum_{j=1}^{n_i}(x_{ji} - \overline{x_{i.}})(\overline{x_{i.}} - \overline{x}) = 0$，所以 $\text{SST} = \sum_{i=1}^{r}\sum_{j=1}^{n_i}(x_{ij} - \overline{x_{i.}})^2 + \sum_{i=1}^{r}\sum_{j=1}^{n_i}(\overline{x_{i.}} - \overline{x})^2$，故 SST 可分解为 SST=SSE+SSA。

其中，$\text{SSE} = \sum_{i=1}^{r}\sum_{j=1}^{n_i}(x_{ij} - \overline{x_{i.}})^2$ 称为误差平方和（组内平方和），是每个水平的样本数据与该组均值的离差平方和，反映了每个样本观测值的离散程度与随机误差的大小；$\text{SSA} = \sum_{i=1}^{r}\sum_{j=1}^{n_i}(\overline{x_{i.}} - \overline{x})^2 = \sum_{i=1}^{r} n_i(\overline{x_{i.}} - \overline{x})^2$ 称为因素 $\overline{A}$ 的效应平方和（组间平方和），包含了因素 $\overline{A}$ 在各水平的不同作用下，在数据中引起的波动，反映了总体均值与各个样本均值之间的差异程度，既包括随机误差又包括系统误差。

6.1.2.2 拒绝域的确定

拒绝域由 SSA/SSE ≥ C 的形式确定。

在单因素方差分析的模型中，SSA 与 SSE 相互独立，且 $\dfrac{\text{SSE}}{\sigma^2} \sim \chi^2(n-r)$。

当原假设 $H_0: \mu_1 = \mu_2 = \cdots = \mu_r$ 成立时，$\dfrac{\text{SSA}}{\sigma^2} \sim \chi^2(r-1)$，因此 $F = \dfrac{\text{MSA}}{\text{MSE}} \sim F(r-1, n-r)$。其中，$\text{MSA} = \dfrac{\text{SSA}}{r-1}$，$\text{MSE} = \dfrac{\text{SSE}}{n-r}$。MSA 与 MSE 分别称为 SSA 的均方和 SSE 的均方。

对于上述假设问题，由 $F = \dfrac{\text{MSA}}{\text{MSE}} \sim F(r-1, n-r)$ 确定的拒绝域给出了显著性水平 α 的一个检验，直观的解释是当组间差异相对于组内差异较大时，拒绝 H_0。

6.1.2.3 未知参数的估计问题

在单因素方差分析的模型中，$E(\text{SSE}) = \sigma^2$，即 SSE 是 σ^2 的无偏估计；$E(\overline{x}) = \mu$，$E(\overline{x_{i\cdot}}) = \mu_i$，$E(\overline{x_{i\cdot}} - \overline{x}) = \alpha_i$，$i = 1, 2, \cdots, r$。如果对前述假设问题的检验结果为拒绝原假设 H_0，那么因素 A 取什么水平才能使试验指标达到最佳呢？

令 $H_0^*: \mu_i = \mu_j$，这里 $i \neq j$，$i, j = 1, 2, \cdots, r$。

根据相关定理可知，$(\overline{x_{i\cdot}} - \overline{x_{j\cdot}}) \sim N\left[\mu_i - \mu_j, \left(\dfrac{1}{n_i} + \dfrac{1}{n_j}\right)\sigma^2\right]$ 与 $\dfrac{\text{SSE}}{\sigma^2} \sim \chi^2(n-r)$ 相互独立。

因此，当 H_0^* 成立时，检验统计量 $T_{ij} = \dfrac{\sqrt{\dfrac{n_i n_j}{n_i + n_j}}(\overline{x_{i\cdot}} - \overline{x_{j\cdot}})}{\sqrt{\text{SSE}}} \sim t(n-t)$。于是，对于该假设检验问题，由 $|T_{ij}| > t_{\alpha/2}(n-t)$ 确定的拒绝域为显著性水平 α 的一个检验。

6.1.2.4 单因素方差分析表

单因素方差分析表如表 6-2 所示。

表 6-2 单因素方差分析表

方差来源	平方和	自由度	均方 MS
因素 A	SSA	$r-1$	MSA=SSA/$(r-1)$
误差	SSE	$n-r$	MSE=SSE/$(n-r)$
总和	SST	$n-1$	—

6.1.3 案例

例 6-1：交通事故的发生不看日子，但周内的日子对交通事故数量是否有一定的影响呢？工作日与周末是否有显著差别呢？为了回答这些问题，我们收集了英国 2010—2015 年 1~6 月份的交通事故数据情况，如表 6-3 所示。

表 6-3　英国 2010—2015 年 1～6 月份的交通事故数据情况

年份	周日	周一	周二	周三	周四	周五	周六
2010	1305	1440	1416	1451	1416	1920	1689
2011	1430	1895	1735	1782	1663	1812	1444
2012	1213	1987	2014	1655	1670	1964	1333
2013	850	1497	1746	1715	1784	1553	1081
2014	995	1790	1804	1946	1957	2220	1374
2015	969	1490	1761	1644	1945	2176	1616

在表 6-3 中，影响因素为周内的日子，共有 7 个不同水平，分别为周一、周二、周三、周四、周五、周六与周日。每个水平下观测值的数量为随机抽取的英国 2010—2015 年 1～6 月份发生的交通事故数量，$r=7$，$n=42$，$\alpha=0.05$。

计算得方差分析表，如表 6-4 所示。

表 6-4　方差分析表

方差来源	平方和	自由度	均方 MS
因素 A	SSA = 2550562	$r-1=6$	MSA=SSA$/(r-1)\approx 425094$
误差	SSE = 1592744	$n-r=35$	MSE=SSE$/(n-r)\approx 45507$
总和	SST = 4143306	$n-1=41$	—

得到 $F=\dfrac{\text{MSA}}{\text{MSE}}=\dfrac{425094}{45507}\approx 9.341$，因为

$$F\approx 9.341 > F_\alpha(r-1, n-r) = F_{0.05}(6,35) = 2.372$$

所以拒绝原假设 H_0，即认为周内的日子对交通事故的发生有显著影响。

假如数据存放在文件 data.csv 中，数据保存格式如表 6-3，则可以利用 R 语言编程实现方差分析。

```
df <- read.csv("data.csv")
# 表 6-3 中的数据格式为宽数据格式，应将其转换为长数据格式，只有这样才能进行进一步分析
library(tidyr)
long_df <- df %>%
  gather(key = "class", value = "value",
         Sunday:Saturday)
# 单因素方差分析
fit <- aov(value ~ class, data=long_df)
summary(fit)
##              Df  Sum Sq Mean Sq F value Pr(>F)
## class         6 2550562  425094    9.34  4e-06 ***
## Residuals    35 1592744   45507
## ---
## Signif. codes:  0 '***' 0.001 '**' 0.01 '*' 0.05 '.' 0.1 ' ' 1
```

6.1.4　t 检验与方差分析的差异

t 检验与方差分析之间存在一定的差异，t 检验用于分析两组数据是否有显著差异，而方差分析则用于分析某一因素是否影响数据分析。现用一个例子来说明此问题。

例 6-2：现有数据如表 6-5 所示，其中，cls 为类别型变量，x 为数值型变量，分别用 t 检验和方差分析分析数据，$\alpha = 0.05$。

表 6-5　数据

x	cls
−0.6265	a
0.1836	a
−0.8356	a
1.5953	a
0.3295	a
−0.8205	b
0.4874	b
0.7383	b
0.5758	b
−0.3054	b
3.5118	c
2.3898	c
1.3788	c
−0.2147	c
3.1249	c

对数据进行方差分析，从结果中可以看出，影响因素 cls 对数据 x 具有显著影响。

```
fit1 <- aov(x ~ cls, data=df)
summary(fit1)
   ##              Df Sum Sq Mean Sq F value Pr(>F)
## cls           2  12.1    6.05    5.02   0.026 *
## Residuals    12  14.5    1.21
## ---
## Signif. codes:  0 '***' 0.001 '**' 0.01 '*' 0.05 '.' 0.1 ' ' 1
```

但如果用 t 检验分析类别 a 和类别 b 对应的数据，则可以得到如下结果。

```
df1 <- df[df$cls != 'c',]
t.test(x ~ cls, data=df1)
   ##
##  Welch Two Sample t-test
##
## data:  x by cls
## t = -0.011, df = 7.1, p-value = 1
## alternative hypothesis: true difference in means between group a and group b is not equal
to 0
## 95 percent confidence interval:
##  -1.239  1.227
## sample estimates:
## mean in group a mean in group b
##       0.1293          0.1351
```

对比方差分析的结果和 t 检验的结果，可以看出，整体具有显著差异并不表示某一部分具有显著差异。同理，某一部分具有显著差异也并不表示整体具有显著差异。

6.2 双因素方差分析

在实际应用中，试验结果通常会受多种因素的影响。不但影响因素本身影响实验结果，两个或多个影响因素不同水平的搭配也会交互作用而影响实验结果，该作用称为交互作用。此处引入两个效应概念。

主效应：各影响因素相对独立的效应，该效应水平的改变会造成因素效应的改变。

交互效应：两个或多个影响因素交互作用而产生的效应。值得提出的是，在方差分析中，多个影响因素的交互作用将作为一个新因素来处理。

假设在某试验中，因素 A 有 a 个水平，因素 B 有 b 个水平，A 与 B 的不同水平组合共有 ab 个。若每种组合只做一次试验，试验结果为 x_{ij}，则称为双因素无重复试验的方差分析。在实际中，已知两因素之间无交互作用或交互作用弱到可以忽略，称为无交互作用的双因素方差分析。若检验有交互作用的效应，则对 A、B 不同水平的搭配必须做重复试验两次及以上，称为双因素有重复试验的方差分析，也称有交互作用的双因素方差分析，其样本数据如表 6-6 所示。

表 6-6 样本数据

观测值（i）	水平 B_1	水平 B_2	$\cdots$	水平 B_j	$\cdots$	水平 B_b
水平 A_1	$x_{111}, x_{112}, \cdots, x_{11n}$	$x_{121}, x_{122}, \cdots, x_{12n}$	$\cdots$	$x_{1j1}, x_{1j2}, \cdots, x_{1jn}$	$\cdots$	$x_{1b1}, x_{1b2}, \cdots, x_{1bn}$
水平 A_2	$x_{211}, x_{212}, \cdots, x_{21n}$	$x_{221}, x_{222}, \cdots, x_{22n}$	$\cdots$	$x_{22j1}, x_{2j2}, \cdots, x_{2jn}$	$\cdots$	$x_{2b1}, x_{2b2}, \cdots, x_{2bn}$
$\cdots$	$\vdots$	$\vdots$		$\vdots$		$\vdots$
水平 A_i	$x_{i11}, x_{i12}, \cdots, x_{i1n}$	$x_{i21}, x_{i22}, \cdots, x_{i2n}$	$\cdots$	$x_{ij1}, x_{ij2}, \cdots, x_{ijn}$	$\cdots$	$x_{ib1}, x_{ib2}, \cdots, x_{ibn}$
$\cdots$	$\vdots$	$\vdots$		$\vdots$		$\vdots$
水平 A_a	$x_{a11}, x_{a12}, \cdots, x_{a1n}$	$x_{a21}, x_{a22}, \cdots, x_{a2n}$	$\cdots$	$x_{aj1}, x_{aj2}, \cdots, x_{ajn}$	$\cdots$	$x_{ab1}, x_{ab2}, \cdots, x_{abn}$

6.2.1 基本原理

6.2.1.1 统计模型描述

同单因素方差分析，双因素方差分析需要满足两个基本假设：x_{ij} 相互独立，服从正态分布 $x_{ij} \sim N(\mu_{ij}, \sigma^2)$。对于表 6-6 中的每个观测值，可以用线性统计模型来描述：

$$x_{ijk} = \mu + \alpha_i + \beta_j + (\alpha\beta)_{ij} + \varepsilon_{ijk}$$

双因素无重复试验的线性统计模型为

$$x_{ij} = \mu + \alpha_i + \beta_j + \varepsilon_{ij}$$

在上述两式中，$\mu = \frac{1}{ab}\sum_{i=1}^{a}\sum_{j=1}^{b}\mu_{ij}$ 为所有期望值的均值；$\alpha_i = \frac{1}{b}\sum_{j=1}^{b}\mu_{ij} - \mu = \mu_i - \mu$ 为水平 A_i 对试验结果的主效应，$\sum_{i=1}^{a}\alpha_i = 0$；$\beta_j = \frac{1}{a}\sum_{i=1}^{a}\mu_{ij} - \mu = \mu_j - \mu$ 为水平 B_j 对试验结果的主效应，$\sum_{j=1}^{b}\beta_j = 0$；$(\alpha\beta)_{ij} = \mu_{ij} - \mu - \alpha_i - \beta_j$ 为两因素的交互效应，$\sum_{i=1}^{a}(\alpha\beta)_{ij} = 0$，$\sum_{j=1}^{b}(\alpha\beta)_{ij} = 0$；$\varepsilon_{ij} = x_{ij} - \mu_{ij}$ 为随机误差，且 $\varepsilon_{ij} \sim N(0, \sigma^2)$。

6.2.1.2　总离差平方和与自由度分解

总离差平方和 $\text{SST} = \sum_{i=1}^{a}\sum_{j=1}^{b}\sum_{k=1}^{n}\left(x_{ijk} - \overline{x}\right)^2$，将其分解，可得到 4 种离差平方和类型，分别为因素 A 引起的离差平方和 SSA，因素 B 引起的离差平方和 SSB，因素 A、B 的交互作用引起的离差平方和 SSAB 与误差平方和 SSE。

$\text{SSA} = bn\sum_{i=1}^{a}\left(\overline{x_{i..}} - \overline{x}\right)^2$ 为因素 A 引起的离差平方和，反映了因素 A 对试验结果的影响。

$\text{SSB} = an\sum_{j=1}^{b}\left(\overline{x_{.j.}} - \overline{x}\right)^2$ 为因素 B 引起的离差平方和，反映了因素 B 对试验结果的影响。

$\text{SSAB} = n\sum_{i=1}^{a}\sum_{j=1}^{b}\left(\overline{x_{ij.}} - \overline{x_{i..}} - \overline{x_{.j.}} + \overline{x}\right)^2$ 为因素 A、B 的交互作用引起的离差平方和，反映了两者对试验结果的交互影响。

$\text{SSE} = \sum_{i=1}^{a}\sum_{j=1}^{b}\sum_{k=1}^{n}\left(x_{ijk} - \overline{x_{ij.}}\right)^2$ 为误差平方和，反映了试验误差对试验结果的影响。

根据假设 $x_{ij} \sim N\left(\mu_{ij}, \sigma^2\right)$，推导可得

$$\frac{\text{SSA}}{\sigma^2} \sim \chi^2(a-1)$$

$$\frac{\text{SSB}}{\sigma^2} \sim \chi^2(b-1)$$

$$\frac{\text{SST}}{\sigma^2} \sim \chi^2(abn-1)$$

$$\frac{\text{SSAB}}{\sigma^2} \sim \chi^2((a-1)(b-1))$$

$$\frac{\text{SSE}}{\sigma^2} \sim \chi^2(ab(n-1))$$

将自由度标记为 df，根据上式推导得到如下公式。

总自由度：$\text{df}_T = abn - 1$。

因素 A 的自由度：$\text{df}_A = a - 1$。

因素 B 的自由度：$\text{df}_B = b - 1$。

因素 A、B 的交互作用的自由度：$\text{df}_{AB} = (a-1)(b-1)$。

误差自由度：$\text{df}_E = ab(n-1)$。

6.2.1.3　均方计算

$$\text{MST} = \frac{\text{SST}}{\text{df}_T} = \frac{\text{SST}}{abn-1}$$

$$\text{MSA} = \frac{\text{SSA}}{\text{df}_A} = \frac{\text{SSA}}{a-1}$$

$$\text{MSB} = \frac{\text{SSB}}{\text{df}_B} = \frac{\text{SSB}}{b-1}$$

$$\text{MSAB} = \frac{\text{SSAB}}{\text{df}_{AB}} = \frac{\text{SSAB}}{(a-1)(b-1)}$$

$$\text{MSE} = \frac{\text{SSE}}{\text{df}_\text{E}} = \frac{\text{SSE}}{ab(n-1)}$$

6.2.1.4 不同试验类型的双因素方差分析的差别

在双因素无重复试验中，已经明确因素 A、B 无交互作用影响，只需分析因素 A、B 各自分别对试验结果是否有影响，在单因素方差分析的基础上提出以下假设：

$$\begin{cases} H_{01}: \alpha_1 = \alpha_2 = \cdots = \alpha_a = 0 \\ H_{11}: \alpha_1, \alpha_2, \cdots, \alpha_a \text{不全为零} \end{cases}$$

$$\begin{cases} H_{02}: \beta_1 = \beta_2 = \cdots = \beta_b = 0 \\ H_{12}: \beta_1, \beta_2, \cdots, \beta_b \text{不全为零} \end{cases}$$

观测值描述为

$$x_{ij} = \mu + \alpha_i + \beta_j + \varepsilon_{ij}$$

其中，$i=1,2,\cdots,a$；$j=1,2,\cdots,b$；$\sum_{i=1}^{a}\alpha_i = 0$；$\sum_{j=1}^{b}\beta_j = 0$；$\varepsilon_{ij}$ 为相互独立且服从正态分布 $N(0,\sigma^2)$ 的随机变量。

检验统计量的计算：在显著性水平 α 下，假设 H_{01} 的拒绝域为 $F_A = \frac{\text{MSA}}{\text{MSE}} \geqslant F_\alpha[a-1,(a-1)(b-1)]$；假设 H_{02} 的拒绝域为 $F_B = \frac{\text{MSB}}{\text{MSE}} \geqslant F_\alpha[b-1,(a-1)(b-1)]$。

双因素无重复试验方差分析表如表 6-7 所示。

表 6-7 双因素无重复试验方差分析表

方差来源	离差平方和	自由度	均方 MS	F 值	F 临界值
因素 A	SSA	$\text{df}_A = a-1$	$\text{MSA} = \text{SSA}/\text{df}_A$	$F_A = \frac{\text{MSA}}{\text{MSE}}$	$F_\alpha[a-1,(a-1)(b-1)]$
因素 B	SSB	$\text{df}_B = b-1$	$\text{MSB} = \text{SSB}/\text{df}_B$	$F_B = \frac{\text{MSB}}{\text{MSE}}$	$F_\alpha[b-1,(a-1)(b-1)]$
误差	SSE	$\text{df}_E = (a-1)(b-1)$	$\text{MSE} = \text{SSE}/\text{df}_E$	—	—
总和	SST	$\text{df}_T = ab-1$	$\text{MST} = \text{SST}/\text{df}_T$	—	—

在双因素有重复试验方差分析中，提出以下假设：

$$\begin{cases} H_{01}: \alpha_1 = \alpha_2 = \cdots = \alpha_a = 0 \\ H_{11}: \alpha_1, \alpha_2, \cdots, \alpha_a \text{不全为零} \end{cases}$$

$$\begin{cases} H_{02}: \beta_1 = \beta_2 = \cdots = \beta_b = 0 \\ H_{12}: \beta_1, \beta_2, \cdots, \beta_b \text{不全为零} \end{cases}$$

$$\begin{cases} H_{03}: (\alpha\beta)_{11} = (\alpha\beta)_{12} = \cdots = (\alpha\beta)_{ab} = 0 \\ H_{13}: (\alpha\beta)_{11}, (\alpha\beta)_{12}, \cdots, (\alpha\beta)_{ab} \text{不全为零} \end{cases}$$

观测值描述为

$$x_{ijk} = \mu + \alpha_i + \beta_j + (\alpha\beta)_{ij} + \varepsilon_{ijk}, \quad i=1,2,\cdots,a, \quad j=1,2,\cdots,b, \quad k=1,2,\cdots,n$$

$$\sum_{i=1}^{a}\alpha_i = 0, \sum_{j=1}^{b}\beta_j = 0, \sum_{i=1}^{a}(\alpha\beta)_{ij} = 0, \sum_{j=1}^{b}(\alpha\beta)_{ij} = 0$$

其中，ε_{ij} 为相互独立且服从 $N(0,\sigma^2)$ 的随机变量。

检验统计量计算如下。

在显著性水平 α 下，假设 H_{01} 的拒绝域为 $F_A = \dfrac{\text{MSA}}{\text{MSE}} \geqslant F_\alpha[a-1, ab(n-1)]$；假设 H_{02} 的拒绝域为 $F_B = \dfrac{\text{MSB}}{\text{MSE}} \geqslant F_\alpha[b-1, ab(n-1)]$；假设 H_{03} 的拒绝域为 $F_{AB} = \dfrac{\text{MSAB}}{\text{MSE}} \geqslant F_\alpha[(a-1)(b-1), ab(n-1)]$。

双因素重复试验方差分析表如表 6-8 所示。

表 6-8　双因素重复试验方差分析表

方差来源	离差平方和	自由度	均方 MS	F 值	F 临界值
因素 A	SSA	$\text{df}_A = a-1$	$\text{MSA} = \text{SSA}/\text{df}_A$	$F_A = \dfrac{\text{MSA}}{\text{MSE}}$	$F_\alpha[a-1, ab(n-1)]$
因素 B	SSB	$\text{df}_B = b-1$	$\text{MSB} = \text{SSB}/\text{df}_B$	$F_B = \dfrac{\text{MSB}}{\text{MSE}}$	$F_\alpha[b-1, ab(n-1)]$
交互作用	SSAB	$\text{df}_{AB} = (a-1)(b-1)$	$\text{MSB} = \dfrac{\text{SSAB}}{\text{df}_{AB}}$	$F_{AB} = \dfrac{\text{MSAB}}{\text{MSE}}$	$F_\alpha[(a-1)(b-1), ab(n-1)]$
误差	SSE	$\text{df}_E = ab(n-1)$	$\text{MSE} = \text{SSE}/\text{df}_E$	—	—
总和	SST	$\text{df}_T = abn-1$	$\text{MST} = \text{SST}/\text{df}_T$	—	—

6.2.2　案例

例 6-3：某市公交公司为研究某站不同线路、不同时间段对乘客在站数量的影响，让志愿者分别在不同时间段对到达该站的公交车进行乘客计数，共获得 20 次计数的数据，如表 6-9 所示。试分析线路、时间段及其交互作用对乘客在站数量的影响，$\alpha = 0.05$。

表 6-9　乘客在站数量

线路	时间段	乘客在站数量
线路 1	高峰期	26
	高峰期	24
	高峰期	27
	高峰期	25
	高峰期	25
	平峰期	20
	平峰期	17
	平峰期	22
	平峰期	21
	平峰期	17
线路 2	高峰期	19
	高峰期	20
	高峰期	23
	高峰期	22
	高峰期	21
	平峰期	18
	平峰期	17
	平峰期	13
	平峰期	16
	平峰期	22

计算得方差分析表，如表 6-10 所示。

表 6-10　方差分析表

方差来源	离差平方和	自由度	均方 MS	F 值	F 临界值
线路	SSA ≈ 54.4	$df_A = 1$	MSA=SSA / df_A = 54.45	$F_A = \dfrac{\text{MSA}}{\text{MSE}} = 11.000$	$F_\alpha\left[a-1, ab(n-1)\right] = 4.49$
时间段	SSB ≈ 120.1	$df_B = 1$	MSB=SSB / df_B = 120.1	$F_B = \dfrac{\text{MSB}}{\text{MSE}} \approx 24.25$	$F_\alpha\left[b-1, ab(n-1)\right] = 4.49$
交互作用	SSAB ≈ 6.0	$df_{AB} = 1$	MSAB = $\dfrac{\text{SSAB}}{df_{AB}}$ = 6.05	$F_{AB} = \dfrac{\text{MSAB}}{\text{MSE}} \approx 1.22$	$F_\alpha\left[(a-1)(b-1), ab(n-1)\right] = 4.49$
误差	SSE ≈ 79.2	$df_E = ab(n-1) = 16$	MSE=SSE/df_E = 4.9	—	—
总和	SST ≈ 259.75	$df_T = abn - 1 = 19$	MST = SST / df_T = 13.67	—	—

得到如下结论。

$F_A = 11.000 > F_{0.05}(1,16) = 4.49$，拒绝原假设 H_{01}，即认为线路对乘客在站数量存在显著影响。

$F_B \approx 24.253 > F_{0.05}(1,16) = 4.49$，拒绝原假设 H_{02}，即认为时间段对乘客在站数量存在显著影响。

$F_{AB} \approx 1.222 < F_{0.05}(1,16) = 4.49$，接受原假设 H_{03}，即认为没有足够的证据表明公交线路与时间段对乘客在站数量产生了交互影响。

假如数据存放在文件 data_anova2.csv 中，数据保存格式如表 6-9 所示，则可以利用 R 语言编程实现方差分析。

```
df <- read.csv("data_anova2.csv")
fit <- aov(乘客数 ~ 线路 * 时间段, data=df)
summary(fit)
##              Df Sum Sq Mean Sq F value  Pr(>F)
## 线路          1   54.4    54.4   11.00 0.00436 **
## 时间段        1  120.1   120.1   24.25 0.00015 ***
## 线路:时间段   1    6.0     6.0    1.22 0.28527
## Residuals   16   79.2     4.9
## ---
## Signif. codes:  0 '***' 0.001 '**' 0.01 '*' 0.05 '.' 0.1 ' ' 1
```

本章习题

1. 能见度会影响司机开车的速度，在同一道路上测定能见度好、较好、一般、较差、差时车辆的速度，每种情况都随机抽取了 4 辆车的速度（单位：km/h），测定的结果列于表 6-11 中。试比较不同能见度下的车辆速度是否有显著差异，$\alpha = 0.05$。

表 6-11　不同能见度下的车辆速度

能见度	好	较好	一般	较差	差
1	32.0	29.2	25.2	23.3	22.3
2	32.8	27.4	26.1	25.1	22.5
3	31.2	26.3	25.8	25.1	22.9
4	30.4	26.7	26.7	25.5	23.7

2. 某交通运输部门想要知道不同时间段与线路是否会对汽车的行车时间有影响，因此采集得到了如表 6-12 所示的数据。试分析时间段、线路及其交互作用对汽车的行车时间的影响，$\alpha=0.05$。

表 6-12 汽车的行车时间

线路	时间段	行车时间/min
线路 1	高峰期	39
	高峰期	37
	高峰期	34
	高峰期	36
	高峰期	34
	高峰期	35
	平峰期	28
	平峰期	29
	平峰期	31
	平峰期	32
	平峰期	30
	平峰期	27
线路 2	高峰期	33
	高峰期	32
	高峰期	34
	高峰期	35
	高峰期	28
	高峰期	30
	平峰期	27
	平峰期	29
	平峰期	25
	平峰期	28
	平峰期	29
	平峰期	31

第 7 章

线性回归

7.1 一元线性回归

  线性回归是一种统计分析方法，它通过构建线性回归模型来探究解释变量（也称自变量）与被解释变量（也称因变量）之间的线性关系。具体来说，线性回归旨在找到一条最佳拟合直线，使得解释变量和被解释变量的实际观测值与模型预测值之间的误差达到最小。这种模型不仅能够帮助我们理解变量间的相互依赖关系，还能用于预测被解释变量的未来值，以及在给定解释变量的情况下解释被解释变量的变化。线性回归在经济学、社会科学、自然科学等领域都有广泛应用，是数据分析和决策制定的重要工具之一。

  一元线性回归是线性回归的一种特殊形式，它涉及的只有一个解释变量和一个被解释变量。

7.1.1 总体回归模型及其样本模型

  一元回归分析是研究一个变量关于另一个变量的具体依赖关系的计算方法和理论，其目的在于通过后者的已知或设定值估计和（或）预测前者的（总体）均值。

  总体回归模型的形式为

$$y = f(x) + u$$

  该模型用于刻画变量 y 与 x 之间客观真实的回归关系，若假定其中的函数为线性函数，则得到一元线性回归模型：

$$y = \beta_0 + \beta_1 x + u$$

  在一元线性回归模型中，y 和 x 均为可观察的随机变量。其中，y 称为被解释变量，x 称为解释变量。一元线性回归的目的在于分析 y 与 x 之间的关系。

  β_0 和 β_1 均称为总体参数，这些参数客观存在但是未知，需要基于数据对其进行估计。线性回归就是基于样本中的变量 x 和 y 的数据对参数 β_0 与 β_1 进行估计。其中，β_0 无对应的解释变量，称为截距项。

  变量 u 是误差项（也称随机扰动项），表示除 x 之外其他影响 y 的因素，是不可观测的。

  误差项主要受到以下因素的影响。

- 在解释变量中，被忽略的因素的影响，如影响不显著的因素、未知的影响因素、无法获得数据的因素。
- 变量观测值的观测误差的影响。
- 模型关系的设定误差的影响。
- 其他随机因素的影响。

引入误差项后，被解释变量 y 可以分为两部分，即系统部分与非系统部分：

$$y = (\beta_0 + \beta_1 x) + u$$

其中，等号右边括号内的部分为系统部分，该部分主要解释当 x 的值给定时，该线性组合的值是确定的；非括号部分为非系统部分，即误差项。在理论中，所有影响被解释变量 y 但是未被包含进模型的因素都将包含于误差项 u 中。误差项是随机的、不可观测的。

虽然前面已经设定了一元线性回归的总体回归模型的形式，但由于其参数是未知的，需要通过样本数据对模型中的参数进行估计，因此需要针对一元线性回归建立总体回归模型的样本形式。

一元线性回归的样本形式如下：

$$y_i = \hat{\beta}_0 + \hat{\beta}_1 x_i + \hat{u}_i$$

其中，y_i 为第 i 个样本在被解释变量 y 上的取值；x_i 为第 i 个样本在解释变量上的取值；$\hat{\beta}_0$、$\hat{\beta}_1$ 分别为 β_0、β_1 的估计值；$\hat{u}_i$ 为第 i 个样本的样本残差。

7.1.2 模型假定

在建立线性回归模型时，需要遵循以下基本假定。

1. 线性性

线性性指被解释变量 y 对参数 β 而言是线性的，以及被解释变量 y 与解释变量 x 之间的关系也是线性的。在线性性假定下，模型的形式为

$$y = \beta_0 + \beta_1 x + u$$

2. 解释变量的样本有波动

x 的样本值 x_i（$i = 1, 2, \cdots, n$）不是完全相同的值。

3. 零条件均值

给定解释变量，误差项的均值为零，即

$$E(u|x) = 0$$

基于该假定，可以推导出以下结论。
- 误差项的无条件均值为零，即

$$E(u) = 0, \quad i = 1, 2, \cdots, n$$

这意味着随机变量 u 可随机取若干值，但均在零附近波动。

当模型有常数项时，在任何情况下，误差项都可遵循零条件均值假定，具体如下推导所示。

若在以下简单线性回归中假定的 u 的均值为 μ（$E(u) = \mu \neq 0$），则 $y = \beta_0 + \beta_1 x + u$ 可被改写为

$$y = (\beta_0 + \mu) + \beta_1 x + (u - \mu) = \beta_0 + \beta_1 x + v$$

此时，$\beta_0 + \mu$ 为新的常数项，且误差项的均值为零，$E(v) = 0$。
但若模型无常数项，则假定误差项均值为零和非零有重大差别。

- 误差项与解释变量无关，即

$$\mathrm{Cov}(x, u) = 0$$

$$E(xu) = 0$$

4. 同方差性

给定解释变量的任意值，误差项都具有相同的方差，即

$$\mathrm{Var}(u_i \mid x) = \sigma^2, \quad i = 1, 2, \cdots, n$$

$$\mathrm{Var}(u_i) = \sigma^2, \quad i = 1, 2, \cdots, n$$

根据同方差性假定，可以得到以下结果：

$$\mathrm{Var}(u) = E[\mathrm{Var}(u \mid x)] + \mathrm{Var}[E(u \mid x)] = \sigma^2$$

$$\mathrm{Var}(y \mid x) = \mathrm{Var}(u \mid x) = \sigma^2$$

5. 正态性

误差项 u 独立于解释变量 x，且服从正态分布，即

$$u \mid x \sim N(0, \sigma^2)$$

图 7-1 所示为基于以上假定的图形，即误差项 u 服从正态分布。

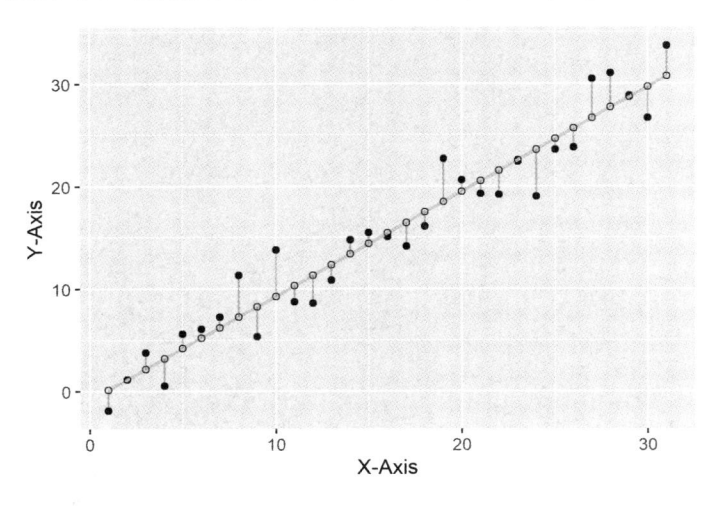

图 7-1 误差项 u 服从正态分布

在图 7-2 中，点到直线的距离有明显的规律，点呈现 s 形曲线分布。这违背了误差项与解释变量的假定。

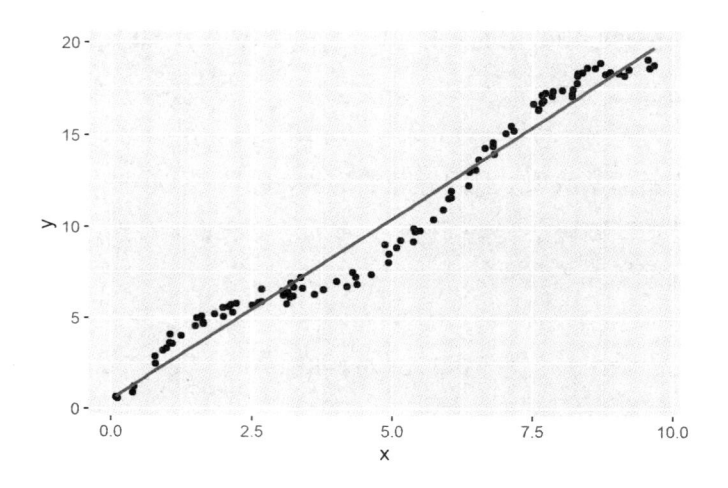

图 7-2　误差项 u 呈现 s 形曲线分布

图 7-3 也存在类似的问题。

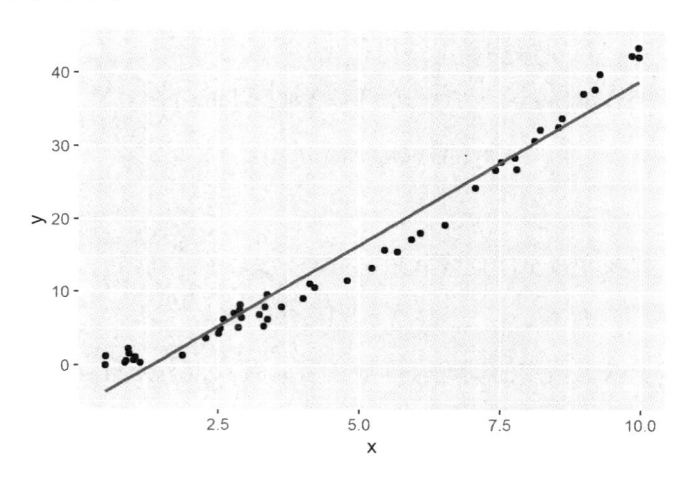

图 7-3　误差项 u 呈现 c 形曲线分布

在图 7-4 中，随着 x 的增大，y 的离散程度增加，因此违背了同方差性假定。

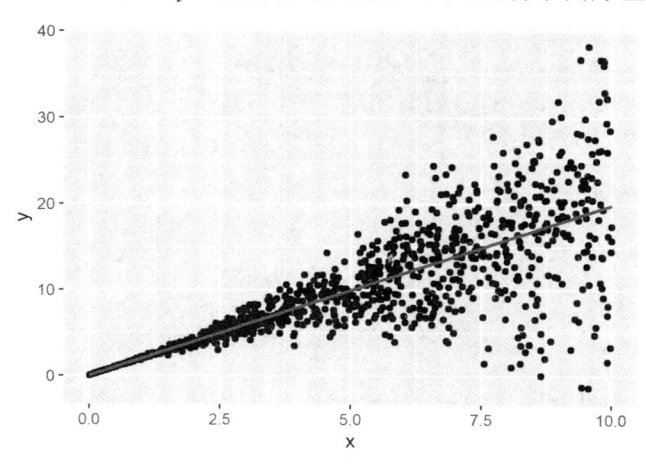

图 7-4　违背同方差性假定的模型

根据以上假定，可知
$$E(y) = E(\beta_0 + \beta_1 x + u) = \beta_0 + \beta_1 x + E(u) = \beta_0 + \beta_1 x$$
由此可得
$$\frac{dE(y)}{dx} = \beta_1$$
因此 β_1 代表 x 对 y 的边际效应，即 x 增加一个单位，y 的期望会相应改变 β_1 个单位。

7.1.3 参数估计

7.1.3.1 最小二乘法

线性回归的目的是确定总体回归函数 $y = \beta_0 + \beta_1 x + u$，但现实情况是，只能获取若干样本。假设有 n 个样本 $\{x_i, y_i; i = 1, 2, \cdots, n\}$，就要利用样本信息估计出样本回归函数 $\hat{y}_i = \hat{\beta}_0 + \hat{\beta}_1 x_i$。为了使样本回归函数与总体回归函数尽可能接近，应使得 $\hat{y}$ 与 y 的差异尽可能小，即最小化所有的 $\hat{u}_i = y_i - \hat{y}_i$。但 $\hat{u}_i$ 有正有负，最小化 $\sum_{i=1}^{n} \hat{u}_i$ 并不能得到合理结果。鉴于 $\sum_{i=1}^{n} |\hat{u}_i|$ 不是连续可导的，在数学上不便于处理，因此最小化 $\sum_{i=1}^{n} |\hat{u}_i|$ 并不方便。为此最小化 $\sum_{i=1}^{n} \hat{u}_i^2$，这就是最小二乘法，即

$$\min \sum_{i=1}^{n} \hat{u}_i^2 = \min \sum_{i=1}^{n} \left(y_i - \hat{\beta}_0 - \hat{\beta}_1 x_i\right)^2$$

根据微积分中求解极值的原理，应使 $\sum_{i=1}^{n} \hat{u}_i^2$ 对 $\hat{\beta}_0$ 和 $\hat{\beta}_1$ 的偏导数均为零，即

$$\sum_{i=1}^{n} \left(y_i - \hat{\beta}_0 - \hat{\beta}_1 x_i\right) = 0$$

$$\sum_{i=1}^{n} \left(y_i - \hat{\beta}_0 - \hat{\beta}_1 x_i\right) x_i = 0$$

由此可得到 β_1 的估计量 $\hat{\beta}_1$ 的值

$$\hat{\beta}_1 = \frac{\sum_{i=1}^{n}(x_i - \bar{x})(y_i - \bar{y})}{\sum_{i=1}^{n}(x_i - \bar{x})^2}$$

以及 β_0 的估计量 $\hat{\beta}_0$ 的值

$$\hat{\beta}_0 = \bar{y} - \hat{\beta}_1 \bar{x}$$

又根据 $\sum_{i=1}^{n}(x_i - \bar{x})(y_i - \bar{y}) = \sum_{i=1}^{n}(x_i - \bar{x}) y_i$，可得

$$\hat{\beta}_1 = \frac{\sum_{i=1}^{n}(x_i - \bar{x}) y_i}{\sum_{i=1}^{n}(x_i - \bar{x})^2}$$

将 $y_i = \beta_0 + \beta_1 x_i + u_i$ 代入得

$$\hat{\beta}_1 = \frac{\sum_{i=1}^{n}(x_i - \bar{x})(\beta_0 + \beta_1 x_i + u_i)}{\sum_{i=1}^{n}(x_i - \bar{x})^2}$$

$$= \frac{\beta_0 \sum_{i=1}^{n}(x_i - \bar{x}) + \beta_1 \sum_{i=1}^{n}(x_i - \bar{x})x_i + \sum_{i=1}^{n}(x_i - \bar{x})u_i}{\sum_{i=1}^{n}(x_i - \bar{x})^2}$$

由于 $\sum_{i=1}^{n}(x_i - \bar{x}) = 0$、$\sum_{i=1}^{n}(x_i - \bar{x})x_i = \sum_{i=1}^{n}(x_i - \bar{x})^2$，因此上式可以简化为

$$\hat{\beta}_1 = \beta_1 + \frac{\sum_{i=1}^{n}(x_i - \bar{x})u_i}{\sum_{i=1}^{n}(x_i - \bar{x})^2}$$

7.1.3.2 矩估计法

根据前述模型假定中的分析，已知两个关系式 $E(u) = 0$ 及 $E(xu) = 0$，将 $y = \beta_0 + \beta_1 x + u$ 代入，可得

$$E(y - \beta_0 - \beta_1 x) = 0$$
$$E[x(y - \beta_0 - \beta_1 x)] = 0$$

利用样本矩估计总体矩，可得

$$n^{-1} \sum_{i=1}^{n}(y_i - \hat{\beta}_0 - \hat{\beta}_1 x_i) = 0$$

$$n^{-1} \sum_{i=1}^{n} x_i (y_i - \hat{\beta}_0 - \hat{\beta}_1 x_i) = 0$$

整理可得

$$\sum_{i=1}^{n}(y_i - \hat{\beta}_0 - \hat{\beta}_1 x_i) = 0$$

$$\sum_{i=1}^{n} x_i (y_i - \hat{\beta}_0 - \hat{\beta}_1 x_i) = 0$$

可以看出，矩估计法得到的结果与最小二乘法得到的结果一样。

7.1.3.3 极大似然估计

根据模型假定，$u \mid x \sim N(0, \sigma^2)$，因而，有

$$y \mid x \sim N(\beta_0 + \beta_1 x, \sigma^2)$$

此时，y 的概率密度函数为

$$p(y \mid x; \beta_0, \beta_1) = \frac{1}{\sigma \sqrt{2\pi}} \exp\left[-\frac{(y - \beta_0 - \beta_1 x)^2}{2\sigma^2}\right]$$

假设有 n 个样本数据 (x_i, y_i)，$i = 1, 2, \cdots, n$，则样本的似然函数为

$$L(\hat{\beta}_0, \hat{\beta}_1) = \prod_{i=1}^{n} p(y_i | x_i; \hat{\beta}_0, \hat{\beta}_1)$$

$$= \prod_{i=1}^{n} \left\{ \frac{1}{\sigma\sqrt{2\pi}} \exp\left[-\frac{(y_i - \beta_0 - \beta_1 x_i)^2}{2\sigma^2}\right]\right\}$$

因而有

$$l(\hat{\beta}_0, \hat{\beta}_1) = \ln L(\hat{\beta}_0, \hat{\beta}_1)$$

$$= \ln \prod_{i=1}^{n} \left\{ \frac{1}{\sigma\sqrt{2\pi}} \exp\left[-\frac{(y_i - \beta_0 - \beta_1 x_i)^2}{2\sigma^2}\right]\right\}$$

$$= n\ln \frac{1}{\sigma\sqrt{2\pi}} - \frac{1}{2\sigma^2} \sum_{i=1}^{n} (y_i - \hat{\beta}_0 - \hat{\beta}_1 x_i)^2$$

为了最大化 $l(\hat{\beta}_0, \hat{\beta}_1)$，需要最小化 $\sum_{i=1}^{n}(y_i - \hat{\beta}_0 - \hat{\beta}_1 x_i)^2$，从上述公式可以看出，极大似然估计的结果与最小二乘法一样。

7.1.4 参数性质

进一步分析 $\hat{\beta}_1$ 的性质，可得

$$E(\hat{\beta}_1) = E\left(\beta_1 + \frac{\sum_{i=1}^{n}(x_i - \overline{x})u_i}{\sum_{i=1}^{n}(x_i - \overline{x})^2}\right)$$

$$= \beta_1 + \frac{1}{\sum_{i=1}^{n}(x_i - \overline{x})^2} E\left[\sum_{i=1}^{n}(x_i - \overline{x})u_i\right]$$

$$= \beta_1 + \frac{1}{\sum_{i=1}^{n}(x_i - \overline{x})^2} \sum_{i=1}^{n}(x_i - \overline{x})E(u_i)$$

$$= \beta_1$$

同理，可得

$$E(\hat{\beta}_0) = E(\overline{y} - \hat{\beta}_1 \overline{x})$$

$$= E(\beta_0 + \beta_1 \overline{x} + \overline{u} - \hat{\beta}_1 \overline{x})$$

$$= \beta_0 + E(\overline{u}) + E[(\beta_1 - \hat{\beta}_1)\overline{x}]$$

$$= \beta_0$$

根据以上分析，得 $E(\hat{\beta}_0) = \beta_0$、$E(\hat{\beta}_1) = \beta_1$，因此估计具有无偏性。

根据前述分析，$\hat{\beta}_1 = \beta_1 + \dfrac{\sum_{i=1}^{n}(x_i - \bar{x})u_i}{\sum_{i=1}^{n}(x_i - \bar{x})^2}$，因此可得

$$\begin{aligned}
\operatorname{Var}(\hat{\beta}_1) &= \dfrac{1}{\left[\sum_{i=1}^{n}(x_i - \bar{x})^2\right]^2} \operatorname{Var}\left[\sum_{i=1}^{n}(x_i - \bar{x})u_i\right] \\
&= \dfrac{1}{\left[\sum_{i=1}^{n}(x_i - \bar{x})^2\right]^2} \left\{\sum_{i=1}^{n}\left[(x_i - \bar{x})^2 \operatorname{Var}(u_i)\right]\right\} \\
&= \dfrac{1}{\left[\sum_{i=1}^{n}(x_i - \bar{x})^2\right]^2} \left\{\sum_{i=1}^{n}\left[(x_i - \bar{x})^2 \sigma^2\right]\right\} \\
&= \dfrac{\sigma^2}{\left[\sum_{i=1}^{n}(x_i - \bar{x})^2\right]^2} \sum_{i=1}^{n}(x_i - \bar{x})^2 \\
&= \dfrac{\sigma^2}{\sum_{i=1}^{n}(x_i - \bar{x})^2}
\end{aligned}$$

同理，可得

$$\operatorname{Var}(\hat{\beta}_0) = \dfrac{\sigma^2 \sum_{i=1}^{n} x_i^2}{n \sum_{i=1}^{n}(x_i - \bar{x})^2}$$

由 $\hat{\beta}_0$ 与 $\hat{\beta}_1$ 的方差的表达式可知，$\hat{\beta}_0$ 和 $\hat{\beta}_1$ 的方差取决于 σ^2 与 $\sum_{i=1}^{n}(x_i - \bar{x})^2$（$x_1, x_2, \cdots, x_n$ 的波动情况），因此，为了更加准确地估计 $\hat{\beta}_0$ 与 $\hat{\beta}_1$，应当使 $x_1, x_2, \cdots, x_n$ 的波动足够大。

上面对于 $\hat{\beta}_0$ 与 $\hat{\beta}_1$ 的方差的估计公式包括 σ^2，但在实际情况下，σ^2 一般是未知的，这就涉及对 σ^2 的估计。由于

$$y_i = \beta_0 + \beta_1 x_i + u_i$$
$$y_i = \hat{\beta}_0 + \hat{\beta}_1 x_i + \hat{u}_i$$

因此可得

$$\begin{aligned}
\hat{u}_i &= (\beta_0 + \beta_1 x_i + u_i) - \hat{\beta}_0 - \hat{\beta}_1 x_i \\
&= u_i - (\hat{\beta}_0 - \beta_0) - (\hat{\beta}_1 - \beta_1) x_i
\end{aligned}$$

根据前述参数估计部分的分析，$\sum_{i=0}^{n} \hat{u}_i = 0$，因此，对上式两边加总后求均值可得

$$0 = \bar{u} - (\hat{\beta}_0 - \beta_0) - (\hat{\beta}_1 - \beta_1) \bar{x}$$

因此可得

$$\hat{u}_i^2 = (u_i - \overline{u})^2 + (\hat{\beta}_1 - \beta_1)^2 (x_i - \overline{x})^2 - 2(u_i - \overline{u})(\hat{\beta}_1 - \beta_1)(x_i - \overline{x})$$

加总得

$$\sum_{i=1}^n \hat{u}_i^2 = \sum_{i=1}^n (u_i - \overline{u})^2 + (\hat{\beta}_1 - \beta_1)^2 \sum_{i=1}^n (x_i - \overline{x})^2 - 2(\hat{\beta}_1 - \beta_1) \sum_{i=1}^n (u_i - \overline{u})(x_i - \overline{x})$$

对上式两边求期望得

$$E\left(\sum_{i=1}^n \hat{u}_i^2\right) = (n-1)\sigma^2 + \sigma^2 - 2\sigma^2$$
$$= (n-2)\sigma^2$$

分别分析上述公式右边的每一项：右边第一项的均值为 $(n-1)\sigma^2$；根据前述知识，$E\left[(\hat{\beta}_1 - \beta_1)^2\right] = \mathrm{Var}(\hat{\beta}_1) = \dfrac{\sigma^2}{\sum_{i=1}^n (x_i - \overline{x})^2}$，因而右边第二项的均值为 σ^2；至于右边第三项，根据对 $\hat{\beta}_1$ 的分析：$\hat{\beta}_1 = \beta_1 + \dfrac{\sum_{i=1}^n (x_i - \overline{x}) u_i}{\sum_{i=1}^n (x_i - \overline{x})^2}$，因而右边第三项可以简化为 $(\hat{\beta}_1 - \beta_1)^2 \sum_{i=1}^n (x_i - \overline{x})^2$，根据 $\hat{\beta}_1$ 的方差，可知右边第三项的均值为 $2\sigma^2$。

因此，σ^2 的估计值 $\hat{\sigma}^2$ 利用以下公式进行估计：

$$\hat{\sigma}^2 = \frac{\sum_{i=1}^n \hat{u}_i^2}{n-2}$$

7.1.5 模型的统计检验

7.1.5.1 可决系数 R^2

根据 n 个样本观测值 (x_i, y_i)，得到样本回归线 $\hat{y}_i = \hat{\beta}_0 + \hat{\beta}_1 x_i$。此时，第 i 个观测值 y_i 与样本均值 $\overline{y}$ 可分解为

$$y_i - \overline{y} = (y_i - \hat{y}_i) + (\hat{y}_i - \overline{y})$$

进一步得

$$\sum_{i=1}^n (y_i - \overline{y})^2 = \sum_{i=1}^n (y_i - \hat{y}_i)^2 + \sum_{i=1}^n (\hat{y}_i - \overline{y})^2 + 2\sum_{i=1}^n (y_i - \hat{y}_i)(\hat{y}_i - \overline{y})$$

可以证明上式右边第三项为零。记 $\mathrm{TSS} = \sum_{i=1}^n (y_i - \overline{y})^2$，$\mathrm{ESS} = \sum_{i=1}^n (\hat{y}_i - \overline{y})^2$，$\mathrm{RSS} = \sum_{i=1}^n (y_i - \hat{y}_i)^2$。其中，TSS 为总离差平方和，反映样本观测值总体离差的大小；ESS 为回归平方和，反映由模型的解释变量所解释的那部分离差；RSS 为残差平方和，反映样本观测值与估计值的偏离。由于 ESS 反映了回归模型对样本的解释，因此可以定义回归模型的可决系数 R^2 为

$$R^2 = \frac{\text{ESS}}{\text{TSS}} = \frac{\sum_{i=1}^{n}(\hat{y}_i - \overline{y})^2}{\sum_{i=1}^{n}(y_i - \overline{y})^2}$$

R^2 的值为 0~1，其值越接近 1，表明回归模型对数据的解释力度越强。

7.1.5.2 t 检验

根据前述分析，可知 $\hat{\beta}_1 = \beta_1 + \dfrac{\sum_{i=1}^{n}(x_i - \overline{x})u_i}{\sum_{i=1}^{n}(x_i - \overline{x})^2}$；根据模型假定，可知 u 服从正态分布，由于 $\hat{\beta}_1$ 是 u_i 的线性组合，因此 $\hat{\beta}_1$ 服从正态分布。又由于 $E(\hat{\beta}_1) = \beta_1$，$\text{Var}(\hat{\beta}_1) = \dfrac{\sigma^2}{\sum_{i=1}^{n}(x_i - \overline{x})^2}$，因此有

$$\hat{\beta}_1 \sim N\left(\beta_1, \frac{\sigma^2}{\sum_{i=1}^{n}(x_i - \overline{x})^2}\right)$$

考虑到 σ^2 未知，用 σ^2 的无偏估计 $\hat{\sigma}^2 = \sum_{i=1}^{n}\hat{u}_i^2 / (n-2)$ 代替 σ^2，此时有

$$t = \frac{\hat{\beta}_1 - \beta_1}{\sqrt{\dfrac{\sum_{i=1}^{n}\hat{u}_i^2}{(n-2)\sum_{i=1}^{n}(x_i - \overline{x})^2}}} \sim t(n-2)$$

即该统计量服从自由度为 $n-2$ 的 t 分布，因此可用该统计量检验 β_1 的显著性。回顾假设检验部分的分析，设置原假设和备选假设分别如下：

$$H_0: \beta_1 = 0, \quad H_1: \beta_1 \neq 0$$

确认 β_1 是否显著不等于零。

同理，对于 β_0，也可构造如下统计量：

$$t = \frac{\hat{\beta}_0 - \beta_0}{\sqrt{\dfrac{\sum_{i=1}^{n}\hat{u}_i^2 \sum_{i=1}^{n}x_i^2}{n(n-2)\sum_{i=1}^{n}(x_i - \overline{x})^2}}} \sim t(n-2)$$

β_0 的显著性检验与 β_1 的类似。

7.1.6 一元线性回归模型的 R 语言实现

一元线性回归模型使用函数 lm() 进行拟合，其基本格式为 fit <- lm(formula, data)，其中，

formula 为模型形式，data 为数据框。formula 的基本形式为 y ~ x，其中，y 为被解释变量，x 为解释变量。

假设有一个名为 df 的数据框，它包含两列，x 是解释变量，y 是被解释变量，则实现一元线性回归的 R 代码如下。

```
# 使用lm()函数拟合一元线性回归模型
model <- lm(y ~ x, data = df)

# 输出模型摘要
summary(model)
```

此外，还可以使用一些其他函数来查看线性回归的其他信息。

- coef(model)用来返回模型的系数，包括截距项和解释变量的系数。这些系数描述了解释变量对被解释变量的影响程度。
- confint(model)可以用来计算模型系数的置信区间。这有助于了解系数的估计不确定性。
- predict(model, newdata = ...)允许使用模型对新的数据点进行预测。newdata 是一个数据框，包含了想进行预测的解释变量。
- plot(model)可以生成一系列诊断图，帮助识别模型中可能存在的问题，如非线性关系、异方差性或异常值等。
- residuals(model)可以获取模型的残差，即观测值与预测值之间的差异。残差分析是检查模型拟合好坏的重要步骤。

例 7-1：假如有如下数据，请根据公式计算其线性回归的各个参数值，并利用 R 语言验证计算结果。

```
##   x   y
## 1 1 1.2
## 2 2 1.9
## 3 3 3.3
## 4 4 3.0
## 5 5 3.6
## 6 6 4.9
```

解：代入 $\hat{\beta}_1$ 的计算公式，可得 $\hat{\beta}_1 \approx 0.666$；代入 $\hat{\beta}_0$ 的计算公式，可得 $\hat{\beta}_0 \approx 0.653$。由此可得出估计的一元线性回归方程为 $\hat{y} = 0.653 + 0.666x$，估计的误差方程为 $\hat{u}_i = y_i - (0.653 + 0.666x_i)$，将各 x 代入，即可得到每个 x 对应的误差项估计值。根据 σ^2 的估计值计算方程，即可得到 σ^2 的估计值为 $\hat{\sigma}^2 \approx 0.188$。将 $\hat{\sigma}^2$ 代入 β_1 的方差估计方程，可以得到 $\text{Var}(\hat{\beta}_1)$ 的估计值为 0.011，其他值的计算类似。

利用 R 语言进行线性回归，可以看出，该结果与代入公式计算的结果相同。

```
fit <- lm(y~x, df)
summary(fit)
##
## Call:
## lm(formula = y ~ x, data = df)
##
## Residuals:
##       1       2       3       4       5       6
## -0.1190 -0.0848  0.6495 -0.3162 -0.3819  0.2524
##
## Coefficients:
```

```
##              Estimate Std. Error t value Pr(>|t|)
## (Intercept)    0.653      0.404    1.62    0.181
## x              0.666      0.104    6.42    0.003 **
## ---
## Signif. codes:  0 '***' 0.001 '**' 0.01 '*' 0.05 '.' 0.1 ' ' 1
##
## Residual standard error: 0.434 on 4 degrees of freedom
## Multiple R-squared:  0.912,  Adjusted R-squared:  0.889
## F-statistic: 41.2 on 1 and 4 DF,  p-value: 0.00303
```

7.2 多元线性回归

7.2.1 总体回归模型

多元回归的总体回归模型的一般形式为

$$y = f(x_1, x_2, \cdots, x_k) + u$$

该模型用于刻画变量 y 与 $x_1, x_2, \cdots, x_k$ 之间客观真实的回归关系，若假定其中的函数 $f(x_1, x_2, \cdots, x_k)$ 为线性函数，则得到如下多元线性回归模型：

$$y = \beta_0 + \beta_1 x_1 + \cdots + \beta_k x_k + u$$
$$= \boldsymbol{x}' \boldsymbol{\beta} + u$$

其中，$\boldsymbol{x} = (1, x_1, x_2, \cdots, x_k)'$；$\boldsymbol{\beta} = (\beta_0, \beta_1, \beta_2, \cdots, \beta_k)'$。

如果给定 n 个观测值 $(x_i; y_i)$，$i = 1, 2, \cdots, n$，则总体可表示为

$$y_i = \beta_0 + \beta_1 x_{i1} + \beta_2 x_{i2} + \cdots + \beta_k x_{ik} + u_i, \quad i = 1, 2, \cdots, n$$

将 n 个观测值层叠：

$$y_1 = \beta_0 + \beta_1 x_{11} + \beta_2 x_{12} + \cdots + \beta_k x_{1k} + u_1$$
$$y_2 = \beta_0 + \beta_1 x_{21} + \beta_2 x_{22} + \cdots + \beta_k x_{2k} + u_2$$
$$\vdots$$
$$y_n = \beta_0 + \beta_1 x_{n1} + \beta_2 x_{n2} + \cdots + \beta_k x_{nk} + u_n$$

将上式转化为矩阵形式：

$$\begin{pmatrix} y_1 \\ y_2 \\ \vdots \\ y_n \end{pmatrix} = \begin{pmatrix} 1 & x_{11} & x_{12} & \cdots & x_{1k} \\ 1 & x_{21} & x_{22} & \cdots & x_{2k} \\ \vdots & \vdots & \vdots & & \vdots \\ 1 & x_{n1} & x_{n2} & \cdots & x_{nk} \end{pmatrix} \begin{pmatrix} \beta_0 \\ \beta_1 \\ \vdots \\ \beta_k \end{pmatrix} + \begin{pmatrix} u_1 \\ u_2 \\ \vdots \\ u_n \end{pmatrix}$$

令

$$\boldsymbol{Y} = \begin{pmatrix} y_1 \\ y_2 \\ \vdots \\ y_n \end{pmatrix}, \quad \boldsymbol{X} = \begin{pmatrix} 1 & x_{11} & x_{12} & \cdots & x_{1k} \\ 1 & x_{21} & x_{22} & \cdots & x_{2k} \\ \vdots & \vdots & \vdots & & \vdots \\ 1 & x_{n1} & x_{n2} & \cdots & x_{nk} \end{pmatrix}, \quad \boldsymbol{\beta} = \begin{pmatrix} \beta_0 \\ \beta_1 \\ \vdots \\ \beta_k \end{pmatrix}, \quad \boldsymbol{u} = \begin{pmatrix} u_1 \\ u_2 \\ \vdots \\ u_n \end{pmatrix}$$

则多元线性回归可表示为

$$\boldsymbol{Y} = \boldsymbol{X}\boldsymbol{\beta} + \boldsymbol{u}$$

虽然前面已经设定了总体回归模型的形式，但由于参数是未知的，需要通过样本数据对模型中的参数进行估计，因此需要建立总体回归模型的样本形式。假如有 n 个样本，第 i 个样本记为 $y_i, x_{i1}, x_{i2}, \cdots, x_{ik}$，则第 i 个样本可表示为

$$y_i = \hat{\beta}_0 + \hat{\beta}_1 x_{i1} + \hat{\beta}_2 x_{i2} + \cdots + \hat{\beta}_k x_{ik} + \hat{u}_i, \quad i = 1, 2, \cdots, n$$

令 $\hat{y}_i = \hat{\beta}_0 + \hat{\beta}_1 x_{i1} + \hat{\beta}_2 x_{i2} + \cdots + \hat{\beta}_k x_{ik}$，则 $y_i = \hat{y}_i + \hat{u}_i$。同样，$n$ 个样本的样本回归函数的矩阵表达式为

$$\hat{Y} = X\hat{\beta}$$
$$Y = X\hat{\beta} + \hat{u}$$

其中

$$\hat{Y} = \begin{pmatrix} \hat{y}_1 \\ \hat{y}_2 \\ \vdots \\ \hat{y}_n \end{pmatrix}, \quad \hat{\beta} = \begin{pmatrix} \hat{\beta}_0 \\ \hat{\beta}_1 \\ \vdots \\ \hat{\beta}_k \end{pmatrix}, \quad \hat{u} = \begin{pmatrix} \hat{u}_1 \\ \hat{u}_2 \\ \vdots \\ \hat{u}_n \end{pmatrix}$$

在多元线性回归模型中，y 和 $x_1, x_2, \cdots, x_k$ 均为可观察的随机变量。其中，y 为被解释变量，$x_1, x_2, \cdots, x_k$ 为解释变量。$\beta_0, \beta_1, \cdots, \beta_k$ 为总体参数，这些参数客观存在但是未知，需要基于数据进行估计。线性回归就是基于样本中的变量 $x_1, x_2, \cdots, x_k$ 和 y 的数据对参数 $\beta_0, \beta_1, \cdots, \beta_k$ 进行估计。在 $k+1$ 个待估计的参数中，β_0 不同于其他参数，它没有对应的 x，称为截距项，而 $\beta_1, \beta_2, \cdots, \beta_k$ 称为斜率。

相比于一元线性回归，多元线性回归明显复杂，这就产生一个问题：为何要用多元线性回归而不用简单的一元线性回归呢？假如正确的回归形式是 $y = \beta_0 + \beta_1 x_1 + \beta_2 x_2 + u$，且 x_1 与 x_2 存在相关性，那么此时仅用函数形式 $y = \beta_0 + \beta_1 x_1 + v$（为便于分析，此处用 v 表示误差项）进行回归，由于误差项 v 中包含 x_2，而 x_1 与 x_2 存在相关性，因此 v 与 x_1 存在相关性，这就违背了一元线性回归中零条件均值的假定，因此估计得到的 $\hat{\beta}_1$ 是有系统性偏差的，即 $E(\hat{\beta}_1) \neq \beta_1$。

7.2.2 模型假定

在建立多元线性回归模型时，需要遵循以下基本假定。

1. 线性性

线性性指被解释变量 y 对参数 β 而言是线性的，以及被解释变量 y 与解释变量 $x_1, x_2, \cdots, x_k$ 之间的关系也是线性的。在线性性假定下，模型的形式为

$$y = \beta_0 + \beta_1 x_1 + \cdots + \beta_x x_k + u$$

2. 解释变量外生性

解释变量外生性指误差项 u 关于解释变量 X 的条件均值为零，即

$$E(u|X) = 0$$

基于该假定，可以推导出以下结论。

（1）误差项的无条件均值为零。

$$E(u_i) = 0, \quad i = 1, 2, \cdots, n$$

这意味着随机变量 u_i 可随机取若干值，但均在零附近波动。当模型有常数项时，在任何情况下，误差项都可遵循零均值假定。

（2）误差项与解释变量无关，即
$$\text{Cov}(x_{jh}, u_i), \quad i, j = 1, 2, \cdots, n, \quad h = 1, 2, \cdots, k$$

这意味着 X 中不含有任何关于误差项 u 的信息。

（3）Y 对 X 回归的系统部分就是 Y 关于 X 的条件均值，即
$$E(Y|X) = X\beta$$

3. 样本矩阵 X 满列秩

$$r(X) = k < n$$

该式意味着解释变量的样本向量线性无关。若样本容量 n 小于变量个数 k，则矩阵 X 不可能满列秩。由此假定可导出：矩阵 $X'X$ 的秩为 k、可逆且正定。该假定可以保证参数估计的唯一性。

4. 误差项同方差性、无自相关

误差项同方差性、无自相关的假定可表示为
$$\text{Var}(u|X) = E(uu') = \sigma^2 I$$

其中，I 为 n 阶单位矩阵。由该假定可得到以下结论。

（1）u 的无条件方差-协方差矩阵：
$$\text{Var}(u) = E[\text{Var}(u|X)] + \text{Var}[E(u|X)] = \sigma^2 I$$

该式由概率论中的方差分解公式、假定 $E(u|X) = 0$ 及本假定得到。

（2）y 的条件方差-协方差矩阵：
$$\text{Var}(Y|X) = \text{Var}(u|X) = \sigma^2 I$$

（3）同方差性。

对于对角线元素，有
$$\text{Var}(u_i|X) = \sigma^2, \quad i = 1, 2, \cdots, n$$
$$\text{Var}(u_i) = \sigma^2, \quad i = 1, 2, \cdots, n$$

这表示对应于各观测的误差项具有同方差，即 u_i 围绕零的波动程度相同。

由于 $\text{Var}(y_i|X) = \sigma^2 I$，因此各观测值 $y_1, y_2, \cdots, y_n$ 的条件方差相同，即 $y_1, y_2, \cdots, y_n$ 围绕各自的条件均值 $E(y_1|X), E(y_2|X), \cdots, E(y_n|X)$ 的波动程度相同。

（4）无自相关。

对于非对角线元素，有
$$\text{Cov}(u_i, u_j|X) = 0, \quad \forall i \neq j$$
$$\text{Cov}(u_i, u_j) = 0, \quad \forall i \neq j$$

进一步，可得
$$\text{Cov}(y_i, y_j|X) = 0, \quad \forall i \neq j$$

这意味着，序列 $u_1, u_2, \cdots, u_n$ 两两不相关，在 X 条件下，序列 $y_1, y_2, \cdots, y_n$ 也两两不相关。

5. 误差项服从条件正态分布

误差项服从条件正态分布这一假定可表示为

$$u|X \sim N(0, \sigma^2 I)$$

根据该假定，易证 $y|X \sim N(X\beta, \sigma^2 I)$。

7.2.3 参数估计

使用最小二乘法进行参数估计，对应于参数 $\{\beta_0, \beta_1, \beta_2, \cdots, \beta_k\}$ 的估计值分别为 $\{\hat{\beta}_0, \hat{\beta}_1, \hat{\beta}_2, \cdots, \hat{\beta}_k\}$。假设有 n 个样本，样本回归函数为 $Y = X\hat{\beta} + \hat{u}$。与一元线性回归一样，最小化 $\sum_{i=1}^{n} \hat{u}_i^2$，即

$$\min \sum_{i=1}^{n} \hat{u}_i^2 = \min \hat{u}'\hat{u}$$

对于多元线性回归模型，其残差平方和可以表示为

$$\hat{u}'\hat{u} = (Y - X\hat{\beta})'(Y - X\hat{\beta})$$
$$= Y'Y - 2Y'X\hat{\beta} + \hat{\beta}'X'X\hat{\beta}$$

当 $\hat{u}'\hat{u}$ 对 $\hat{\beta}$ 的一阶导数为 0 时，残差平方和最小，即

$$\frac{\partial (\hat{u}'\hat{u})}{\partial \hat{\beta}} = -2X'Y + 2X'X\hat{\beta} = 0$$

解得回归参数的估计量 $\hat{\beta}$ 为

$$\hat{\beta} = (X'X)^{-1} X'Y$$

7.2.4 参数性质

分析 $\hat{\beta}$ 与 β 的关系：

$$\hat{\beta} = (X'X)^{-1} X'Y$$
$$= (X'X)^{-1} X'(X\beta + u)$$

因而可得

$$E(\hat{\beta}) = E((X'X)^{-1} X'(X\beta + u))$$
$$= (X'X)^{-1} X'X\beta + E((X'X)^{-1} X'u)$$
$$= \beta$$

因此，$\hat{\beta}$ 是 β 的无偏估计。

分析 $\hat{\beta}$ 的协方差矩阵：

$$\text{Var}(\hat{\boldsymbol{\beta}}) = E\{[\hat{\boldsymbol{\beta}} - E(\hat{\boldsymbol{\beta}})][\hat{\boldsymbol{\beta}} - E(\hat{\boldsymbol{\beta}})]'\}$$
$$= E[(\hat{\boldsymbol{\beta}} - \boldsymbol{\beta})(\hat{\boldsymbol{\beta}} - \boldsymbol{\beta})']$$
$$= E[(X'X)^{-1} X'uu'X (X'X)^{-1}]$$
$$= (X'X)^{-1} X' \sigma^2 I X (X'X)^{-1}$$
$$= \sigma^2 (X'X)^{-1}$$

考虑到 $\hat{\boldsymbol{\beta}} = (\hat{\beta}_0, \hat{\beta}_1, \hat{\beta}_2, \cdots, \hat{\beta}_k)'$，因此，$\text{Var}(\hat{\beta}_i) = \sigma^2 c_{i+1,i+1}$，$i = 0, 1, \cdots, k$，其中，$c_{i,i}$ 为矩阵 $(X'X)^{-1}$ 的第 i 行第 i 列元素。

与一元线性回归一样，在多元线性回归中，σ^2 一般也是未知的，需要估计 $\hat{\sigma}^2$。在多元线性回归中，σ^2 的无偏估计量为

$$\hat{\sigma}^2 = \frac{\sum_{i=1}^{n} \hat{u}_i^2}{n - (k+1)}$$

具体证明可见 Jeffrey M.Wooldridge 的 *Introductory Econometrics: A Modern Approach*。

7.2.5　模型的统计检验

7.2.5.1　可决系数 R^2

在多元线性回归中，可决系数 R^2 的定义和一元线性回归中可决系数 R^2 的定义一样，即

$$\sum_{i=1}^{n}(y_i - \overline{y})^2 = \sum_{i=1}^{n}(y_i - \hat{y}_i)^2 + \sum_{i=1}^{n}(\hat{y}_i - \overline{y})^2$$

记 $\text{TSS} = \sum_{i=1}^{n}(y_i - \overline{y})^2$，$\text{ESS} = \sum_{i=1}^{n}(\hat{y}_i - \overline{y})^2$，$\text{RSS} = \sum_{i=1}^{n}(y_i - \hat{y}_i)^2$，则

$$\text{TSS} = \text{ESS} + \text{RSS}$$

此时，可决系数 R^2 为

$$R^2 = \frac{\text{ESS}}{\text{TSS}} = \frac{\sum_{i=1}^{n}(\hat{y}_i - \overline{y})^2}{\sum_{i=1}^{n}(y_i - \overline{y})^2}$$

但 R^2 存在一个问题，即解释变量个数越多（k 的值越大），R^2 的值越大。因此，增加解释变量一方面必定会增加模型的拟合优度；另一方面，模型会越来越复杂。为了同时考虑拟合优度和模型复杂度，引入修正的可决系数 $\overline{R}^2$：

$$\overline{R}^2 = 1 - \frac{n-1}{n-k} \frac{\sum_{i=1}^{n}(\hat{y}_i - y_i)^2}{\sum_{i=1}^{n}(y_i - \overline{y}_i)^2}$$

R^2 与 $\overline{R}^2$ 存在如下关系：

$$\overline{R}^2 = 1 - \frac{n-1}{n-k}(1 - R^2)$$

7.2.5.2　t 检验

根据 $\hat{\beta}_i(i=0,1,2,\cdots,k)$ 的均值和方差分析，以及误差项服从条件正态分布的假定，可知

$$\hat{\beta}_i \sim N\left[\beta_i, \text{Var}(\hat{\beta}_i)\right]$$

由于 $\text{Var}(\hat{\beta}_i) = \sigma^2 c_{i+1,i+1}$，$\sigma^2$ 未知且其无偏估计 $\hat{\sigma}^2 = \sum_{i=1}^{n}\hat{u}_i^2/(n-k-1)$，因此构造如下统计量：

$$t = \frac{\hat{\beta}_i - \beta_i}{\sqrt{\hat{\sigma}^2 c_{i+1,i+1}}} \sim t(n-k-1)$$

回归系数的假设检验用于单独考查一个解释变量对被解释变量的影响是否显著。在多元线性回归方程 $y = \beta_0 + \beta_1 x_1 + \cdots + \beta_k x_k + u$ 中，若 x_k 对应的系数 $\beta_k = 0$，则说明解释变量 x_k 与被解释变量没有线性关系。

在该假设检验中，设置原假设和备选假设分别如下：

$$H_0: \beta_i = 0, \quad H_1: \beta_i \neq 0, \quad i = 0,1,\cdots,n$$

若检验结果拒绝 H_0，则称 β_i 显著（显著异于零）；若不能拒绝 H_0，则称 β_i 不显著。

7.2.5.3　F 检验

t 检验仅仅是对某一参数的显著性进行检验，但有时需要检验多个参数的假设是否合理。例如，在总体回归模型 $y = \beta_0 + \beta_1 x_1 + \beta_2 x_2 + \beta_3 x_3 + \beta_4 x_4 + u$ 中，需要检验 x_2, x_3, x_4 对 y 的共同影响，则原假设为

$$H_0: \beta_2 = 0, \beta_3 = 0, \beta_4 = 0$$

此时，t 检验解决不了问题，需要用到 F 检验。

假设模型为

$$y = \beta_0 + \beta_1 x_1 + \beta_2 x_2 + \cdots + \beta_k x_k + u$$

原假设最后面 q 个系数均为零，即

$$H_0: \beta_{k-q+1} = 0, \beta_{k-q+2} = 0, \cdots, \beta_k = 0$$

此时，对原模型（或称不受约束模型）$y = \beta_0 + \beta_1 x_1 + \beta_2 x_2 + \cdots + \beta_k x_k + u$ 进行回归，得到残差平方和 RSS_{ur}；对约束模型 $y = \beta_0 + \beta_1 x_1 + \beta_2 x_2 + \cdots + \beta_{k-q} x_{k-q} + u$ 进行回归，得到残差平方和 RSS_r。定义统计量 F 为

$$F = \frac{(\text{RSS}_r - \text{RSS}_{ur})/q}{\text{RSS}_{ur}/(n-k-1)} \sim F_{q, n-k-1}$$

若统计量 F 足够大，大于某一值，则应该拒绝原假设。

7.2.6　多元线性回归模型的 R 语言实现

多元线性回归模型使用函数 lm() 进行拟合，其基本格式为 fit <- lm(formula, data)，formula 的基本形式为 y ~ x1 + x2 + x3，其中，y 为被解释变量，x1、x2、x3 为解释变量，用+号将各个解释变量连接。当然，formula 中包含更多细节：y ~ x1 + x2 + x1:x2 用于分析 x1、x2、x1 与 x2 的交互项对 y 的影响；y ~ x1 * x2 等价于 y ~ x1 + x2 + x1:x2；y ~ x1 + I(x2^2) 表示 y 对 x1 及 x2 的平方进行回归；log(y)~x 表示先对 y 求对数，再用其对数对 x 进行回归。

例 7-2：假如有如下数据在数据框 df 中，请利用 R 语言计算结果，并解读结果。

```
##      x1   x2   y
## 1  -0.6 -0.1 0.4
## 2   0.2  1.2 1.7
## 3  -0.8  2.9 2.4
## 4   1.6 -0.4 1.2
## 5   0.3  0.9 1.7
## 6  -0.8  1.2 1.3
## 7   0.5  1.8 2.4
## 8   0.7  0.7 2.1
## 9   0.6  3.4 3.0
## 10 -0.3  0.8 1.7
```

解：具体的代码和结果如下。

```
fit <- lm(y~x1+x2, df)
summary(fit)
##
## Call:
## lm(formula = y ~ x1 + x2, data = df)
##
## Residuals:
##     Min     1Q  Median     3Q     Max
## -0.3120 -0.1856 -0.0365 0.1155 0.4010
##
## Coefficients:
##  Estimate    Std.     Error     t      value    Pr(>|t|)
## (Intercept) 1.0105   0.1332   7.59    0.00013    ***
## x1          0.4001   0.1209   3.31    0.01294    *
## x2          0.5835   0.0779   7.49    0.00014    ***
## ---
## Signif. codes:  0 '***' 0.001 '**' 0.01 '*' 0.05 '.' 0.1 ' ' 1
##
## Residual standard error: 0.271 on 7 degrees of freedom
## Multiple R-squared:  0.894,  Adjusted R-squared:  0.863
## F-statistic: 29.4 on 2 and 7 DF,  p-value: 0.000393
```

从结果可以看出，R^2=0.894，调整 $\overline{R^2}$=0.863，模型对数据的解释能力极强。x1 的系数为 0.4001，P 值为 0.01294，表明 x1 对 y 有显著的正影响；x2 的系数为 0.5835，P 值为 0.00014，表明 x2 对 y 有显著的正影响。

例 7-3：ggplot2 包的数据集 diamonds 中包含 price、depth 和 carat 三个特征，假定特征 price 为被解释变量，特征 depth 和 carat 为解释变量，分别利用多元线性回归函数 lm()、矩阵形式进行回归，并比较二者的数值是否有差异。

解：利用 lm()函数进行回归的代码和结果如下。

```
library(ggplot2)    # 加载 ggplot2 包，以利用其中的数据集 diamonds
fit <-lm(price ~ depth + carat, data = diamonds)
summary(fit)
##
## Call:
## lm(formula = price ~ depth + carat, data = diamonds)
##
## Residuals:
##    Min     1Q  Median     3Q     Max
```

```
## -18239    -802     -20     546   12684
##
## Coefficients:
##              Estimate    Std.     Error      t       value    Pr(>|t|)
## (Intercept)  4045.33     286.21              14.1    <2e-16    ***
## depth        -102.17     4.64                -22.0   <2e-16    ***
## carat        7765.14     14.01               554.3   <2e-16    ***
## ---
## Signif. codes:  0 '***' 0.001 '**' 0.01 '*' 0.05 '.' 0.1 ' ' 1
##
## Residual standard error: 1540 on 53937 degrees of freedom
## Multiple R-squared:  0.851,  Adjusted R-squared:  0.851
## F-statistic: 1.54e+05 on 2 and 53937 DF,  p-value: <2e-16
```

利用矩阵形式进行回归的代码和结果如下。

```
X <- cbind(rep(1, dim(diamonds)[1]), diamonds$depth, diamonds$carat)
y <- diamonds$price
coef <- solve(t(X) %*% X) %*% t(X) %*% y  #系数
resid <- y - X %*% coef  # 误差项估计值
hat_sigma2 <- sum(resid^2)/(dim(X)[1]-dim(X)[2])
std.error <- c(sqrt(solve(t(X) %*% X)[1,1] * hat_sigma2),
               sqrt(solve(t(X) %*% X)[2,2] * hat_sigma2),
               sqrt(solve(t(X) %*% X)[3,3] * hat_sigma2))
names <- c("intercept", "depth", "carat")
data.frame(names, coef, std.error)
##       names     coef  std.error
## 1 intercept   4045.3    286.205
## 2     depth   -102.2      4.635
## 3     carat   7765.1     14.009
```

可以看出，二者的值是一样的。

7.3 交互项

假设存在如下多元线性回归模型：

$$y_i = \beta_0 + \beta_1 x_{1i} + \beta_2 x_{2i} + \beta_3 x_{3i} + u_i$$

在该模型中，每个解释变量对被解释变量的影响不受其他解释变量取值的影响。然而，在现实生活中，某个解释变量对被解释变量的影响有可能受到其他解释变量取值的影响。例如，在高速公路上，降水量对高速公路事故数量的影响可能受到道路线形的影响。而在上述模型中，无法考虑这个问题。为此，可在该模型中引入交互项。从操作层面上来讲，交互项就是两个解释变量的乘积。假设在一个多元线性回归模型中存在 2 个解释变量 x_1 和 x_2，通过建立 x_1 和 x_2 的乘积项构造交互项，可得

$$y_i = \beta_0 + \beta_1 x_{1i} + \beta_2 x_{2i} + \beta_3 x_{1i} x_{2i} + u_i$$

当无交互项的模型对 x_1 求偏导时，可得

$$\frac{\partial E(y)}{\partial x_1} = \beta_1$$

当有交互项的模型对 x_1 求偏导时，可得

$$\frac{\partial E(y)}{\partial x_1} = \beta_1 + \beta_3 x_2$$

此时，x_1 对 y 的影响与 x_2 的取值有关。

例 7-4：在例 7-3 中，假如不仅想分析特征 depth 和 carat 对特征 price 的影响，还想分析特征 depth 和 carat 的交互项对特征 price 的影响，该如何做呢？

解：

```
library(ggplot2)    # 加载 ggplot2 包，以利用其中的数据集 diamonds
fit <-lm(price ~ depth + carat + depth:carat, data = diamonds)
summary(fit)
##
## Call:
## lm(formula = price ~ depth + carat + depth:carat, data = diamonds)
##
## Residuals:
##     Min      1Q  Median      3Q     Max
## -15039    -799     -18     540   12667
##
## Coefficients:
##               Estimate Std. Error t value Pr(>|t|)
## (Intercept) -7823.74     592.05   -13.21   <2e-16 ***
## depth          90.04       9.59     9.39   <2e-16 ***
## carat       20742.60     567.67    36.54   <2e-16 ***
## depth:carat  -210.08       9.19   -22.87   <2e-16 ***
## ---
## Signif. codes:  0 '***' 0.001 '**' 0.01 '*' 0.05 '.' 0.1 ' ' 1
##
## Residual standard error: 1530 on 53936 degrees of freedom
## Multiple R-squared:  0.852,  Adjusted R-squared:  0.852
## F-statistic: 1.04e+05 on 3 and 53936 DF,  p-value: <2e-16
```

可以将上面的回归代码改为 fit <-lm(price ~ depth* + carat + depth*carat, data = diamonds)，效果一样，请读者自己尝试一下。

7.4 虚拟变量

解释变量不一定局限于连续型数据，有时也会有分类变量，如性别可分为男、女两种，公共交通方式可以分为公交车、地铁、出租车等。当有分类变量时，可以引入虚拟变量来解释该分类变量的不同分类状态对被解释变量的影响程度。

当解释变量呈二分类状态时，可引入一个虚拟变量。以被解释变量为交通事故率为例，假设区域位置、人口数为解释变量，则模型形式如下：

$$y = \beta_0 + \beta_1 x + \beta_2 D + u$$

其中，x 为人口数；D 为表征区域位置的虚拟变量：

$$D = \begin{cases} 1 & 城区 \\ 0 & 郊区 \end{cases}$$

当区域位于郊区时，$E(y) = \beta_0 + \beta_1 x$；当区域位于城区时，$E(y) = \beta_0 + \beta_1 x + \beta_2$，即

$$\beta_2 = E(y \mid D=1, x) - E(y \mid D=0, x)$$

因此 β_2 具有如下含义：在同样人口数的情况下，β_2 是城区与郊区的交通事故率的差异。

当分类变量有 3 种分类状态时，可引入 2 个虚拟变量。假设被解释变量为公交价格支付意愿（元），解释变量为被调查人的年龄和学历水平（初中、高中、大学及以上），此时模型的形式如下：

$$y_i = \beta_0 + \beta_1 x_{i1} + \beta_2 D_{i1} + \beta_3 D_{i2} + u_i$$

其中，x_{i1} 为年龄；D_1 和 D_2 分别为

$$D_1 = \begin{cases} 1 & 初中 \\ 0 & 不是初中 \end{cases} \qquad D_2 = \begin{cases} 1 & 高中 \\ 0 & 不是高中 \end{cases}$$

因此，当模型设置常数项时，若某分类变量有 M 种分类状态，则通常引入 $M-1$ 个虚拟变量。

若某分类变量有 M 个分类，引入 M 个虚拟变量，则会出现问题。针对上述交通事故率的案例，假设针对区域引入 2 个虚拟变量，则模型可写为

$$y_i = \beta_0 + \beta_1 x_{i1} + \beta_2 D_{i1} + \beta_3 D_{i2} + u_i$$

$$D_1 = \begin{cases} 1 & 城区 \\ 0 & 郊区 \end{cases} \qquad D_2 = \begin{cases} 1 & 郊区 \\ 0 & 城区 \end{cases}$$

此时，样本矩阵 X 可写为

$$X = \begin{bmatrix} 1 & x_{11} & 0 & 1 \\ 1 & x_{21} & 0 & 1 \\ \vdots & \vdots & \vdots & \vdots \\ 1 & x_{n1} & 1 & 0 \end{bmatrix}$$

可发现第 3 列和第 4 列的和为 1，出现了多重共线性，不满足样本矩阵 X 满列秩的条件，模型无法估计。

例 7-5：现有数据集，如表 7-1 所示，其中，status 为婚姻状况，分为 3 种情况，请以 income 为被解释变量，对 age 和 status 进行回归。

表 7-1　数据集

income	age	status
4498	23	Single
4791	25	Single
4722	24	Single
5363	29	Single
6865	38	Married
6409	36	Single
7158	40	Married
8909	59	Divorced
8513	56	Divorced
10482	64	Married
9009	53	Married

解：

```
# 输入数据
age <- c(23, 25, 24, 29, 38, 36, 40, 59, 56, 64, 53)
status <- c('Single', 'Single', 'Single', 'Single',
```

```
            'Married', 'Single', 'Married', 'Divorced',
            'Divorced', 'Married', 'Married')
income <- c(4498, 4791, 4722, 5363, 6865, 6409, 7158, 8909, 8513, 10482, 9009)

# 创建虚拟变量
married <- ifelse(df$status == 'Married', 1, 0)
divorced <- ifelse(df$status == 'Divorced', 1, 0)

# 回归
fit <- lm(income ~ age + married + divorced)
summary(fit)
##
## Call:
## lm(formula = income ~ age + married + divorced)
##
## Residuals:
##    Min     1Q Median    3Q    Max
## -41.09 -23.46  -4.81 23.28  45.45
##
## Coefficients:
##    Estimate       Std.      Error    t         value    Pr(>|t|)
## (Intercept) 1311.20      46.01      28.50     1.7e-08    ***
## age          140.34       1.57      89.60     5.7e-12    ***
## married      225.57      41.68       5.41     0.001      ***
## divorced    -669.93      56.44     -11.87     6.8e-06    ***
## ---
## Signif. codes:  0 '***' 0.001 '**' 0.01 '*' 0.05 '.' 0.1 ' ' 1
##
## Residual standard error: 37.1 on 7 degrees of freedom
## Multiple R-squared:     1,    Adjusted R-squared:       1
## F-statistic: 1.01e+04 on 3 and 7 DF,  p-value: 4.43e-13
```

虚拟变量也能和其他解释变量进行交互。假设 y 为被解释变量，x 为解释变量，d 为虚拟变量，其总体回归函数为 $y = \beta_0 + \beta_1 d + \beta_2 x + \beta_3 dx + u$，则当 $d=0$ 时，$E(y) = \beta_0 + \beta_2 x$；当 $d=1$ 时，$E(y) = \beta_0 + \beta_1 + \beta_2 x + \beta_3 x = E(y) = (\beta_0 + \beta_1) + (\beta_2 + \beta_3)x$。此时，$x$ 对 y 的影响是存在差异的。从图 7-5 中可以看出，两条拟合直线的截距项不一样，其斜率也不一样。

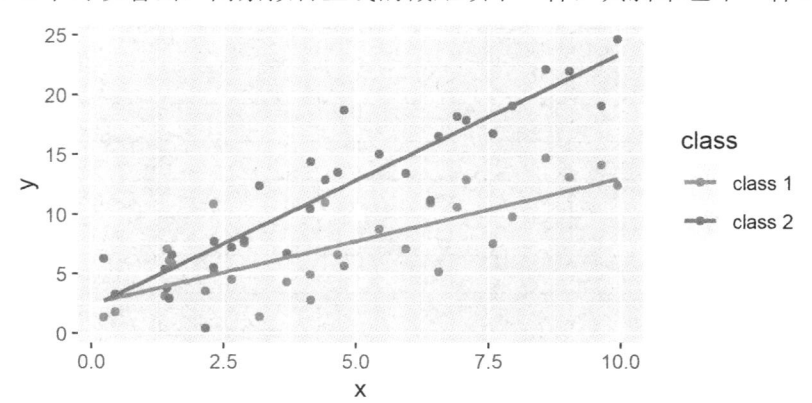

图 7-5 $d=0$ 和 $d=1$ 的拟合图

7.5 异方差性

在前述多元线性回归中，一个重要的假定是同方差性，即 $\text{Var}(u_i|X) = \sigma^2$，$i = 1, 2, \cdots, n$，但如果这个假定不成立，则称模型存在异方差性，此时，$\text{Var}(u_i|X) = \sigma_i^2$，$i = 1, 2, \cdots, n$。根据前述参数性质的分析，异方差性并不会影响参数的无偏性，因此即使模型存在异方差性，参数的估计仍然是准确的，但参数的方差估计就存在问题了。回顾参数的方差：

$$\text{Var}(\hat{\boldsymbol{\beta}}) = E\left\{\left[\hat{\boldsymbol{\beta}} - E(\hat{\boldsymbol{\beta}})\right]\left[\hat{\boldsymbol{\beta}} - E(\hat{\boldsymbol{\beta}})\right]'\right\}$$

$$= E\left[(\hat{\boldsymbol{\beta}} - \boldsymbol{\beta})(\hat{\boldsymbol{\beta}} - \boldsymbol{\beta})'\right]$$

$$= E\left[(X'X)^{-1} X'uu'X (X'X)^{-1}\right]$$

$$= (X'X)^{-1} X'E(uu')X (X'X)^{-1}$$

由于异方差性的存在，$E(uu') \ne \sigma^2 I$，$\text{Var}(\hat{\boldsymbol{\beta}}) \ne \sigma^2 (X'X)^{-1}$，因此后续的参数显著性检验都存在问题。

由于在参数的常规线性回归中，参数的无偏性不受异方差性的影响，但参数的方差估计受到影响，因此一种常用的解决方法是，参数估计还是采用一般线性回归来确定，但参数的标准误采用异方差-稳健标准误来确定。

回到公式 $\text{Var}(\hat{\boldsymbol{\beta}}) = (X'X)^{-1} X'E(uu')X (X'X)^{-1}$，假如可以得到 $E(uu')$ 的估计 $\widetilde{E(uu')}$，则根据矩估计方法，可以得到 $\text{Var}(\hat{\boldsymbol{\beta}})$ 的估计为 $(X'X)^{-1} X'\widetilde{E(uu')}X (X'X)^{-1}$。

此时，问题就在于如何估计 $\widetilde{E(uu')}$。由于

$$E(uu') = \begin{pmatrix} u_1u_1 & u_1u_2 & \cdots & u_1u_n \\ u_2u_1 & u_2u_2 & \cdots & u_2u_n \\ \vdots & \vdots & & \vdots \\ u_nu_1 & u_nu_2 & \cdots & u_nu_n \end{pmatrix} = \begin{pmatrix} u_1^2 & 0 & \cdots & 0 \\ 0 & u_2^2 & \cdots & 0 \\ \vdots & \vdots & & \vdots \\ 0 & 0 & \cdots & u_n^2 \end{pmatrix}$$

因此 $\widetilde{E(uu')}$ 可以利用如下方法进行估计：

$$\widetilde{E(uu')} = \begin{pmatrix} \hat{u}_1^2 & 0 & \cdots & 0 \\ 0 & \hat{u}_2^2 & \cdots & 0 \\ \vdots & \vdots & & \vdots \\ 0 & 0 & \cdots & \hat{u}_n^2 \end{pmatrix}$$

其中，$\hat{u}_i^2$ 为常规线性回归得到的误差项的平方。

异方差性常用的检验方法为 BP 检验。如果同方差性假设成立，则

$$H_0: \text{Var}(u|X) = \sigma^2 I$$

由于 $E(u|X) = 0$，$\text{Var}(u|X) = \sigma^2$，因此上述假设等价于

$$H_0: E(u^2|X) = \sigma^2$$

为了检验是否违背上述假设，需要检验 u^2 与解释变量的相关性。一种简单的方法就是将 u^2 与解释变量做线性回归，并分析这一线性回归模型的拟合优度，这就是 BP 检验。总结而言，BP 检验的步骤如下。

- 进行一般的线性回归，得到 u_i^2 的估计量 $\hat{u}_i^2$。
- 构造辅助回归模型 $\hat{u}_i^2 = \delta_0 + \delta_1 x_{i1} + \delta_2 x_{i2} + \cdots + \delta_k x_{ik} + v_i$，得到这一辅助回归模型的可决系数 R_u^2。
- 构造 LM 统计量：$\text{LM} = nR_u^2 \sim \chi^2(k)$。
- 通过 LM 统计量确定 P 值，得到显著性的检验。

例 7-6：载入 wooldridge 中的数据集 saving，并截取 saving 的一个子集。在此基础上，将特征 sav 对特征 inc 进行回归，并利用 R 语言检验回归的异方差性。

解：将特征 sav 对特征 inc 进行回归，得到回归的结果后，利用 lmtest 包中的 bptest()函数检验结果是否存在异方差性。

由于 P 值为 0.04322，因此可认为该模型存在异方差性。

```
library(dplyr)
saving <- wooldridge::saving %>%
   filter(sav > 0,
          inc < 20000,
          sav < inc)
model <- lm(sav ~ inc, data = saving)
lmtest::bptest(model)
##
##  studentized Breusch-Pagan test
##
## data: model
## BP = 4.1, df = 1, p-value = 0.04
```

由于该模型存在一定的异方差性，因此常规线性回归拟合函数 lm()得到的标准误存在一定的错误，需要计算参数的异方差-稳健标准误。为此，利用 coeftest()函数计算异方差-稳健标准误。在代码中，coeftest()函数来自 lmtest 包，vcovHC()函数来自 sandwich 包，用于计算异方差一致性协方差矩阵（Heteroskedasticity-Consistent Covariance Matrix），即稳健标准误；type ="HC3"指定了使用的异方差—稳健标准误的类型，"HC3"是常用的一个选项。

```
library(lmtest)
library(sandwich)
lmtest::coeftest(model, vcov = vcovHC(model, type = "HC3"))
##
## t test of coefficients:
##
## Estimate    Std.       Error      t       value    Pr(>|t|)
## (Intercept) 316.1984   443.2981   0.71    0.4779
## inc         0.1405     0.0525     2.68    0.0092   **
## ---
## Signif. codes: 0 '***' 0.001 '**' 0.01 '*' 0.05 '.' 0.1 ' ' 1
```

本章习题

1. 截取 R 语言自带数据集 women 的前 6 行进行回归，假定特征 weight 为被解释变量，特征 height 为解释变量，算出各个参数，并利用 R 语言编程得到结果，对二者进行比较。

2. 在 women 数据集中，假定特征 weight 为被解释变量，特征 height 及其评分项为解释变量，利用 R 语言编程得到结果，并解读该结果。

3. 对于习题 2，检验回归是否存在异方差性。

第 8 章

Logit 回归

8.1 线性回归模型的问题

在数据分析中，常常遇到各类问题，如大学生关注的"考研/出国/工作"选择，交通领域中的各种出行方式的选择等。在这类问题中，被解释变量通常是分类或有序变量，需要分析各类因素对这些被解释变量的影响。处理这类问题的模型被称为离散选择模型。然而，如果直接使用常用的线性回归模型来处理离散选择模型，就会遇到一些问题。线性回归模型假设被解释变量是连续的，并且服从正态分布，而离散选择模型的被解释变量是分类或有序变量，不满足这些假设。此外，线性回归模型可能会预测出范围超出被解释变量所有可能取值的结果，这在实际问题中是没有意义的。

以离散选择模型中常见的二值选择模型为例，此时被解释变量为二元分类变量 $y=0$ 或 $y=1$，解释变量只有 1 个为 x。x 与 y 正相关，即 x 越大，$y=1$ 的可能性越大。此时，使用线性回归模型可以得到如图 8-1 所示的拟合图。

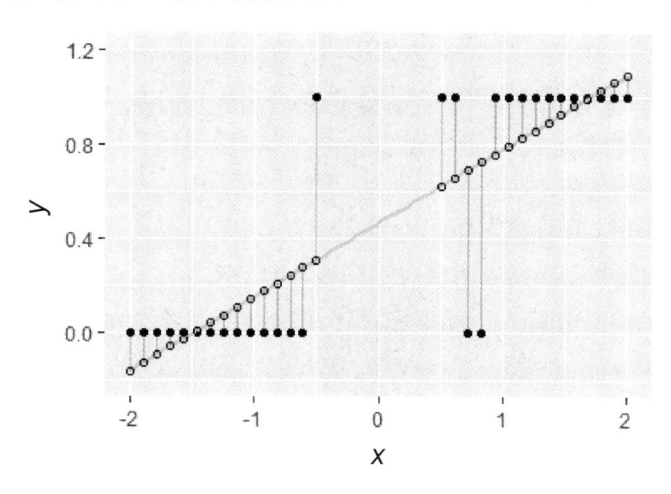

图 8-1 二值选择模型的线性回归拟合图

从图 8-1 中至少可以看出以下两个问题。
- 误差项存在显著的异方差性，且非正态分布。
- 当被解释变量的估计值处于[0,1]区间时，可以将其解读为概率，但其估计值可能大于 1 或小于 0。

面对此类问题，线性回归模型并不是很好的选择。此时可以选择非线性回归模型，将被解释变量的估计值限定在[0,1]区间，如图 8-2 所示。

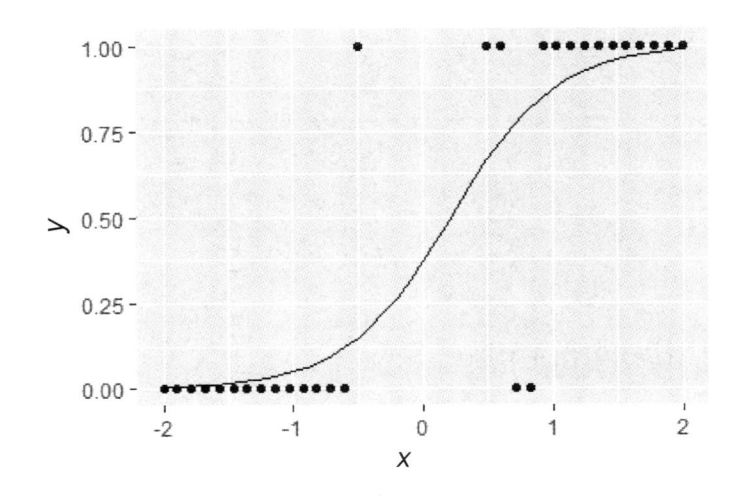

图 8-2　二值选择模型的非线性回归拟合图

图 8-2 所示的模型结果比较理想：①概率 $p_i = E(y=1|x)$ 随着 x 的变化而变化，但一直限定在[0,1]区间；②随着 $x \to -\infty$，$p_i \to -1$，或者随着 $x \to +\infty$，$p_i \to 1$，当 $|x|$ 较大时，p_i 受 x 的影响较小。

具有类似图 8-2 所示的曲线的模型比较多，本章涉及的 Logit 模型就是其中运用最广泛的一类。

8.2　随机效用模型

离散选择模型基于随机效用模型，假设个体在做出选择时基于效用最大化考虑，即选择效用最大的一个选项，则随机效用模型假设如下。
- 决策者 n 面临 J 个选项。
- 选项 j 给予决策者 n 的效用为 U_{nj}，$j = 1, 2, \cdots, J$。
- 决策者 n 在 J 个选项中选择效用最大的选项，即 n 选择 i 当且仅当 $U_{ni} > U_{nj}$，$\forall j \neq i$ 时。

但在实际分析过程中，分析人员并不能直接观测到决策者的效用 U_{nj}，只能观测到决策者的选项、决策者的某些特征、选项的某些特征。因此需要通过这些信息推测决策者的效用 U_{nj}，以及各特征对 U_{nj} 的影响。

在实际分析中，U_{nj} 可分为两部分：可观测部分 V_{nj}、不可观测部分 ε_{nj}，即

$$U_{nj} = V_{nj} + \varepsilon_{nj}$$

其中，$V_{nj} = V(\boldsymbol{x}_{nj}, \boldsymbol{z}_n)$，$\boldsymbol{x}_{nj}$ 为决策者 n 面临选项 j 时的特征向量，是与选项 j 相关的变量，$\boldsymbol{z}_n$ 为决策者 n 的特征向量，是与决策者相关的变量；ε_{nj} 为误差项，是随机变量。

一般将 V_{nj} 表征为 $\boldsymbol{x}_{nj}$、$\boldsymbol{z}_n$ 的线性函数，即

$$V_{nj} = \boldsymbol{\beta}'\boldsymbol{x}_{nj} + \boldsymbol{\gamma}_j'\boldsymbol{z}_n$$

其中，$\boldsymbol{\beta}$ 和 $\boldsymbol{\gamma}_j$ 均为待估计系数向量。

假如确定了待估计系数向量 $\boldsymbol{\beta}$ 和 $\boldsymbol{\gamma}_j$，则能否完全肯定决策者的选择？答案是否定的，因为此时仅仅确定了 V_{nj} 而已，还有随机变量 ε_{nj} 未确定，而 ε_{nj} 是未知的。但此时可以估计决策者选择各个选项的概率。决策者 n 选择选项 i 的概率为

$$\begin{aligned} P_{ni} &= \Pr\left(U_{ni} > U_{nj}, \ \forall j \neq i\right) \\ &= \Pr\left(V_{ni} + \varepsilon_{ni} > V_{nj} + \varepsilon_{nj}, \ \forall j \neq i\right) \\ &= \Pr\left(\varepsilon_{nj} - \varepsilon_{ni} < V_{ni} - V_{nj}, \ \forall j \neq i\right) \\ &= \int_{\varepsilon} \mathbb{1}\left(\varepsilon_{nj} - \varepsilon_{ni} < V_{ni} - V_{nj}, \ \forall j \neq i\right) f(\boldsymbol{\varepsilon}_n) \mathrm{d}\boldsymbol{\varepsilon}_n \end{aligned}$$

其中，$f(\boldsymbol{\varepsilon}_n)$ 为 $\varepsilon_{nj} - \varepsilon_{ni}$ 的概率密度函数；$\mathbb{1}(x)$ 为示性函数，当 x 满足条件时，示性函数为 1，否则为 0。

从上式中可以得到以下几个推论。

- P_{ni} 依赖 $f(\boldsymbol{\varepsilon}_n)$，不同的 $\boldsymbol{\varepsilon}_n$ 会产生不同的结果。
- 只有效用之间的差异才是重要的，效用的值的意义不大，效用的尺度无关紧要。假如所有效用都乘以某一系数并不会改变不同选项效用之间的比较，则可以对误差项进行标准化。

例 8-1：以通勤选择为例，假定出行者 n 可以选择使用公交（b）或小汽车（c）上班，可以观测的与选项相关的变量包括通勤时间 T、通勤费用 M，与个体相关的变量为性别 d_{female}，则可以确定效用的可观测部分为

$$V_{nc} = \beta_{0c} + \beta_1 T_{nc} + \beta_2 M_{nc} + \gamma_c d_{n,\text{female}}$$
$$V_{nb} = \beta_{0b} + \beta_1 T_{nb} + \beta_2 M_{nb} + \gamma_b d_{n,\text{female}}$$

假定系数向量 $\boldsymbol{\beta}$ 已知，则可以确定出行者 n 选择使用小汽车的概率为

$$\begin{aligned} P_{nc} &= \Pr\left(V_{nb} + \varepsilon_{nb} < V_{nc} + \varepsilon_{nc}\right) \\ &= \Pr\left(\varepsilon_{nb} - \varepsilon_{nc} < V_{nc} - V_{nb}\right) \\ &= \Pr(\varepsilon_{nb} - \varepsilon_{nc} < (\beta_{0c} - \beta_{0b}) + \beta_1(T_{nc} - T_{nb}) + \beta_2(M_{nc} - M_{nb}) + (\gamma_c - \gamma_b)d_{n,\text{female}} \end{aligned}$$

8.3 Logit 模型

8.3.1 基本假设

前面讨论过，效用函数中误差项 ε_{ni} 的不同设定会直接影响离散选择模型系数的估计及模型的解读。Logit 模型对 ε_{ni} 的假设为 ε_{ni} 独立同分布，且服从标准 I 型极值分布（Gumbel 分布）。ε_{ni} 的概率密度函数为

$$f(x) = \mathrm{e}^{-x} \mathrm{e}^{-\mathrm{e}^{-x}}$$

ε_{ni} 的累积分布函数为

$$F(x) = \mathrm{e}^{-\mathrm{e}^{-x}}$$

ε_{ni} 的概率密度曲线和累积分布曲线如图 8-3 所示。

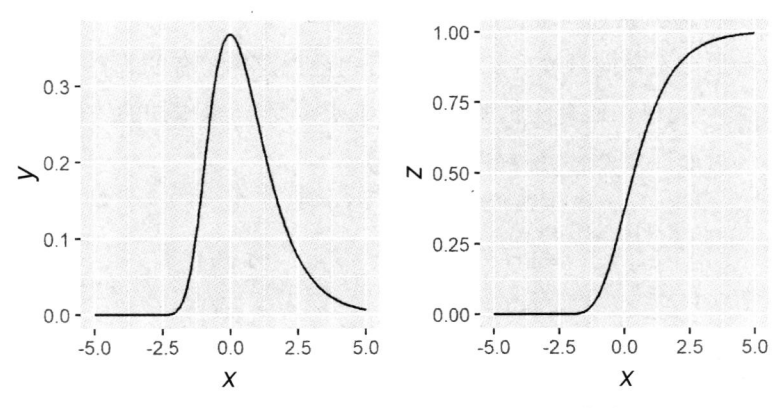

图 8-3 ε_{ni} 的概率密度曲线和累积分布曲线

从图 8-3 中可以看出，标准 I 型极值分布虽然与正态分布近似，但标准 I 型极值分布并不是对称分布，这就产生了问题，即为何要假设误差项服从标准 I 型极值分布，而不是正态分布呢？正态分布不应该是更理想的假设吗？其实根本原因在于这一假设可以推导出 P_{ni} 的解析表达式，而正态分布假设不能推导出 P_{ni} 的解析表达式。

假如 x_1 与 x_2 均服从标准 I 型极值分布，且 x_1 与 x_2 相互独立，则可以推导出 $y = x_1 - x_2$ 服从 Logistic 分布，其概率密度函数为

$$f(y) = \frac{e^x}{(1+e^x)^2}$$

其累积分布函数为

$$F(y) = \frac{e^x}{1+e^x}$$

y 的概率密度曲线和累积分布曲线如图 8-4 所示。

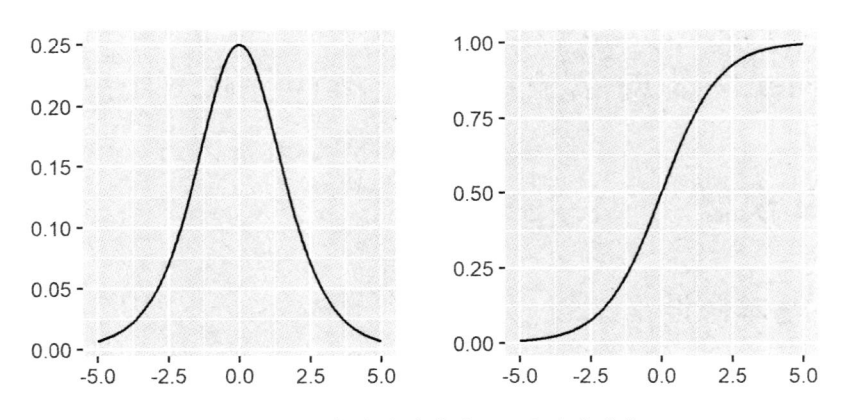

图 8-4 y 的概率密度曲线和累积分布曲线

8.3.2 公式推导

在以上假设的基础上，推导 P_{ni} 的函数形式。根据前述

$$P_{ni} = \Pr(U_{ni} > U_{nj}, \quad \forall j \neq i)$$
$$= \Pr(V_{ni} + \varepsilon_{ni} > V_{nj} + \varepsilon_{nj}, \quad \forall j \neq i)$$
$$= \Pr(\varepsilon_{nj} - \varepsilon_{ni} < V_{ni} - V_{nj}, \quad \forall j \neq i)$$
$$= \Pr(\varepsilon_{nj} < \varepsilon_{ni} + V_{ni} - V_{nj}, \quad \forall j \neq i)$$

假设已知 ε_{ni}、V_{ni}、V_{nj}，则根据标准 I 型极值分布的累积分布形式，可知对于 ε_{nj}，有

$$\Pr(\varepsilon_{nj} < \varepsilon_{ni} + V_{ni} - V_{nj} | \varepsilon_{ni}) = e^{-e^{-\varepsilon_{ni}+V_{ni}-V_{nj}}}$$

$\Pr(\varepsilon_{nj} < \varepsilon_{ni} + V_{ni} - V_{nj} | \varepsilon_{ni})$ 仅仅是对于某个 j 的概率，而在公式 $\Pr(\varepsilon_{nj} < \varepsilon_{ni} + V_{ni} - V_{nj}, \forall j \neq i)$ 中，需要对所有 j 不等于 i 的情况进行分析。进一步地，根据 ε_{nj} 独立同分布的假设，可以得到 P_{ni} ε_{ni} 的概率为

$$P_{ni} | \varepsilon_{ni} = \prod_{j \neq i} e^{-e^{-\varepsilon_{ni}+V_{ni}-V_{nj}}}$$

其中，ε_{ni} 为随机变量，为了得到 P_{ni}，需要对 $P_{ni} | \varepsilon_{ni}$ 求关于 ε_{ni} 的积分，即

$$P_{ni} = \int_{\varepsilon_{ni}} P_{ni} | \varepsilon_{ni} f(\varepsilon_{ni}) d\varepsilon_{ni}$$
$$= \int_{\varepsilon_{ni}} \left(\prod_{j \neq i} e^{-e^{-\varepsilon_{ni}+V_{ni}-V_{nj}}} \right) e^{-\varepsilon_{ni}} e^{-e^{-\varepsilon_{ni}}} d\varepsilon_{ni}$$
$$= \frac{e^{V_{ni}}}{\sum_{j=1}^{J} e^{V_{nj}}}$$

从上式中可以推导出以下几个结论。
- 选择 i 的概率仅与可观测效用相关，与不可观测效用无关。
- 当 $V_{ni} \to +\infty$ 时，$P_{ni} \to 1$；当 $V_{ni} \to \infty$ 时，$P_{ni} \to 0$。
- $\sum_{j=1}^{J} P_{ni} = 1$。

8.3.3 特例——二元 Logit 模型

如果被解释变量只有两个选项，则此类 Logit 模型被称为二元 Logit 模型。此时，P_{n1} 和 P_{n2} 的解析表达式分别为

$$P_{n1} = \frac{e^{V_{n1}}}{e^{V_{n1}} + e^{V_{n2}}}$$
$$P_{n2} = \frac{e^{V_{n2}}}{e^{V_{n1}} + e^{V_{n2}}}$$

进一步地，假设 $V_{n1} = \boldsymbol{\beta}'\boldsymbol{x}_{n1}$，$V_{n2} = \boldsymbol{\beta}'\boldsymbol{x}_{n2}$，则

$$P_{n1} = \frac{e^{V_{n1}}}{e^{V_{n1}} + e^{V_{n2}}}$$
$$= \frac{1}{1 + e^{-(V_{n1}-V_{n2})}}$$
$$= \frac{1}{1 + e^{-\boldsymbol{\beta}'(\boldsymbol{x}_{n1}-\boldsymbol{x}_{n2})}}$$

根据以上公式可知

$$\frac{P_{n1}}{1-P_{n1}} = e^{\beta'(x_{n1}-x_{n2})}$$

其中，$P_{n1}/(1-P_{n1})$ 称为优势比。假设在某实验中，$y=1$ 表示成功，$y=0$ 表示失败，如果 $y=1$ 和 $y=0$ 的优势比为 3，则表示成功的概率是失败的概率的 3 倍。另外，向量 $x_{n1}-x_{n2}$ 的第 m 个分量增加一个单位，将导致优势比变为原来的 e^{β_m} 倍，其中，β_m 为 $x_{n1}-x_{n2}$ 的第 m 个分量对应的系数。

对上式两边求对数，可得

$$\ln\left(\frac{P_{n1}}{1-P_{n1}}\right) = \beta'(x_{n1}-x_{n2})$$

因此，向量 $x_{n1}-x_{n2}$ 的第 m 个分量增加一个单位，将导致对数优势比增加 β_m。

8.4 Logit 模型的性质

8.4.1 边际效应

对于线性回归模型，解释变量前的系数表征其边际效应，即若 $y = \beta_0 + \beta_1 x_1 + \cdots + \beta_k x_k + u$，则 $\frac{\partial E(y)}{\partial x_i} = \beta_i$，但对 Logit 模型而言，解释变量前的系数并不是表征其边际效应。

解释变量 x_{ni} 对 P_{ni} 的边际效应为

$$\frac{\partial P_{ni}}{\partial x_{ni}} = \frac{\partial \left(e^{V_{ni}} / \sum_j e^{V_{nj}}\right)}{\partial x_{ni}}$$

$$= \frac{\partial V_{ni}}{\partial x_{ni}} P_{ni}(1-P_{ni})$$

如果 V_{ni} 是 x_{ni} 的线性函数，且其系数为 β_x，则边际效应可进一步表示为

$$\frac{\partial P_{ni}}{\partial x_{ni}} = \beta_x P_{ni}(1-P_{ni})$$

Logit 模型不仅能够分析边际效应，还能分析交叉边际效应，即分析一个选项的某个属性发生变化对另一个选项概率的影响。选项 j 的某个属性 x_{nk} 对概率 P_{ni} 的交叉边际效应可表示为

$$\frac{\partial P_{ni}}{\partial x_{nk}} = \frac{\partial \left(e^{V_{ni}} / \sum_j e^{V_{nj}}\right)}{\partial x_{nk}}$$

$$= -\frac{\partial V_{nk}}{\partial x_{nk}} P_{ni} P_{nk}$$

如果 V_{nk} 是 x_{nk} 的线性函数，且其系数为 β_x，则边际效应可进一步表示为

$$\frac{\partial P_{ni}}{\partial x_{nk}} = -\beta_x P_{ni} P_{nk}$$

8.4.2 无关备选方案的独立性

在 Logit 模型中，选项 i 与 j 的概率比为

$$\frac{P_{ni}}{P_{nj}} = \frac{\mathrm{e}^{V_{ni}}}{\mathrm{e}^{V_{nj}}}$$

这一比值仅与选项 i、选项 j 的效用可观测 V_{ni}、V_{nj} 相关，考虑到 V_{ni}、V_{nj} 分别是选项 i、选项 j 的特征的函数，这一比值仅与选项 i、选项 j 的特征相关，与其他不相关选项 $k(k \neq i,j)$ 的特征不相关，这一性质就是无关备选方案的独立性（Independence of Irrelevant Alternatives，IIA）。当 IIA 成立时，被解释变量有很多选项，为分析简单起见，可以只考虑其中一部分选项。

如果 Logit 模型违反了 IIA，强行使用 Logit 模型的公式，就会出现奇怪的问题。下面以 Logit 模型中著名的红蓝公交车问题为例来说明。

假设可以使用两种通勤方式：小汽车 c、蓝色公交车 bb，且两者的选择概率一样，即 $P_c = P_{bb} = 1/2$，故 $P_c / P_{bb} = 1$。

现在假设存在第 3 种通勤方式：红色公交车 rb。红色公交车除了颜色与蓝色公交车不同，其他属性与蓝色公交车的都一样。另外，还假设通勤者选择公交车时不考虑颜色，只考虑红色公交车和蓝色公交车，则可知 $P_{rb} = P_{bb}$，由此可得 $P_{rb} / P_{bb} = 1$。

此时，如果假设 IIA 成立，则可知小汽车、蓝色公交车、红色公交车 3 种通勤方式的选择概率为 $P_c = P_{bb} = P_{rb} = 1/3$。但是真的会出现这种情况吗？这种情况显然与事实不相符。因此当假设 IIA 成立时，应格外小心。

8.5 Logit 模型的参数估计

假设决策者 n 面临 J 个选项，用 J 维向量 $\boldsymbol{y}_n$ 表示其对 J 个选项的选择情况，$\boldsymbol{y}_n[i] = 1$（或 $y_{ni} = 1$）表示决策者 n 选择了选项 i，$\boldsymbol{y}_n[i] = 0$（或 $y_{ni} = 0$）表示决策者 n 没有选择选项 i。用 $\boldsymbol{x}_n$ 表示决策者 n 的个人属性及选项特征向量。假设决策者 n 面临 3 个选项，并选择了第 2 个选项，则 $\boldsymbol{y}_n = [0,1,0]$。

在 Logit 模型的假设下，决策者 n 选择选项 i 的概率可表示为

$$\Pr(y_{ni} = 1 \mid \boldsymbol{x}_n, \boldsymbol{\beta}) = P_{ni}(\boldsymbol{x}_n, \boldsymbol{\beta}) = \frac{\mathrm{e}^{V_{ni}(\boldsymbol{x}_{ni}, \boldsymbol{\beta})}}{\sum_j \mathrm{e}^{V_{nj}(\boldsymbol{x}_{nj}, \boldsymbol{\beta})}}$$

决策者 n 对 J 个选项的联合概率可表示为

$$\Pr(\boldsymbol{y}_n \mid \boldsymbol{x}_n, \boldsymbol{\beta}) = \prod_{i=1}^{J} \left[P_{ni}(\boldsymbol{x}_n, \boldsymbol{\beta}) \right]^{y_{ni}}$$

假设所有决策者都是相互独立的，则所有决策者选择的联合概率函数为

$$\Pr(\boldsymbol{y} \mid \boldsymbol{X}, \boldsymbol{\beta}) = \prod_{n=1}^{N} \prod_{i=1}^{J} \left[P_{ni}(\boldsymbol{x}_n, \boldsymbol{\beta}) \right]^{y_{ni}}$$

其中，$\boldsymbol{y}$ 为所有决策者的选择；$\boldsymbol{X}$ 为包含所有决策者和选项的信息矩阵。

在 Logit 模型的假设下，上式中的联合概率函数可进一步表示为

$$\Pr(\boldsymbol{y}|,\boldsymbol{\beta}) = \prod_{n=1}^{N}\prod_{i=1}^{J}\left[\frac{e^{V_{ni}(\boldsymbol{x}_{ni},\boldsymbol{\beta})}}{\sum_{j}e^{V_{nj}(\boldsymbol{x}_{nj},\boldsymbol{\beta})}}\right]^{y_{ni}}$$

其中，$\boldsymbol{\beta}$ 为未知向量，利用极大似然估计求解 $\boldsymbol{\beta}$。此时，$\boldsymbol{\beta}$ 的似然函数可表示为

$$L(\boldsymbol{\beta}|\boldsymbol{y},\boldsymbol{X}) = \prod_{n=1}^{N}\prod_{i=1}^{J}\left[\frac{e^{V_{ni}(\boldsymbol{x}_{ni},\boldsymbol{\beta})}}{\sum_{j}e^{V_{nj}(\boldsymbol{x}_{nj},\boldsymbol{\beta})}}\right]^{y_{ni}}$$

对上式两边求对数，转为其对数似然函数：

$$\ln L(\boldsymbol{\beta}|\boldsymbol{y},\boldsymbol{X}) = \sum_{n=1}^{N}\sum_{i=1}^{J}y_{ni}\left[\frac{e^{V_{ni}(\boldsymbol{x}_{ni},\boldsymbol{\beta})}}{\sum_{j}e^{V_{nj}(\boldsymbol{x}_{nj},\boldsymbol{\beta})}}\right]$$

如果 $V_{ni} = \boldsymbol{\beta}'\boldsymbol{x}_{ni}$，则 $\boldsymbol{\beta}$ 的对数似然函数为

$$\ln L(\boldsymbol{\beta}|\boldsymbol{y},\boldsymbol{X}) = \sum_{n=1}^{N}\sum_{i=1}^{J}y_{ni}\left[\frac{e^{\boldsymbol{\beta}'\boldsymbol{x}_{ni}}}{\sum_{j}e^{\boldsymbol{\beta}'\boldsymbol{x}_{nj}}}\right]$$

对上式求最大值，即可估计出 $\hat{\boldsymbol{\beta}}$：

$$\hat{\boldsymbol{\beta}} = \underset{\boldsymbol{\beta}}{\arg\max}\sum_{n=1}^{N}\sum_{i=1}^{J}y_{ni}\left[\frac{e^{\boldsymbol{\beta}'\boldsymbol{x}_{ni}}}{\sum_{j=1}^{J}e^{\boldsymbol{\beta}'\boldsymbol{x}_{nj}}}\right]$$

$\hat{\boldsymbol{\beta}}$ 的协方差矩阵采用下式进行估计：

$$\widehat{\mathrm{Var}(\hat{\boldsymbol{\beta}})} = \left[-\frac{\partial^{2}\ln L(\boldsymbol{\beta})}{\partial\boldsymbol{\beta}\partial\boldsymbol{\beta}'}\bigg|_{\boldsymbol{\beta}=\hat{\boldsymbol{\beta}}}\right]^{-1}$$

其中，$\frac{\partial^{2}\ln L(\boldsymbol{\beta})}{\partial\boldsymbol{\beta}\partial\boldsymbol{\beta}'}$ 为对称方阵；方阵第 i 行第 j 列的元素为 $\frac{\partial^{2}\ln L(\boldsymbol{\beta})}{\partial\beta_{i}\partial\beta_{j}}$。

在线性回归中，评价模型的整体拟合优度的指标为 R^2，Logit 模型也有类似的指标以评价模型的整体拟合优度，即伪 R^2，伪 R^2 的计算公式为

$$\text{pseudo } R^{2} = 1 - \frac{\ln L(\hat{\boldsymbol{\beta}})}{\ln L(0)}$$

其中，$\ln L(0)$ 指设定模型中除常数项外所有系数均为 0。更大的 pseudoR^2 意味着更高的模型拟合优度。

8.6 不涉及与选项相关的变量的 Logit 模型的 R 语言实现

8.6.1 二元 Logit 回归

加载并查看 mroz 数据集，该数据集中的 inlf 为虚拟变量，表征女性是否参与工作。此数

据集每行为一个样本，仅有与决策者相关的变量，没有与选项相关的变量。

```
data(mroz, package="wooldridge")
str(mroz)
## 'data.frame':    753 obs. of  22 variables:
##  $ inlf    : int  1 1 1 1 1 1 1 1 1 1 ...
##  $ hours   : int  1610 1656 1980 456 1568 2032 1440 1020 1458 1600 ...
##  $ kidslt6 : int  1 0 1 0 1 0 0 0 0 0 ...
##  $ kidsge6 : int  0 2 3 3 2 0 2 0 2 2 ...
##  $ age     : int  32 30 35 34 31 54 37 54 48 39 ...
##  $ educ    : int  12 12 12 12 14 12 16 12 12 12 ...
##  $ wage    : num  3.35 1.39 4.55 1.1 4.59 ...
##  $ repwage : num  2.65 2.65 4.04 3.25 3.6 ...
##  $ hushrs  : int  2708 2310 3072 1920 2000 1040 2670 4120 1995 2100 ...
##  $ husage  : int  34 30 40 53 32 57 37 53 52 43 ...
##  $ huseduc : int  12 9 12 10 12 11 12 8 4 12 ...
##  $ huswage : num  4.03 8.44 3.58 3.54 10 ...
##  $ faminc  : num  16310 21800 21040 7300 27300 ...
##  $ mtr     : num  0.721 0.661 0.692 0.781 0.622 ...
##  $ motheduc: int  12 7 12 7 12 14 14 3 7 7 ...
##  $ fatheduc: int  7 7 7 14 7 7 3 7 7 ...
##  $ unem    : num  5 11 5 5 9.5 7.5 5 5 3 5 ...
##  $ city    : int  0 1 0 0 1 1 0 0 0 0 ...
##  $ exper   : int  14 5 15 6 7 33 11 35 24 21 ...
##  $ nwifeinc: num  10.9 19.5 12 6.8 20.1 ...
##  $ lwage   : num  1.2102 0.3285 1.5141 0.0921 1.5243 ...
##  $ expersq : int  196 25 225 36 49 1089 121 1225 576 441 ...
##  - attr(*, "time.stamp")= chr "25 Jun 2011 23:03"
```

例 8-2：假定 mroz 数据集中的 inlf 为被解释变量，其余变量为解释变量，进行线性回归，并检查线性回归的异方差性。

解：进行线性回归，并在此基础上检验线性回归的异方差性。从 BP 检验结果来看，P 值远小于 0.05，表明线性回归存在显著的异方差性。

```
linear <- lm(inlf ~ nwifeinc+educ+exper+age+kidslt6+kidsge6, data=mroz)
lmtest::bptest(linear)
##
##  studentized Breusch-Pagan test
##
## data:  linear
## BP = 19, df = 6, p-value = 0.004
```

二元 Logit 回归采用 glm()函数拟合模型，并将参数 family 设置为 binomial。在 R 语言中，glm()函数是用于拟合广义线性模型（Generalized Linear Models，GLM）的强大工具。

glm()函数的基本语法如下：

```
glm(formula, family = gaussian, data = NULL, weights = NULL, ...)
```

以下是 glm()函数各参数的详细说明。

- formula：模型公式，指定了解释变量和被解释变量之间的关系。它使用~号分隔解释变量和被解释变量，并使用+号添加多个被解释变量。
- family：指定解释变量的概率分布类型及其链接函数，常见的概率分布类型如下。
  gaussian（默认）：正态分布，用于线性回归。
  binomial：二项分布，用于逻辑回归或二元解释变量。

poisson：泊松分布，用于计数数据。
gamma：Gamma 分布，用于连续的正偏态数据。
inverse.gaussian：逆高斯分布。
其他用户自定义的概率分布类型及其链接函数。
- data：数据框，包含了用于拟合模型的数据。
- weights：观测值的权重，一个数值向量，用于拟合模型时给每个观测值赋予不同的重要性。

除了上述主要参数，glm()函数还有其他可选参数，如 subset 用于选择进行拟合的数据框的子集，na.action 用于处理缺失值等。

在使用 glm()函数拟合模型后，其返回的对象包含了该模型的详细信息，可以通过 summary()函数来查看该模型的摘要，包括系数估计值、标准误、Z-score、显著性水平等。此外，还可以使用其他函数，如使用 anova()函数进行方差分析，使用 predict()函数进行预测等。

例 8-3：对于例 8-2 中的数据集，利用 Logit 回归进行分析，并估计效用的可观测部分及其概率。

解：在下面的 Logit 回归中，假定效用的可观测部分 $V_i = \beta_0 + \beta_1 \cdot \text{nwifeinc} + \beta_2 \cdot \text{educ} + \beta_3 \cdot \text{exper} + \beta_4 \cdot \text{age} + \beta_5 \cdot \text{kidslt6} + \beta_6 \cdot \text{kidsge6}$，其中，$\beta_i$ 为待估计系数。

```
# 二元 Logit 回归
binary_logit <- glm(inlf ~ nwifeinc+educ+exper+age+kidslt6+kidsge6,
                family = "binomial",
                data=mroz)
summary(binary_logit)
##
## Call:
## glm(formula = inlf ~ nwifeinc + educ + exper + age + kidslt6 +
##     kidsge6, family = "binomial", data = mroz)
##
## Deviance Residuals:
##    Min      1Q  Median      3Q     Max
## -2.526  -0.922   0.449   0.898   2.317
##
## Coefficients:
##              Estimate  Std. Error      z    value   Pr(>|z|)
## (Intercept)   0.83791     0.84093   1.00    0.319
## nwifeinc     -0.02022     0.00826  -2.45    0.014    *
## educ          0.22698     0.04330   5.24    1.6e-07  ***
## exper         0.11975     0.01363   8.79    < 2e-16  ***
## age          -0.09109     0.01432  -6.36    2.0e-10  ***
## kidslt6      -1.43939     0.20150  -7.14    9.1e-13  ***
## kidsge6       0.05817     0.07338   0.79    0.428
## ---
## Signif. codes:  0 '***' 0.001 '**' 0.01 '*' 0.05 '.' 0.1 ' ' 1
##
## (Dispersion parameter for binomial family taken to be 1)
##
##     Null deviance: 1029.75  on 752  degrees of freedom
## Residual deviance:  812.29  on 746  degrees of freedom
## AIC: 826.3
##
```

```
## Number of Fisher Scoring iterations: 4
```

从 Logit 回归结果中可以看出，educ 的系数为 0.22698，其 P 值为 1.6×10^{-7}，表明 educ 对 inlf 具有显著的正影响。其他解释变量对 inlf 的影响可做类似解释。

可以利用 predict() 函数进一步估计效用的可观测部分。

```
library(dplyr)
mroz <- mroz %>% mutate(utility_logit = predict(binary_logit))
head(mroz %>% select(inlf, utility_logit))
##   inlf utility_logit
## 1    1        0.6633
## 2    1        1.1498
## 3    1        0.6614
## 4    1        1.2201
## 5    1        0.3007
## 6    1        2.3951
```

在此基础上，进一步估计选型的概率。

```
# 估计选型的概率
mroz <- mroz %>% mutate(probability = 1 / (1 + exp(-utility_logit)))
head(mroz %>% select(inlf, utility_logit, probability))
##   inlf utility_logit probability
## 1    1        0.6633      0.6600
## 2    1        1.1498      0.7595
## 3    1        0.6614      0.6596
## 4    1        1.2201      0.7721
## 5    1        0.3007      0.5746
## 6    1        2.3951      0.9165
```

8.6.2 多元 Logit 回归

二元 Logit 回归是多元 Logit 回归的一个特例，与二元 Logit 回归模型不同，多元 Logit 回归模型使用 nnet 包中的 multinom() 函数进行拟合。使用 multinom() 函数拟合模型后，通常会使用 summary() 函数来查看该模型的详细摘要。摘要中会包含每个类别的系数估计值、标准误、Z-score 和对应的 P 值等信息。这些信息有助于评估模型中解释变量的影响及模型的拟合质量。

例 8-4：datasets 包中的数据集 iris 的特征 Species 为分类变量，其分为 3 个类别，将 Species 作为被解释变量，其他变量作为解释变量，利用 R 语言进行多元 Logit 回归。

解：

```
library(datasets)
model <- nnet::multinom(Species ~., data = iris)
## # weights:  18 (10 variable)
## initial  value 164.791843
## iter  10 value 16.177348
## iter  20 value 7.111438
## iter  30 value 6.182999
## iter  40 value 5.984028
## iter  50 value 5.961278
## iter  60 value 5.954900
## iter  70 value 5.951851
## iter  80 value 5.950343
```

```
## iter  90 value 5.949904
## iter 100 value 5.949867
## final  value 5.949867
## stopped after 100 iterations
summary(model)
## Call:
## nnet::multinom(formula = Species ~ ., data = iris)
##
## Coefficients:
##            (Intercept) Sepal.Length Sepal.Width Petal.Length Petal.Width
## versicolor       18.69       -5.458      -8.707        14.24      -3.098
## virginica       -23.84       -7.924     -15.371        23.66      15.135
##
## Std. Errors:
##            (Intercept) Sepal.Length Sepal.Width Petal.Length Petal.Width
## versicolor       34.97        89.89       157.0        60.19       45.49
## virginica        35.77        89.91       157.1        60.47       45.93
##
## Residual Deviance: 11.9
## AIC: 31.9
```

上述结果并没有给出 P 值，使用 broom::tidy 进一步计算 P 值，结果如下。

```
broom::tidy(model, conf.int = F)
## # A tibble: 10 × 6
##    y.level    term          estimate  std.error  statistic  p.value
##    <chr>      <chr>             <dbl>      <dbl>      <dbl>    <dbl>
##  1 versicolor (Intercept)       18.7       35.0      0.534    0.593
##  2 versicolor Sepal.Length      -5.46      89.9     -0.0607   0.952
##  3 versicolor Sepal.Width       -8.71     157.      -0.0554   0.956
##  4 versicolor Petal.Length      14.2       60.2      0.237    0.813
##  5 versicolor Petal.Width       -3.10      45.5     -0.0681   0.946
##  6 virginica  (Intercept)      -23.8       35.8     -0.666    0.505
##  7 virginica  Sepal.Length      -7.92      89.9     -0.0881   0.930
##  8 virginica  Sepal.Width      -15.4      157.      -0.0978   0.922
##  9 virginica  Petal.Length      23.7       60.5      0.391    0.696
## 10 virginica  Petal.Width       15.1       45.9      0.330    0.742
```

8.7 涉及与选项相关的变量的 Logit 模型的 R 语言实现

8.7.1 数据格式转换

对于涉及与选项相关的变量的 Logit 模型，在进行回归前，需要对数据格式进行转换。

8.7.1.1 宽数据格式的转换

mlogit 包中的 Fishing 是一种常见的保存涉及与选项相关的变量的 Logit 模型的数据格式。它的每行表示一个样本，其中，mode 表示可供选择的方式，包括 beach、pier、boat、charter，每个样本只能从中选择一种。与选项相关的变量有两个，即 price、catch，因此 price.beach 表示 beach 这种方式的 price。income 表示与选项无关的变量，即 income 与决策者相关，而与选项不相关。这种数据框的数据格式称为宽数据格式。示例如下。

```
data("Fishing", package="mlogit")
head(Fishing)
##       mode price.beach price.pier price.boat price.charter catch.beach
## 1 charter      157.93     157.93     157.93        182.93      0.0678
## 2 charter       15.11      15.11      10.53         34.53      0.1049
## 3    boat      161.87     161.87      24.33         59.33      0.5333
## 4    pier       15.13      15.13      55.93         84.93      0.0678
## 5    boat      106.93     106.93      41.51         71.01      0.0678
## 6 charter      192.47     192.47      28.93         63.93      0.5333
##   catch.pier catch.boat catch.charter income
## 1     0.0503     0.2601        0.5391   7083
## 2     0.0451     0.1574        0.4671   1250
## 3     0.4522     0.2413        1.0266   3750
## 4     0.0789     0.1643        0.5391   2083
## 5     0.0503     0.1082        0.3240   4583
## 6     0.4522     0.1665        0.3975   4583
```

涉及与选项相关的变量的 Logit 模型一般使用 mlogit 包进行回归，由于在使用 mlogit 包进行 Logit 回归时，不能直接使用宽数据格式，因此需要将 Fishing 数据框的宽数据格式转换为 mlogit 包可识别的数据格式。

例 8-5：使用 mlogit 包的 mlogit.data()函数将 Fishing 数据框的宽数据格式转换为 mlogit 包可识别的数据格式。

解：

```
library(mlogit)
Fish <- mlogit.data(Fishing,
                    shape="wide",
                    varying=2:9,
                    choice="mode")
head(Fish, n=8)
## ~~~~~~~
## first 8 observations out of 4728
## ~~~~~~~
##    mode income     alt  price  catch chid    idx
## 1 FALSE   7083   beach 157.93 0.0678    1 1:each
## 2 FALSE   7083    boat 157.93 0.2601    1 1:boat
## 3  TRUE   7083 charter 182.93 0.5391    1 1:rter
## 4 FALSE   7083    pier 157.93 0.0503    1 1:pier
## 5 FALSE   1250   beach  15.11 0.1049    2 2:each
## 6 FALSE   1250    boat  10.53 0.1574    2 2:boat
## 7  TRUE   1250 charter  34.53 0.4671    2 2:rter
## 8 FALSE   1250    pier  15.11 0.0451    2 2:pier
##
## ~~~ indexes ~~~~
##   chid     alt
## 1    1   beach
## 2    1    boat
## 3    1 charter
## 4    1    pier
## 5    2   beach
## 6    2    bcat
```

```
## 7     2 charter
## 8     2    pier
## indexes: 1, 2
```

在上面的 indexes 信息中，chid 是选择集索引，alt 是选项名称索引。其中前 4 行的 chid 为 1，表明这 4 行属于同一个选择集。另外，mode 的第 1、2、4 行均为 FALSE，第 3 行为 TRUE，表明从这个选择集中选择了第 3 个选项。

8.7.1.2 长数据格式的转换

长数据格式是另外一种常用的数据存储格式，现以 AER 包中的 TravelMode 数据集为例进行说明。

```
data("TravelMode", package="AER")
head(TravelMode, n=8)
##      individual  mode   choice  wait  vcost  travel  gcost  income  size
## 1    1           air    no      69    59     100     70     35      1
## 2    1           train  no      34    31     372     71     35      1
## 3    1           bus    no      35    25     417     70     35      1
## 4    1           car    yes     0     10     180     30     35      1
## 5    2           air    no      64    58     68      68     30      2
## 6    2           train  no      44    31     354     84     30      2
## 7    2           bus    no      53    25     399     85     30      2
## 8    2           car    yes     0     11     255     50     30      2
```

可以看出，有 4 个选项可供选择：air、train、bus、car；有 4 个与选项相关的变量：wait、vcost、travel、gcost；有 2 个与决策者相关的变量：income、size；individual 表征选择集；mode 表征选择集中各个选项的名称。因此这个数据集显示的是一个 4 选 1 的问题。

与宽数据格式转换一样，长数据格式也使用 mlogit.data()函数进行格式转换，只是其中的一些参数不一样而已。

例 8-6：使用 mlogit 包的 mlogit.dat()函数对长数据格式的 TravelMode 进行转换。

解：

```
# 将长数据格式的 TravelMode 转换为 mlogit 包可识别的数据格式
TM <- mlogit.data(TravelMode,
                  choice = "choice",
                  shape = "long",
                  chid.var = "individual",
                  alt.var = "mode")
head(TM, n=8)
## ~~~~~~~
## first 8 observations out of 840
## ~~~~~~~
##      individual  mode   choice  wait  vcost  travel  gcost  income  size  idx
## 1    1           air    FALSE   69    59     100     70     35      1     1:air
## 2    1           train  FALSE   34    31     372     71     35      1     1:rain
## 3    1           bus    FALSE   35    25     417     70     35      1     1:bus
## 4    1           car    TRUE    0     10     180     30     35      1     1:car
## 5    2           air    FALSE   64    58     68      68     30      2     2:air
## 6    2           train  FALSE   44    31     354     84     30      2     2:rain
## 7    2           bus    FALSE   53    25     399     85     30      2     2:bus
## 8    2           car    TRUE    0     11     255     50     30      2     2:car
##
```

```
## ~~~ indexes ~~~~
##   chid alt
## 1    1 air
## 2    1 train
## 3    1 bus
## 4    1 car
## 5    2 air
## 6    2 train
## 7    2 bus
## 8    2 car
## indexes: 1, 2
```

8.7.2 Logit 回归的 R 语言实现

进行格式转换后，就可以利用 mlogit() 函数进行 Logit 回归了。

例 8-7：对例 8-6 获得的 TM 数据进行 Logit 回归，并分析结果。

解：在 mlogit() 函数的公式中，注意"|"的运用，"|"之前为与选项相关的变量，"|"之后为与决策者相关的变量。

```
ml.TM <- mlogit(choice ~ wait + vcost + travel + gcost | income + size,
                data = TM)
summary(ml.TM)
##
## Call:
## mlogit(formula = choice ~ wait + vcost + travel + gcost | income +
##     size, data = TM, method = "nr")
##
## Frequencies of alternatives:choice
##   air  train   bus   car
## 0.276 0.300 0.143 0.281
##
## nr method
## 5 iterations, 0h:0m:0s
## g'(-H)^-1g = 3.48E-07
## gradient close to zero
##
## Coefficients :
##                    Estimate  Std. Error  z-value  Pr(>|z|)
## (Intercept):train   0.42180  1.07317      0.39    0.6943
## (Intercept):bus    -0.57017  1.21054     -0.47    0.6376
## (Intercept):car    -5.28650  1.20263     -4.40    1.1e-05   ***
## wait               -0.10255  0.01138     -9.02    < 2e-16   ***
## vcost              -0.05335  0.02528     -2.11    0.0348    *
## travel             -0.01025  0.00342     -3.00    0.0027    **
## gcost               0.04643  0.02490      1.86    0.0623    .
## income:train       -0.06758  0.01646     -4.11    4.0e-05   ***
## income:bus         -0.02802  0.01709     -1.64    0.1012
## income:car         -0.00808  0.01342     -0.60    0.5472
## size:train          0.69352  0.37859      1.83    0.0670    .
## size:bus            0.29080  0.46564      0.62    0.5323
## size:car            0.53070  0.32103      1.65    0.0983    .
```

```
## ---
## Signif. codes:  0 '***' 0.001 '**' 0.01 '*' 0.05 '.' 0.1 ' ' 1
## 
## Log-Likelihood: -171
## McFadden R^2:  0.398
## Likelihood ratio test : chisq = 226 (p.value = <2e-16)
```

在上面的程序中,选择 train 的效用的可观测部分为 $0.42180+(-0.10255)$wait$+$ (-0.05335)vcost$+(-0.01025)$travel$+0.04643$gcost$+(-0.06758)$income$+0.69352$size。注意:结果中没有(Intercept):air、income:air、size:air 这 3 项,这是因为这 3 项的系数设定为零,即作为基准。

在例 8-7 中,对于每个选项(air、train、bus、car),travel 的系数值都是一样的,也可以将每个选项的 travel 的系数值设置为不一样的形式。在下面的代码中,与之前的代码不同,此处 mlogit()函数中有两个"|",将与选项相关的变量 travel 移到了第二个"|"之后,这表明变量 travel 对每种选项的影响是不一样的。

```
ml.TM1 <- mlogit(choice ~ wait + vcost + gcost | income + size | travel,
                 data = TM)
summary(ml.TM1)
## 
## Call:
## mlogit(formula = choice ~ wait + vcost + gcost | income + size |
##     travel, data = TM, method = "nr")
## 
## Frequencies of alternatives:choice
##   air train   bus   car
## 0.276 0.300 0.143 0.281
## 
## nr method
## 5 iterations, 0h:0m:0s
## g'(-H)^-1g = 9.55E-07
## gradient close to zero
## 
## Coefficients :
##                   Estimate    Std. Error    z-value   Pr(>|z|)
## (Intercept):train -1.35423    1.31968       -1.03     0.30481
## (Intercept):bus   -2.58917    1.41545       -1.83     0.06737    .
## (Intercept):car   -6.89556    1.32413       -5.21     1.9e-07   ***
## wait              -0.09867    0.01154       -8.55     < 2e-16   ***
## vcost             -0.05320    0.02787       -1.91     0.05625    .
## gcost              0.04854    0.02706        1.79     0.07277    .
## income:train      -0.07131    0.01730       -4.12     3.8e-05   ***
## income:bus        -0.03059    0.01755       -1.74     0.08142    .
## income:car        -0.01460    0.01420       -1.03     0.30377
## size:train         0.71516    0.39879        1.79     0.07292    .
## size:bus           0.29886    0.48986        0.61     0.54180
## size:car           0.59515    0.34877        1.71     0.08793    .
## travel:air        -0.03881    0.00806       -4.82     1.5e-06   ***
## travel:train      -0.01317    0.00377       -3.50     0.00047   ***
## travel:bus        -0.01284    0.00380       -3.38     0.00073   ***
## travel:car        -0.01331    0.00375       -3.55     0.00038   ***
## ---
```

```
## Signif. codes:  0 '***' 0.001 '**' 0.01 '*' 0.05 '.' 0.1 ' ' 1
## 
## Log-Likelihood: -161
## McFadden R^2:  0.432
## Likelihood ratio test : chisq = 245 (p.value = <2e-16)
```

本章习题

1. 例 8-4 中数据集 iris 的特征 Species 有 3 个类别，请先利用 R 语言编程去掉其中一个类别，再进行回归，并对回归结果与例 8-4 的结果进行比较。

2. 扫码下载下面二维码中的数据集，查看该数据集中特征 prog 的类别，进行 Logit 回归，并分析结果。

本章习题 2 数据

3. 对例 8-5 中的数据集进行 Logit 回归。

附录 A

DW 检验临界值表

DW 检验临界值表如表 A.1 和表 A.2 所示。

表 A.1 DW 检验临界值表（$\alpha = 0.01$）

n	q=1 d_L	q=1 d_U	q=2 d_L	q=2 d_U	q=3 d_L	q=3 d_U	q=4 d_L	q=4 d_U	q=5 d_L	q=5 d_U
15	0.810	1.070	0.700	1.250	0.590	1.460	0.490	1.700	0.390	1.960
16	0.840	1.090	0.740	1.250	0.630	1.440	0.530	1.660	0.440	1.900
17	0.870	1.100	0.770	1.260	0.670	1.430	0.570	1.630	0.480	1.850
18	0.900	1.120	0.800	1.260	0.710	1.420	0.610	1.600	0.520	1.800
19	0.930	1.130	0.830	1.260	0.740	1.410	0.650	1.580	0.560	1.770
20	0.950	1.150	0.860	1.270	0.770	1.410	0.680	1.570	0.600	1.740
21	0.970	1.160	0.890	1.270	0.800	1.410	0.720	1.550	0.630	1.710
22	1.000	1.170	0.910	1.280	0.830	1.400	0.750	1.540	0.660	1.690
23	1.020	1.190	0.940	1.290	0.860	1.400	0.770	1.530	0.700	1.670
24	1.040	1.200	0.960	1.300	0.880	1.400	0.800	1.530	0.720	1.660
25	1.050	1.210	0.980	1.300	0.900	1.410	0.830	1.520	0.750	1.650
26	1.070	1.220	1.000	1.310	0.930	1.410	0.850	1.520	0.780	1.640
27	1.090	1.230	1.020	1.320	0.950	1.410	0.880	1.510	0.810	1.630
28	1.100	1.240	1.040	1.320	0.970	1.410	0.900	1.510	0.830	1.620
29	1.120	1.250	1.050	1.330	0.990	1.410	0.920	1.510	0.850	1.610
30	1.130	1.260	1.070	1.340	1.010	1.420	0.940	1.510	0.880	1.610
31	1.150	1.270	1.080	1.340	1.020	1.420	0.960	1.510	0.900	1.600
32	1.160	1.280	1.100	1.350	1.040	1.430	0.980	1.510	0.920	1.600
33	1.170	1.290	1.110	1.360	1.050	1.430	1.000	1.510	0.940	1.590
34	1.180	1.300	1.130	1.360	1.070	1.430	1.010	1.510	0.950	1.590
35	1.190	1.310	1.140	1.370	1.080	1.440	1.030	1.510	0.970	1.590
36	1.210	1.320	1.150	1.380	1.100	1.440	1.040	1.510	0.990	1.590

续表

n	q=1 d_L	q=1 d_U	q=2 d_L	q=2 d_U	q=3 d_L	q=3 d_U	q=4 d_L	q=4 d_U	q=5 d_L	q=5 d_U
37	1.220	1.320	1.160	1.380	1.110	1.450	1.060	1.510	1.000	1.580
38	1.230	1.330	1.180	1.390	1.120	1.450	1.070	1.520	1.020	1.580
39	1.240	1.340	1.190	1.390	1.140	1.450	1.090	1.520	1.030	1.580
40	1.250	1.340	1.200	1.400	1.150	1.460	1.100	1.520	1.050	1.580
45	1.290	1.380	1.240	1.420	1.200	1.480	1.160	1.530	1.110	1.580
50	1.320	1.400	1.280	1.450	1.240	1.190	1.200	1.540	1.160	1.590
55	1.360	1.430	1.320	1.470	1.280	1.510	1.250	1.550	1.210	1.590
60	1.380	1.450	1.350	1.480	1.320	1.520	1.280	1.560	1.250	1.590
65	1.410	1.470	1.380	1.500	1.350	1.530	1.310	1.570	1.280	1.600
70	1.430	1.490	1.400	1.520	1.370	1.550	1.340	1.580	1.310	1.610
75	1.450	1.500	1.420	1.530	1.390	1.560	1.340	1.590	1.340	1.610
80	1.470	1.520	1.440	1.540	1.420	1.570	1.390	1.600	1.360	1.620
85	1.480	1.530	1.460	1.550	1.430	1.580	1.410	1.600	1.390	1.620
90	1.500	1.540	1.470	1.560	1.450	1.590	1.430	1.610	1.410	1.640
95	1.510	1.550	1.490	1.570	1.470	1.600	1.450	1.620	1.420	1.640
100	1.520	1.560	1.500	1.580	1.480	1.600	1.460	1.630	1.440	1.650

表 A.2　DW 检验临界值表（$\alpha = 0.05$）

n	q=1 d_L	q=1 d_U	q=2 d_L	q=2 d_U	q=3 d_L	q=3 d_U	q=4 d_L	q=4 d_U	q=5 d_L	q=5 d_U
15	1.080	1.360	0.950	1.540	0.820	1.750	0.690	1.970	0.560	2.210
16	1.100	1.370	0.980	1.540	0.860	1.730	0.740	1.930	0.620	2.150
17	1.130	1.380	1.020	1.540	0.900	1.710	0.780	1.900	0.670	2.100
18	1.160	1.390	1.050	1.530	0.930	1.690	0.820	1.870	0.710	2.060
19	1.180	1.400	1.080	1.530	1.970	1.680	0.860	1.850	0.750	2.020
20	1.200	1.410	1.100	1.540	1.000	1.680	0.900	1.830	0.790	1.990
21	1.220	1.420	1.130	1.540	1.030	1.670	0.930	1.810	0.830	1.960
22	1.240	1.430	1.150	1.540	1.050	1.660	0.960	1.800	0.860	1.940
23	1.260	1.440	1.170	1.540	1.080	1.660	0.990	1.790	0.900	1.920
24	1.270	1.450	1.190	1.550	1.100	1.660	1.010	1.780	0.930	1.900
25	1.290	1.450	1.210	1.550	1.120	1.660	1.040	1.770	0.950	1.890
26	1.300	1.460	1.220	1.550	1.140	1.650	1.060	1.760	0.980	1.880

续表

n	$q=1$ d_L	$q=1$ d_U	$q=2$ d_L	$q=2$ d_U	$q=3$ d_L	$q=3$ d_U	$q=4$ d_L	$q=4$ d_U	$q=5$ d_L	$q=5$ d_U
27	1.320	1.470	1.240	1.560	1.160	1.650	1.080	1.760	1.010	1.860
28	1.330	1.480	1.260	1.560	1.180	1.650	1.100	1.750	1.030	1.850
29	1.340	1.480	1.270	1.560	1.200	1.650	1.120	1.740	1.050	1.840
30	1.350	1.490	1.280	1.570	1.210	1.650	1.140	1.740	1.070	1.830
31	1.360	1.500	1.300	1.570	1.230	1.650	1.160	1.740	1.090	1.830
32	1.370	1.500	1.310	1.570	1.240	1.650	1.180	1.730	1.110	1.820
33	1.380	1.510	1.320	1.580	1.260	1.650	1.190	1.730	1.130	1.810
34	1.390	1.510	1.330	1.580	1.270	1.650	1.210	1.730	1.150	1.810
35	1.400	1.520	1.340	1.580	1.280	1.650	1.220	1.730	1.160	1.800
36	1.410	1.520	1.350	1.590	1.290	1.650	1.240	1.730	1.180	1.800
37	1.420	1.530	1.360	1.590	1.310	1.660	1.250	1.720	1.190	1.800
38	1.430	1.540	1.370	1.590	1.320	1.660	1.260	1.720	1.210	1.790
39	1.430	1.540	1.380	1.600	1.330	1.660	1.270	1.720	1.220	1.790
40	1.440	1.540	1.390	1.600	1.340	1.660	1.290	1.720	1.230	1.790
45	1.480	1.570	1.430	1.620	1.380	1.670	1.340	1.720	1.290	1.780
50	1.500	1.590	1.460	1.630	1.420	1.670	1.380	1.720	1.340	1.770
55	1.530	1.600	1.490	1.640	1.450	1.680	1.410	1.720	1.380	1.770
60	1.550	1.620	1.510	1.650	1.480	1.690	1.440	1.730	1.410	1.770
65	1.570	1.630	1.540	1.660	1.500	1.700	1.470	1.730	1.440	1.770
70	1.580	1.640	1.550	1.670	1.520	1.700	1.490	1.740	1.460	1.770
75	1.600	1.650	1.570	1.680	1.540	1.710	1.510	1.740	1.490	1.770
80	1.610	1.660	1.590	1.690	1.560	1.720	1.530	1.740	1.510	1.770
85	1.620	1.670	1.600	1.700	1.570	1.720	1.550	1.750	1.520	1.770
90	1.630	1.680	1.610	1.700	1.590	1.730	1.570	1.750	1.540	1.780
95	1.640	1.690	1.620	1.710	1.600	1.730	1.580	1.750	1.560	1.780
100	1.650	1.690	1.630	1.720	1.610	1.740	1.590	1.760	1.570	1.780

在表 A.1 和表 A.2 中，α 表示检验水平，n 表示样本容量，q 表示回归模型中解释变量的个数（不包括常数项），d_U 和 d_L 分别表示 DW 检验的上临界值与下临界值。

附录 B

t 检验临界值表（双侧检验用）

t 检验临界值表（双侧检验用）如表 B.1 所示。

表 B.1 t 检验临界值表（双侧检验用），$(|y|>t_\alpha)=\alpha$

f	\multicolumn{13}{c}{α}
	0.9	0.8	0.7	0.6	0.5	0.4	0.3	0.2	0.1	0.05	0.02	0.01	0.001
1	0.158	0.325	0.510	0.727	1.000	1.376	1.963	3.078	6.314	12.706	31.821	63.657	636.619
2	0.142	0.289	0.445	0.617	0.816	1.061	1.386	1.886	2.920	4.303	6.965	9.925	31.599
3	0.137	0.277	0.424	0.584	0.765	0.978	1.250	1.638	2.353	3.182	4.541	5.841	12.924
4	0.134	0.271	0.414	0.569	0.741	0.941	1.190	1.533	2.132	2.776	3.747	4.604	8.610
5	0.132	0.267	0.408	0.559	0.727	0.920	1.156	1.476	2.015	2.571	3.365	4.032	6.869
6	0.131	0.265	0.404	0.553	0.718	0.906	1.134	1.440	1.943	2.447	3.143	3.707	5.959
7	0.130	0.263	0.402	0.549	0.711	0.896	1.119	1.415	1.895	2.365	2.998	3.499	5.408
8	0.130	0.262	0.399	0.546	0.706	0.889	1.108	1.397	1.860	2.306	2.896	3.355	5.041
9	0.129	0.261	0.398	0.543	0.703	0.883	1.100	1.383	1.833	2.262	2.821	3.250	4.781
10	0.129	0.260	0.397	0.542	0.700	0.879	1.093	1.372	1.812	2.228	2.764	3.169	4.587
11	0.129	0.260	0.396	0.540	0.697	0.876	1.088	1.363	1.796	2.201	2.718	3.106	4.437
12	0.128	0.259	0.395	0.539	0.695	0.873	1.083	1.356	1.782	2.179	2.681	3.055	4.318
13	0.128	0.259	0.394	0.538	0.694	0.870	1.079	1.350	1.771	2.160	2.650	3.012	4.221
14	0.128	0.258	0.393	0.537	0.692	0.868	1.076	1.345	1.761	2.145	2.624	2.977	4.140
15	0.128	0.258	0.393	0.536	0.691	0.866	1.074	1.341	1.753	2.131	2.602	2.947	4.073
16	0.128	0.258	0.392	0.535	0.690	0.865	1.071	1.337	1.746	2.120	2.583	2.921	4.015
19	0.127	0.257	0.391	0.533	0.688	0.861	1.066	1.328	1.729	2.093	2.539	2.861	3.883
20	0.127	0.257	0.391	0.533	0.687	0.860	1.064	1.325	1.725	2.086	2.528	2.845	3.850
21	0.127	0.257	0.391	0.532	0.686	0.859	1.063	1.323	1.721	2.080	2.518	2.831	3.819
22	0.127	0.256	0.390	0.532	0.686	0.858	1.061	1.321	1.717	2.074	2.508	2.819	3.792

续表

f	\multicolumn{12}{c}{α}
	0.9	0.8	0.7	0.6	0.5	0.4	0.3	0.2	0.1	0.05	0.02	0.01	0.001
23	0.127	0.256	0.390	0.532	0.685	0.858	1.060	1.319	1.714	2.069	2.500	2.807	3.768
24	0.127	0.256	0.390	0.531	0.685	0.857	1.059	1.318	1.711	2.064	2.492	2.797	3.745
25	0.127	0.256	0.390	0.531	0.684	0.856	1.058	1.316	1.708	2.060	2.485	2.787	3.725
26	0.127	0.256	0.390	0.531	0.684	0.856	1.058	1.315	1.706	2.056	2.479	2.779	3.707
27	0.127	0.256	0.389	0.531	0.684	0.855	1.057	1.314	1.703	2.052	2.473	2.771	3.690
28	0.127	0.256	0.389	0.530	0.683	0.855	1.056	1.313	1.701	2.048	2.467	2.763	3.674
29	0.127	0.256	0.389	0.530	0.683	0.854	1.055	1.311	1.699	2.045	2.462	2.756	3.659
30	0.127	0.256	0.389	0.530	0.683	0.854	1.055	1.310	1.697	2.042	2.457	2.750	3.646
40	0.126	0.254	0.388	0.529	0.681	0.851	1.050	1.303	1.684	2.021	2.423	2.704	3.551
60	0.126	0.254	0.387	0.527	0.679	0.848	1.046	1.296	1.671	2.000	2.390	2.660	3.460
120	0.126	0.254	0.386	0.526	0.677	0.845	1.041	1.289	1.658	1.980	2.358	2.617	3.373
∞	0.126	0.253	0.385	0.524	0.674	0.842	1.036	1.282	1.645	1.960	2.326	2.576	3.291

注：α表示显著性水平，f表示自由度。

附录 C

F 检验临界值表

F 检验临界值表如表 C.1 和表 C.2 所示。

表 C.1 F 检验临界值表（$\alpha=0.01$）

u_2 \ u_1	1	2	3	4	5	6	7	8	9	10	12	15	20	24	30	40	60	120	∞
1	4052.00	5000.00	5403.00	5625.00	5764.00	5859.00	5928.00	5982.00	6022.00	6056.00	6106.00	6157.00	6209.00	6235.00	6261.00	6287.00	6313.00	6339.00	6366.00
2	98.50	99.00	99.17	99.25	99.30	99.33	99.36	99.37	99.39	99.40	99.42	99.43	99.45	99.46	99.47	99.47	99.48	99.49	99.50
3	34.12	30.80	29.46	28.71	28.24	27.91	27.67	27.49	27.35	27.23	27.05	26.87	26.69	26.60	26.50	26.41	26.32	26.22	26.13
4	21.20	18.00	16.69	15.98	15.52	15.21	14.98	14.80	14.66	14.55	14.37	24.20	14.02	13.93	13.84	13.75	13.65	13.56	13.46
5	16.26	13.27	12.06	11.39	10.97	10.67	10.46	10.29	10.16	10.05	9.89	9.72	9.55	9.47	9.38	9.29	9.20	9.11	9.02
6	13.75	10.93	9.78	9.15	8.75	8.47	8.26	8.10	7.98	7.87	7.72	7.56	7.40	7.31	7.23	7.14	7.06	6.97	6.88
7	12.25	9.55	8.45	7.85	7.46	7.19	6.99	6.84	6.72	6.62	6.47	6.31	6.16	6.07	5.99	5.91	5.82	5.74	5.65
8	11.26	8.65	7.59	7.01	6.63	6.37	6.18	6.03	5.91	5.81	5.67	5.52	5.36	5.28	5.20	5.12	5.03	4.95	4.86
9	10.56	8.02	6.99	6.42	6.06	5.80	5.61	5.47	5.35	5.26	5.11	4.96	4.81	4.73	4.65	4.57	4.48	4.40	4.31
10	10.04	7.56	6.55	5.99	5.64	5.39	5.20	5.06	4.94	4.85	4.71	4.56	4.41	4.33	4.25	4.17	4.08	4.00	3.91
11	9.65	7.21	6.22	5.67	5.32	5.07	4.89	4.74	4.63	4.54	4.40	4.25	4.10	4.02	3.94	3.86	3.78	3.69	3.60
12	9.33	6.93	5.95	5.41	5.06	4.82	4.64	4.50	4.39	4.30	4.16	4.01	3.86	3.78	3.70	3.62	3.54	3.45	3.36

续表

u_2	1	2	3	4	5	6	7	8	9	10	12	15	20	24	30	40	60	120	∞
13	9.07	6.70	5.74	5.21	4.86	4.62	4.44	4.30	4.19	4.10	3.96	3.82	3.66	3.59	3.51	3.43	3.34	3.25	3.17
14	8.86	6.51	5.56	5.04	4.69	4.46	4.28	4.14	4.03	3.94	3.80	3.66	3.51	3.43	3.35	3.27	3.18	3.09	3.00
15	8.68	6.36	5.42	4.89	4.56	4.32	4.14	4.00	3.89	3.80	3.67	3.52	3.37	3.29	3.21	3.13	3.05	2.96	2.87
16	8.53	6.23	5.29	4.77	4.44	4.20	4.03	3.89	3.78	3.69	3.55	3.41	3.26	3.18	3.10	3.02	2.93	2.84	2.75
17	8.40	6.11	5.18	4.67	4.34	4.10	3.93	3.79	3.68	3.59	3.46	3.31	3.16	3.08	3.00	2.92	2.83	2.75	2.65
18	8.29	6.01	5.09	4.58	4.25	4.01	3.84	3.71	3.60	3.51	3.37	3.23	3.08	3.00	2.92	2.84	2.75	2.66	2.57
19	8.18	5.93	5.01	4.50	4.17	3.94	3.77	3.63	3.52	3.43	3.30	3.15	3.00	2.92	2.84	2.76	2.67	2.58	2.49
20	8.10	5.85	4.94	4.43	4.10	3.87	3.70	3.56	3.46	3.37	3.23	3.09	2.94	2.86	2.78	2.69	2.61	2.52	2.42
21	8.02	5.78	4.87	4.37	4.04	3.81	3.64	3.51	3.40	3.31	3.17	3.03	2.88	2.80	2.72	2.64	2.55	2.46	2.36
22	7.95	5.72	4.82	4.31	3.99	3.76	3.59	3.45	3.35	3.26	3.12	2.98	2.83	2.75	2.67	2.58	2.50	2.40	2.31
23	7.88	5.66	4.76	4.26	3.94	3.71	3.54	3.41	3.30	3.21	3.07	2.93	2.78	2.70	2.62	2.54	2.45	2.35	2.26
24	7.82	5.61	4.72	4.22	3.90	3.67	3.50	3.36	3.26	3.17	3.03	2.89	2.74	2.66	2.58	2.49	2.40	2.31	2.21
25	7.77	5.57	4.68	4.18	3.85	3.63	3.46	3.32	3.22	3.13	2.99	2.85	2.70	2.62	2.54	2.45	2.36	2.27	2.17
30	7.56	5.39	4.51	4.02	3.70	3.47	3.30	3.17	3.07	2.98	2.84	2.70	2.55	2.47	2.39	2.30	2.21	2.11	2.01
40	7.31	5.18	4.31	3.83	3.51	3.29	3.12	2.99	2.89	2.80	2.66	2.52	2.37	2.29	2.20	2.11	2.02	1.92	1.80
60	7.08	4.98	4.13	3.65	3.34	3.12	2.95	2.82	2.72	2.63	2.50	2.35	2.20	2.12	2.03	1.94	1.84	1.73	1.60
120	6.85	4.79	3.95	3.48	3.17	2.96	2.79	2.66	2.56	2.47	2.34	2.19	2.03	1.95	1.86	1.76	1.66	1.53	1.38
∞	6.63	4.61	3.78	3.32	3.02	2.80	2.64	2.51	2.41	2.32	2.18	2.04	1.88	1.79	1.70	1.59	1.47	1.32	1.00

表 C.2　F 检验临界值表（$\alpha=0.05$）

u_2 \ u_1	1	2	3	4	5	6	7	8	9	10	12	15	20	24	30	40	60	120	∞
1	161.40	199.50	215.70	224.60	230.20	234.00	236.80	238.90	240.50	241.90	243.90	245.90	248.00	249.10	250.10	251.10	252.20	253.30	254.30
2	18.51	19.00	19.16	19.25	19.30	19.33	19.35	19.37	19.38	19.40	19.41	19.43	19.45	19.45	19.46	19.47	19.48	19.49	19.50
3	10.13	9.55	9.28	9.12	9.01	8.94	8.89	8.85	8.81	8.79	8.74	8.70	8.66	8.64	8.62	8.59	8.57	8.55	8.53
4	7.71	6.94	6.59	6.39	6.26	6.16	6.09	6.04	6.00	5.96	5.91	5.86	5.80	5.77	5.75	5.72	5.69	5.66	5.63
5	6.61	5.79	5.41	5.19	5.05	4.95	4.88	4.82	4.77	4.74	4.68	4.62	4.56	4.53	4.50	4.46	4.43	4.40	4.36
6	5.99	5.14	4.76	4.53	4.39	4.28	4.21	4.15	4.10	4.06	4.00	3.94	3.87	3.84	3.81	3.77	3.74	3.70	3.67
7	5.59	4.74	4.35	4.12	3.97	3.87	3.79	3.73	3.68	3.64	3.57	3.51	3.44	3.41	3.38	3.34	3.30	3.27	3.23
8	5.32	4.46	4.07	3.84	3.69	3.58	3.50	3.44	3.39	3.35	3.28	3.22	3.15	3.12	3.08	3.04	3.01	2.97	2.93
9	5.12	4.26	3.86	3.63	3.48	3.37	3.29	3.23	3.18	3.14	3.07	3.01	2.94	2.90	2.86	2.83	2.79	2.75	2.71
10	4.96	4.10	3.71	3.48	3.33	3.22	3.14	3.07	3.02	2.98	2.91	2.85	2.77	2.74	2.70	2.66	2.62	2.58	2.54
11	4.84	3.98	3.59	3.36	3.20	3.09	3.01	2.95	2.90	2.85	2.79	2.72	2.65	2.61	2.57	2.53	2.49	2.45	2.40
12	4.75	3.89	3.49	3.26	3.11	3.00	2.91	2.85	2.80	2.75	2.69	2.62	2.54	2.51	2.47	2.43	2.38	2.34	2.30
13	4.67	3.81	3.41	3.18	3.03	2.92	2.83	2.77	2.71	2.67	2.60	2.53	2.46	2.42	2.38	2.34	2.30	2.25	2.21
14	4.60	3.74	3.34	3.11	2.96	2.85	2.76	2.70	2.65	2.60	2.53	2.46	2.39	2.35	2.31	2.27	2.22	2.18	2.13
15	4.54	3.68	3.29	3.06	2.90	2.79	2.71	2.64	2.59	2.54	2.48	2.40	2.33	2.29	2.25	2.20	2.16	2.11	2.07
16	4.49	3.63	3.24	3.01	2.85	2.74	2.66	2.59	2.54	2.49	2.42	2.35	2.28	2.24	2.19	2.15	2.11	2.06	2.01
17	4.45	3.59	3.20	2.96	2.81	2.70	2.61	2.55	2.49	2.45	2.38	2.31	2.23	2.19	2.15	2.10	2.06	2.01	1.96
18	4.41	3.55	3.16	2.93	2.77	2.66	2.58	2.51	2.46	2.41	2.34	2.27	2.19	2.15	2.11	2.06	2.02	1.97	1.92
19	4.38	3.52	3.13	2.90	2.74	2.63	2.54	2.48	2.42	2.38	2.31	2.23	2.16	2.11	2.07	2.03	1.98	1.93	1.88
20	4.35	3.49	3.10	2.87	2.71	2.60	2.51	2.45	2.39	2.35	2.28	2.20	2.12	2.08	2.04	1.99	1.95	1.90	1.84

续表

u_2	\multicolumn{16}{c}{u_1}
	1	2	3	4	5	6	7	8	9	10	12	15	20	24	30	40	60	120	∞
21	4.32	3.47	3.07	2.84	2.68	2.57	2.49	2.42	2.37	2.32	2.25	2.18	2.10	2.05	2.01	1.96	1.92	1.87	1.81
22	4.30	3.44	3.05	2.82	2.66	2.55	2.46	2.40	2.34	2.30	2.23	2.15	2.07	2.03	1.98	1.94	1.89	1.84	1.78
23	4.28	3.42	3.03	2.80	2.64	2.53	2.44	2.37	2.32	2.27	2.20	2.13	2.05	2.01	1.96	1.91	1.86	1.81	1.76
24	4.26	3.40	3.01	2.78	2.62	2.51	2.42	2.36	2.30	2.25	2.18	2.11	2.03	1.98	1.94	1.89	1.84	1.79	1.73
25	4.24	3.39	2.99	2.76	2.60	2.49	2.40	2.34	2.28	2.24	2.16	2.09	2.01	1.96	1.92	1.87	1.82	1.77	1.71
30	4.17	3.32	2.92	2.69	2.53	2.42	2.33	2.27	2.21	2.16	2.09	2.01	1.93	1.89	1.84	1.79	1.74	1.68	1.62
40	4.08	3.23	2.84	2.61	2.45	2.34	2.25	2.18	2.12	2.08	2.00	1.92	1.84	1.79	1.74	1.69	1.64	1.58	1.51
60	4.00	3.15	2.76	2.53	2.37	2.25	2.17	2.10	2.04	1.99	1.92	1.84	1.75	1.70	1.65	1.59	1.53	1.47	1.39
120	3.92	3.07	2.68	2.45	2.29	2.17	2.09	2.02	1.96	1.91	1.83	1.75	1.66	1.61	1.55	1.50	1.43	1.35	1.25
∞	3.84	3.00	2.60	2.37	2.21	2.10	2.01	1.94	1.88	1.83	1.75	1.67	1.57	1.52	1.46	1.39	1.32	1.22	1.00

在表 C.1 和表 C.2 中，u_1 表示第一自由度，u_2 表示第二自由度。

附录 D

标准正态分布表

标准正态分布为

$$\Phi(t) = \int_{-\infty}^{t} \frac{1}{\sqrt{2\pi}} e^{-\frac{t^2}{2}} dt$$

标准正态分布表如表 D.1 所示。

表 D.1 标准正态分布表

t	0	1	2	3	4	5	6	7	8	9
0.0000	0.5000	0.4960	0.4920	0.4880	0.4840	0.4801	0.4761	0.4721	0.4681	0.4641
-0.1000	0.4602	0.4562	0.4522	0.4483	0.4443	0.4404	0.4364	0.4325	0.4286	0.4247
-0.2000	0.4207	0.4168	0.4129	0.4090	0.4052	0.4013	0.3974	0.3936	0.3897	0.3859
-0.3000	0.3821	0.3783	0.3745	0.3707	0.3669	0.3632	0.3596	0.3557	0.3520	0.3483
-0.4000	0.3446	0.3409	0.3372	0.3336	0.3300	0.3264	0.3228	0.3192	0.3156	0.3121
-0.5000	0.3085	0.3050	0.3015	0.2981	0.2946	0.2912	0.2877	0.2843	0.2810	0.2776
-0.6000	0.2743	0.2709	0.2676	0.2643	0.2611	0.2578	0.2546	0.2514	0.2483	0.2451
-0.7000	0.2420	0.2389	0.2358	0.2327	0.2297	0.2266	0.2236	0.2206	0.2177	0.2148
-0.8000	0.2119	0.2090	0.2061	0.2033	0.2005	0.1977	0.1949	0.1922	0.1894	0.1867
-0.9000	0.1841	0.1814	0.1788	0.1762	0.1736	0.1711	0.1645	0.1660	0.1635	0.1611
-1.0000	0.1587	0.1562	0.1539	0.1515	0.1492	0.1469	0.1446	0.1423	0.1401	0.1379
-1.1000	0.1357	0.1335	0.1314	0.1292	0.1271	0.1251	0.1230	0.1210	0.1190	0.1170
-1.2000	0.1151	0.1131	0.1112	0.1093	0.1075	0.1056	0.1038	0.1020	0.1003	0.0985
-1.3000	0.0968	0.0951	0.0934	0.0918	0.0901	0.0885	0.0869	0.0853	0.0838	0.0823
-1.4000	0.0808	0.0793	0.0778	0.0764	0.0749	0.0735	0.0721	0.0708	0.0694	0.0681
-1.5000	0.0668	0.0655	0.0643	0.0630	0.0618	0.0606	0.0594	0.0582	0.0570	0.0559
-1.6000	0.0548	0.0537	0.0526	0.0516	0.0505	0.0495	0.0485	0.0475	0.0465	0.0465
-1.7000	0.0446	0.0436	0.0427	0.0418	0.0409	0.0401	0.0392	0.0384	0.0375	0.0367
-1.8000	0.0359	0.0352	0.0344	0.0336	0.0328	0.0322	0.0314	0.0307	0.0300	0.0294
-1.9000	0.0287	0.0281	0.0274	0.0268	0.0262	0.0256	0.0250	0.0244	0.0238	0.0233
-2.0000	0.0228	0.0222	0.0217	0.0212	0.0207	0.0202	0.0197	0.0192	0.0188	0.0183
-2.1000	0.0179	0.0174	0.0170	0.0166	0.0162	0.0158	0.0154	0.0150	0.0146	0.0143
-2.2000	0.0139	0.0136	0.0132	0.0129	0.0126	0.0122	0.0119	0.0116	0.0113	0.0110
-2.3000	0.0107	0.0104	0.0102	0.0099	0.0096	0.0094	0.0091	0.0089	0.0087	0.0084
-2.4000	0.0082	0.0080	0.0078	0.0075	0.0073	0.0071	0.0069	0.0068	0.0066	0.0064
-2.5000	0.0062	0.0060	0.0059	0.0057	0.0055	0.0054	0.0052	0.0051	0.0049	0.0048

续表

t	0	1	2	3	4	5	6	7	8	9
−2.6000	0.0047	0.0045	0.0044	0.0043	0.0041	0.0040	0.0039	0.0038	0.0037	0.0036
−2.7000	0.0035	0.0034	0.0033	0.0032	0.0031	0.0030	0.0029	0.0028	0.0027	0.0026
−2.8000	0.0026	0.0025	0.0024	0.0023	0.0023	0.0022	0.0021	0.0021	0.0020	0.0019
−2.9000	0.0019	0.0018	0.0018	0.0017	0.0016	0.0016	0.0015	0.0015	0.0014	0.0014
−3.0000	0.0013	0.0010	0.0007	0.0005	0.0003	0.0002	0.0002	0.0001	0.0001	0.0000
0.0	0.5000	0.5040	0.5080	0.5120	0.5160	0.5199	0.5239	0.5279	0.5319	0.0100
0.1	0.5398	0.5438	0.5478	0.5517	0.5557	0.5596	0.5636	0.5675	0.5714	0.5753
0.2	0.5793	0.5832	0.5871	0.5910	0.5948	0.5987	0.6026	0.6064	0.6103	0.6141
0.3	0.6179	0.6217	0.6255	0.6293	0.6331	0.6368	0.6404	0.6443	0.6480	0.6517
0.4	0.6554	0.6591	0.6628	0.6664	0.6700	0.6736	0.6772	0.6808	0.6844	0.6879
0.5	0.6915	0.6950	0.6985	0.7019	0.7054	0.7088	0.7123	0.7157	0.7190	0.7224
0.6	0.7257	0.7291	0.7324	0.7357	0.7389	0.7422	0.7454	0.7486	0.7517	0.7549
0.7	0.7580	0.7611	0.7642	0.7673	0.7703	0.7734	0.7764	0.7794	0.7823	0.7852
0.8	0.7881	0.7910	0.7939	0.7967	0.7995	0.8023	0.8051	0.8078	0.8106	0.8133
0.9	0.8159	0.8186	0.8212	0.8238	0.8264	0.8289	0.8355	0.8340	0.8365	0.8389
1	0.8413	0.8438	0.8461	0.8485	0.8508	0.8531	0.8554	0.8577	0.8599	0.8621
1.1	0.8643	0.8665	0.8686	0.8708	0.8729	0.8749	0.8770	0.8790	0.8810	0.8830
1.2	0.8849	0.8869	0.8888	0.8907	0.8925	0.8944	0.8962	0.8980	0.8997	0.9015
1.3	0.9032	0.9049	0.9066	0.9082	0.9099	0.9115	0.9131	0.9147	0.9162	0.9177
1.4	0.9192	0.9207	0.9222	0.9236	0.9251	0.9265	0.9279	0.9292	0.9306	0.9319
1.5	0.9332	0.9345	0.9357	0.937	0.9382	0.9394	0.9406	0.9418	0.9430	0.9441
1.6	0.9452	0.9463	0.9474	0.9484	0.9495	0.9505	0.9515	0.9525	0.9535	0.9535
1.7	0.9554	0.9564	0.9573	0.9582	0.9591	0.9599	0.9608	0.9616	0.9625	0.9633
1.8	0.9641	0.9648	0.9656	0.9664	0.9672	0.9678	0.9686	0.9693	0.9700	0.9706
1.9	0.9713	0.9719	0.9726	0.9732	0.9738	0.9744	0.9750	0.9756	0.9762	0.9767
2	0.9772	0.9778	0.9783	0.9788	0.9793	0.9798	0.9803	0.9808	0.9812	0.9817
2.1	0.9821	0.9826	0.9830	0.9834	0.9838	0.9842	0.9846	0.9850	0.9854	0.9857
2.2	0.9861	0.9864	0.9868	0.9871	0.9874	0.9878	0.9881	0.9884	0.9887	0.9890
2.3	0.9893	0.9896	0.9898	0.9901	0.9904	0.9906	0.9909	0.9911	0.9913	0.9916
2.4	0.9918	0.9920	0.9922	0.9925	0.9927	0.9929	0.9931	0.9932	0.9934	0.9936
2.5	0.9938	0.9940	0.9941	0.9943	0.9945	0.9946	0.9948	0.9949	0.9951	0.9952
2.6	0.9953	0.9955	0.9956	0.9957	0.9959	0.9960	0.9961	0.9962	0.9963	0.9964
2.7	0.9965	0.9966	0.9967	0.9968	0.9969	0.997	0.9971	0.9972	0.9973	0.9974
2.8	0.9974	0.9975	0.9976	0.9977	0.9977	0.9978	0.9979	0.9979	0.9980	0.9981
2.9	0.9981	0.9982	0.9982	0.9983	0.9984	0.9984	0.9985	0.9985	0.9986	0.9986
3	0.9987	0.9990	0.9993	0.9995	0.9997	0.9998	0.9998	0.9999	0.9999	1.0000

附录 E

χ^2 分布表

χ^2 分布为

$$P\{\chi^2(n) > \chi_\alpha^2(n)\} = \alpha$$

χ^2 分布表如表 E.1 所示。

表 E.1 χ^2 分布表

n	α=0.995	α=0.99	α=0.975	α=0.95	α=0.9	α=0.75
1	0.000	0.000	0.001	0.004	0.016	0.102
2	0.010	0.020	0.051	0.103	0.211	0.575
3	0.072	0.115	0.216	0.352	0.584	1.216
4	0.207	0.297	0.484	0.711	1.064	1.923
5	0.412	0.554	0.831	1.145	1.610	2.675
6	0.676	0.872	1.237	1.635	2.204	2.455
7	0.989	1.239	1.690	2.167	2.833	4.255
8	1.344	1.646	2.180	2.733	3.490	5.071
9	1.735	2.088	2.700	3.325	4.168	5.899
10	2.156	2.558	3.247	3.940	4.865	6.737
11	2.603	3.053	3.816	4.575	5.578	7.584
12	3.074	3.571	4.404	5.226	6.304	8.438
13	3.565	4.107	5.009	5.892	7.042	9.299
14	4.075	4.660	5.629	6.571	7.790	10.165
15	4.601	5.229	6.262	7.261	8.547	11.037
16	5.142	5.812	6.908	7.962	9.312	11.921
17	5.697	6.408	7.564	8.672	10.085	12.792
18	6.265	7.015	8.231	8.390	10.865	13.675
19	6.884	7.633	8.907	10.117	11.651	14.562
20	7.434	8.260	9.591	10.851	12.443	15.452
21	8.034	8.897	10.283	11.591	13.240	16.344
22	8.643	9.542	10.982	12.338	14.042	17.240
23	9.260	10.196	11.689	13.091	14.848	18.137
24	9.886	10.859	12.401	13.848	15.659	19.037
25	10.520	11.524	13.120	14.611	16.473	19.939

续表

n	α=0.995	α=0.99	α=0.975	α=0.95	α=0.9	α=0.75
26	11.160	12.198	13.844	15.379	17.292	20.843
27	11.808	12.879	14.573	16.151	18.114	21.749
28	12.461	13.565	15.308	16.928	18.939	22.657
29	13.121	14.257	16.047	17.708	19.768	23.567
30	13.787	14.954	16.791	18.493	20.599	24.478
31	14.458	15.655	17.539	19.281	21.434	25.390
32	15.134	16.362	18.291	20.072	22.271	26.304
33	15.815	17.074	19.047	20.867	23.110	27.219
34	16.501	17.789	19.806	21.664	23.952	28.136
35	17.192	18.509	20.569	22.465	24.797	29.054
36	17.887	19.233	21.336	23.269	25.643	29.073
37	18.586	19.960	22.106	24.075	26.492	30.893
38	19.289	20.691	22.878	24.884	27.343	31.815
39	19.996	21.426	23.654	25.695	28.196	32.737
40	20.707	22.164	24.433	26.509	29.051	33.660
41	21.421	22.906	25.215	27.326	29.907	34.858
n	α=0.250	α=0.100	α=0.050	α=0.025	α=0.001	α=0.005
1	1.323	2.706	3.841	5.024	6.635	7.897
2	2.773	4.605	5.991	7.378	9.210	10.579
3	4.108	6.251	7.815	9.648	11.345	12.838
4	5.385	7.779	9.488	11.143	13.277	14.860
5	6.526	9.236	11.071	12.833	15.086	16.750
6	7.841	10.645	12.592	14.449	16.812	18.548
7	9.037	12.017	14.067	16.013	18.475	20.278
8	10.219	13.362	15.507	17.535	20.090	21.995
9	11.389	14.684	16.910	19.023	21.666	23.589
10	12.549	15.987	18.307	20.483	23.200	25.188
11	13.701	17.275	19.675	21.920	24.725	26.757
12	14.845	18.549	21.026	23.337	26.217	28.299
13	15.984	19.812	22.362	24.736	27.688	29.819
14	17.117	21.064	23.685	26.119	29.141	31.319
15	18.245	22.307	24.996	27.488	30.578	32.801
16	19.369	23.542	26.296	28.845	32.000	34.267
17	20.489	24.769	27.587	30.191	33.409	35.718
18	21.605	25.989	28.869	31.526	34.805	37.156
19	22.718	27.204	30.144	32.852	36.191	38.582
20	23.828	28.402	31.410	34.170	37.566	39.997
21	24.935	29.615	32.671	35.479	38.032	41.401
22	26.039	30.813	33.924	36.781	40.289	42.796
23	27.141	32.007	35.172	38.076	42.638	44.181

续表

n	α=0.250	α=0.100	α=0.050	α=0.025	α=0.001	α=0.005
24	28.241	33.196	36.415	39.364	42.980	45.559
25	29.339	34.382	37.652	40.646	44.314	46.928
26	30.435	36.563	38.886	41.923	45.642	48.290
27	31.528	36.741	40.113	43.194	46.963	49.645
28	32.620	37.916	41.337	44.461	48.278	50.993
29	33.711	39.087	42.557	45.722	49.588	52.336
30	34.800	40.256	43.773	46.979	50.892	53.672
31	35.887	41.422	44.985	48.232	52.191	55.003
32	36.973	42.585	46.194	49.480	53.486	56.328
33	38.058	43.745	47.400	50.725	54.776	57.648
34	39.141	44.903	48.602	51.966	56.061	58.964
35	40.223	46.059	49.802	53.203	57.342	60.275
36	41.304	47.212	50.998	54.437	58.619	61.581
37	42.383	48.363	52.192	55.668	59.802	62.883
38	43.462	49.513	53.384	56.890	61.182	64.181
39	44.539	50.660	54.572	58.120	62.428	65.476
40	45.616	51.805	55.758	59.342	63.691	66.766
41	46.692	52.049	56.942	60.561	64.950	68.053
42	47.766	54.090	58.124	61.777	66.206	69.336
43	48.840	55.230	59.304	62.990	67.459	70.616
44	49.913	56.369	60.481	64.201	68.710	71.893
45	50.985	57.505	61.656	65.410	69.597	73.166